조선의 얼
위당 정인보 평전

조선의 얼

위당 정인보 평전

김삼웅

채륜

위당 정인보 선생을 알아야 할 이유

> 누구나 어릿어릿하는 사람을 보면 '얼' 빠졌다고 하고 '멍'
> 하니 앉은 사람을 보면 '얼'이 하나도 없다고 한다. 사람의 고
> 도리는 '얼'이다. '얼'이 빠져 버렸을진대 그 사람은 꺼풀사람
> 이다.

위당 정인보(1893~1950) 선생이 일제가 조선을 영구 지배할 목
적으로 조선사를 왜곡하는 『조선반도사』를 편찬할 때, 이에 맞서
『오천년간 조선의 얼』을 집필하면서 첫 머리에 얹힌 대목이다.
『조선반도사』는 총독부가 거액을 투자하여 일본 어용사학자와
조선 친일사학자들을 동원하여 이른바 동조동근론, 타율성론, 사
대주의론, 정체성이론을 폈다. 조선의 역사를 뿌리부터 왜곡한

것이다. '조선의 얼'이란 말이 애상적 민족감정을 자극하는 통속어라는 비판이 없지 않았지만, 당시 상황을 알면 그 중요성과 절실함을 이해하게 된다.

위당은 "일본 학자의 조선사에 대한 고증이 저의 총독정책과 얼마나 긴밀한 관계가 있는 것을 더욱 깊이 알아 '언제든지 깡그리 부셔버리라' 하였다"는 각오로 조선사를 '얼'이라는 하나의 주제로 해석하려는 시도로 『오천년간 조선의 얼』을 썼다. 그리고 "나를 춥고 굶주리게 할 수는 있어도 나의 얼을 빼앗아가지는 못한다"고 결연한 의지를 피력하였다. 1910년 8월, 17세 때에 국치를 당한 정인보는 1913년 중국으로 망명하여 상하이에서 신규식·김규식·박은식·신채호·여운형 등과 동제사를 조직하여 독립운동의 기반을 닦았다. 출산 중이던 부인의 사망 소식을 듣고 귀국하여, 이후 국내에서 활동한 그의 역할은 실로 막중하였다.

동지, 지인들은 그의 호를 위당爲堂이라 불렀지만, 정작 본인은 담원詹園이라 자호하였다. 본래는 일제에 반드시 설욕하겠다는 뜻에서 중국 고사 '와신상담臥薪嘗膽'의 '쓸개 담膽' 자로 적으려 했으나 '치자나무 담詹'으로 썼다고 한다. 아호에서도 결연한 의지가 담긴다. 위당은 소싯적에 조선 양명학의 본류인 강화학파의 학자 난곡蘭谷 이건방李建芳의 제자가 되었다. 고루하고 관념적인 주자학보다 지행합일知行合一 정신의 양명학에서 국권회복의 이념적 동력을 찾고자 해서였다. 『양명학연론陽明學演論』을 지으면서 서두에 "오호라, 과거 수백 년간 조선의 역사는 실로 '허虛와 가假'로 가득하니 연출한 자취이어라"고 전제, 그 연유를 조선의 전통유학에 두었다. 그래서 양명학의 지행합일을 닦고 실천하였다.

6

「다산 선생의 일생」에서는 "조선근세의 학술사를 종합하여 보면 반계磻溪가 일조一祖 요, 성호星湖가 이조二祖요, 다산茶山이 삼조三組"라고 계통을 밝혀 조선 고유의 실학사상을 정립하였다.

다산 서거 100주년을 앞두고 안재홍 등과 『여유당전서』 편찬 간행위원회를 구성하여 방대한 다산의 저서를 인쇄본으로 간행하는 큰 업적을 남겼다. 연희전문학교(연세대학 전신)의 교수로 초빙되어 한문학·국사학·국문학 등을 가르치고, 『시대일보』와 『동아일보』의 논설위원으로 민족혼이 넘치는 논설을 썼다.

위당은 타고난 성품이 올곧고 매서워서 허위와 가식을 싫어하였다. 민족사학정신을 이어받은 단재 신채호가 여순감옥에서 옥사한 소식을 듣고 추도하는 글을 짓고, 육당 최남선이 만주괴뢰국의 건국대학 교수로 간다는 소식을 듣고 그의 집 대문 앞에 냉수를 떠놓고 곡哭하였다.

처음으로 '국학國學'이란 용어를 쓰기 시작하여 이 땅에 '국학'의 뿌리를 내리고, 품격이 높은 국한문 혼용의 각종 산문을 쓰고, 고아한 한국어로 수많은 시조를 지었으며, 도저한 사필 그리고 한문학, 국문학, 국사학 등 폭넓은 학문과 연구는 당대에 따를 자가 많지 않았다. 문·사·철 일체를 섭렵하는 학자이고, 특히 국학의 독보적인 존재가 되었다.

일제 말 수많은 학자·언론인·작가 등 사회지도층 인사들이 훼절하고, 위당에게도 위협과 회유의 손길이 닿을 때 홀연히 경기도 양주군 노해면에 이어 전북 익산군 황화면 시골로 내려가 은거하면서 청렬한 지절을 지켜냈다.

해방을 맞아 서울로 온 위당은 임시정부 요인들의 환국을 앞두고 「봉영사」와 「순국선열 추념사」, 「광복열사의 영령 앞에」 등을 지어 순국선열과 생존 독립지사들의 노고를 기렸다. 하나 같이 겨레의 '얼'이 깃든 명문이다. 새 나라의 건설은 민족의 '얼'이 깃든 대학이 있어야 한다고 인식하고 동지들과 국학대학을 설립하여 초대 학장에 취임하였다.

정부가 수립되면서 위당의 청려한 붓은 쉬는 날이 없었다. 〈3·1절 노래〉, 〈광복절 노래〉, 〈제헌절가〉, 〈개천절가〉의 4대 국경절 노랫말이 그의 손으로 지어졌고, 〈국학대학가〉를 비롯하여 〈고려대학교가〉, 〈동국대학교가〉, 〈덕성여자중학교가〉, 〈성신여자중학교가〉, 〈국립도서관제〉, 〈대한부인회가〉, 〈학도특별훈련소가〉, 〈공무원의 노래〉 등을 작사하였다.

대한민국 정부가 수립되면서 4대 국경절의 노랫말이 모두 그의 손으로 지어질 만큼 위당은 학문·애국정신·역사인식·지절·문장력 등에서 겨루는 자가 없을 만큼 독보적이었다. 하여 신생 정부(국가)의 국경절 노랫말을 모두 창작하는 영광과 영예를 가질 수 있었다.

또한 남조선민주의원, 조선문필가협회회장 등의 활동에 이어 정부가 수립되면서 이승만 정부의 초대 감찰위원장(지금의 감사원장)으로 천거되었다. 그러나 이승만 측근인 임영신 상공부장관 등의 비리를 파헤치다가, 이승만 대통령의 눈에 거슬려 1년여 만에 사표를 던지고 뛰쳐나왔다.

6·25 한국전쟁은 위당에게도 큰 비극이었다. 납북되어 개성으로 가던 중 낙오되었고 아사 직전에 구출되었으나 후유증을 이기지 못해 1950년 10월 24일 병사한 것으로 알려졌으나, 자세한

것은 더 이상 전해지지 않았다. 현재 평양 애국열사릉에 안장돼 있다.

위당 정인보 선생은 약술한 대로 독립운동가·역사학자·언론인·시조작가·교수·산문작가·교육자·우리나라 최후의 양명학자 등으로 활동하면서 큰 업적을 남겼다. 업적과 더불어 인품이나 학문의 깊이에 있어서 뭇사람의 존경을 받은 분이다. 58세의 짧은 생으로 마감하기에는 너무 아깝고 아쉬운 지도자였다.

그럼에도 불구하고 위당에 관한 연구와 대접은 너무 초라한 편이다. 1983년 연세대학교출판부가 유고 등을 모아 『담원 정인보 전집』 6권을 묶어내고, 2005년 태학사에서 위당의 따님 정양완 씨의 번역과 주석으로 『담원문록』 상·중·하 3권이 발행된 것은 그나마 다행한 일이다.

'전집'과 '문록'이 발간되고 여러 해가 지났음에도 위당에 관한 연구는 여전히 미약하고 전기 한 권도 없음은 안타까운 노릇이 아닐 수 없다. 그의 납북으로 인해, 한국사회의 고질이고 괴질이자 병폐인 '종북'으로 몰릴까 두려워서 기피하는 것인지, 아니면 망각인지, 까닭을 알 길이 없다.

나는 위당에 관한 연구가 깊지도 않고 너무 넓고 높은 그의 학문세계와 지행합일의 실천사상의 언저리에도 머무르기 어려운 처지임에도 감히 붓을 들어 평전에 도전하기로 작심하였다. 이 기회에 우리 국학과 양명학에 대해 모자란 공부를 하고자 하는 나름의 학구심이 부추겼다고 하겠다.

위당 선생께서 특별히 매화를 좋아하였다. 그래서 남긴 「매화 7장」 중 3, 4, 5 수를 소개한다. 원문 그대로 넣었다.

3

분홍도 열브실사 그런듯하다 도로회다
다섯입 반버러저 속술잠간 보이단말
마초야 달도다오니 어이 '잘' 가 하노라.

4

압으로 고흔자태 '등' 보이랴 도라선가
어대는 드문드문 다닥부타 헤푸기도
'맨' 무의 외오핀송이 더욱 '엄전' 하여라.

5

엽해선 괴괴터니 멀즉어니 알앗소라
잠깨여 두굿찬데 향내 '왈딱' 몃번인고
행여나 마르랴마소 맘업서야 오느니.

차 례

1장

학문의 가문에서
태어나

서울 명동근처 외가에서 출생

언제 어디서 누구의 자식으로 태어나는가는 한 인간의 운명을 결정하는 데 많은 작용을 한다. 전통적인 계급사회가 아니라도 출생의 시기, 장소, 부모관계는 어린아이의 신분에 결정적인 영향을 마치게 된다. 이것은 전통사회나 현대 자본주의사회가 크게 다르지 않다. 왕손과 노비, 재벌의 자식과 수위의 자식이 진로가 같을 수 없다.

더러는 신분과 계급질서를 때려 부수고 스스로 운명을 바꾸는 '운명의 승리자'가 없지도 않지만, 대부분의 사람들은 순응하거나 적응·체념하면서 힘겨운 삶을 영위한다. 국법상의 평등이나 기회균등 따위는 죽은 활자일 뿐 여전히 실제 상황과는 거리가 멀다.

1890년대 조선은 밑으로부터 거대한 변혁운동이 요동치고 있었다. 그도 그럴 것이 500년 동안 한 번도 바뀌지 않은 지배세력이 무능부패하여 백성들의 고혈을 착취하면서 바깥세상의 변화에는 철문을 닫아걸고 있었다. 내우외환의 세찬 파도가 조선반도를 휘감았다. 이런 시기에 태어난 사람들의 생애가 평탄할 리 없을 것이다.

정인보는 1893년 음력 5월 초 엿새 서울 북단재의 외가에서 태어났다. 북단재는 종현鐘峴의 옛 이름이어서 지금의 명동성당 어름이다. 본가는 회현동이었다.

아버지는 정은조鄭誾朝, 어머니는 참판을 지낸 성건호의 딸 달성 서씨였다. 아버지는 38세, 어머니는 40세로 당시는 대단히 늦은 출산이었다.

할아버지 정기년鄭基年은 영의정을 지낸 정원용의 둘째 아들로 장악원정掌樂院正과 호조참판, 부평부사를, 외할아버지는 진사를 지냈다. 아버지 정은조는 부사에 이어 호조참판의 벼슬을 하였다. 할아버지와 아버지는 시와 문文에 능한 당대의 문장가이며 학자였다. 동래 정씨는 조선조 17대왕 밑에서 16명의 상신相臣을 낸 거족이요 문형文衡과 조당潮堂에 뽑히는 석학의 명문거족이었다. 정인보의 학문과 문장력은 가문과 혈통을 이은 것이라 하겠다.

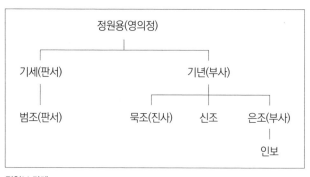

정인보 가계

할아버지가 50세에 별세한 데 이어 백부伯夫와 중부仲夫가 잇따라 사망하였다. 두 분이 다 아들이 없어서 어린 정인보가 백모에게 양자로 입양되고, 백모 집에서 자랐다. 정인보는 평생 생모와 백모 이씨 부인을 효로서 공양하면서 살았다. 인근에서 효자라는 칭송을 들었다. 정인보의 아명은 경시經施이고 자는 경업景業이다. 호는 수파守坡, 미소산인薇蘇山人, 위당爲堂, 담원簷園이다. 정인보의 가문은 양반의 명문이었으나 할아버지의 반골정신으로 핍박을 받아 기울게 되었다. 정인보가 태어났을 즈음은 몰락양반가의 전형이었다.

정인보가 태어나고 자랄 때에는 시국이 어수선하고 나라 안팎이 크게 흔들렸다. 태어나던 해 3월 11일 동학교도들이 교조 최시형의 신원을 요구하는 보은집회가 열리고, 1894년 1월 10일에는 마침내 동학농민봉기가 시작되었다. 동학농민혁명군이 순식간에 삼남 일대를 장악하자 정부는 청군을 불러오고, 일본군이 들어오면서 조선의 남반부는 피바다가 되었다.

정부는 뒤늦게 갑오개혁(갑오경장)을 서둘렀으나(1894. 6~1996. 1) 농민군 진압을 명분으로 조선에 들어온 일본군은 '전주화약' 이후 주둔의 구실이 없어지자 조선의 내정개혁을 요구하며 정부의 철병 요구를 거절했다. 일본군은 1895년 8월 20일 이른바 을미사변을 일으켜 명성황후를 시해하고, 이에 맞서 1896년 을미의병이 일어났다.

나라 안팎이 혼란스러운 상태에서 정인보는 친모와 백모의 따뜻한 사랑을 받으며 총명하게 자랐다. 친모는 남편이 동래와 성천 부사로 나와 있을 때 삯바느질로 가계를 도울 만큼 생활력이

강한 분이었다. 정인보는 생모를 "얼음보다도 맑은 어른이었다"라고 회고하였다.

'연보'에 따르면 정인보는 11세 때인 1904년 서울을 떠나 양근, 진천 등지를 전전한 것으로 나타난다. 이해 2월 8일 러·일전쟁이 시작되고 9일에는 일본군이 서울에 진주한 데 이어 23일 한일의정서가 강제되었다. 4월 3일에는 일본군 주차사령부가 용산에 세워지고, 9월에는 송병준·이용구 등의 일진회가 조직되어 노골적인 친일활동에 나섰다. 정인보의 부모가 이 같은 혼란 속에서 아들을 안전지대로 보냈던 것인지, 다른 가정사 때문이었는지는 밝혀지지 않았다.

2년여 후 서울로 돌아온 정인보는 13세에 창령 성씨 댁 동갑내기 처녀 규숙과 결혼하였다. 부모가 맺어준 혼사였다. 신행新行은 16세 때에 다녀왔다. 신부는 양가에 세교가 있어서 어릴 적부터의 소꿉친구였다. 장가를 든 후에도 정인보는 신부를 '누나'라 부르는 등 서먹거렸다 한다.

그의 스승이었던 이건방은 일찍이, "정인보의 나이 13세에 처음 나를 보러 왔는데, 벌써 문장재기가 능숙하며 그 탁월함은 노성老成으로도 어찌할 수 없고, 가르치고 배우고 할 것이 없었다"라고 칭송한 것을 보아 그의 총명함을 미루어 짐작할 수 있다.

이 시기를 전후하여 있은 일화로 다음과 같은 것이 전하여지고 있다. 즉 그의 부친 정은조가 하루는 자기가 가르치고 있던 정인보의 동학同學에게 시를 짓게 한 일이 있었다. 이때 내준 제목은 「요강-익溺」이었고 강운强韻은 '홍鴻' 자였다. 그 동학이 아무리 궁리하여도 지을 수가 없으므로 정인보에게 대작代作을 애걸하게 되었다.

이에 그는 즉석에서 이렇게 지어주었다.

구리산이 사방으로 막혀 있으니 새소리 듣기가 어렵고
물나라가 가운데 통했으나 기러기는 볼 수 없다.

銅山四塞難聞鳥(동산사한난문조)
水國中通不見鴻(수국중통불견홍)[1]

1905년 을사늑약이 강제되고 조선통감부가 설치된 데 이어 1907년 한일신협약 그리고 마침내 1910년 8월 강제병탄이 이루어졌다. 조선은 망하고 일제의 식민지로 전락하였다.

정인보의 소년 시절에 대한 기록은 찾아보기 어렵다. 많은 글을 쓴 그가 자신의 어린 시절의 행장은 별로 남기지 않았다. 대신 할아버지의 친구들로부터 사랑과 가르침을 담뿍 받았다. 정인보의 학문과 인격형성, 나라사랑 정신은 이들에게서 받은 영향 때문이었다. 모두 양명학 계열의 석학들이었다.

정인보는 당시의 풍습에 따라 부모끼리 언약한 대로 성건호의 딸 규숙과 결혼하였으나, 아내가 1913년 9월 6일 쌍둥이 딸을 낳고 9일 만에 사망하고, 후동이도 어머니 따라 곧 숨을 거두었다. 21세의 짧은 생애, 결혼 8년만의 사별이었다.

당대 석학들의 사랑과 훈도 받아

정인보의 할아버지 정기년은 오창梧窓 정원용의 아들로서 유학자였다. 증조할아버지 오창은 『오창동유기梧窓東遊記』, 『오창만초梧窓漫草』, 『오창만록梧窓漫錄』 등을 저술한 큰 학자였다. 정인보의 셋째 딸 정양완 교수는 "우리 집안에서 아버지에게 핏줄로 멋진 항직伉直함을 전해주셨을 분은 증조할아버지 오창 선생이 아닐까 한다"고 밝혔다. "그는 유달리 활정恬靜하여 권력에 나아가 빌붙기를 좋아하지 않았으며, 간곡하게 삼가고 꾸며서 이름 날리기를 좋아하지 않았다"고 한다.[2] 이것은 뒷날 정인보의 모습이기도 하다.

정인보는 어렸을 적부터 할아버지로부터 훈도를 많이 받고 자랐다. 또 집안 어른으로 정인표鄭寅杓의 가르침이 컸다. 호가 학산學山인 그는 진사, 문과에 급제하여 조정에서 순무종사와 비서승 등을 역임하였다. 『춘경대집春耕臺集』 등의 저술을 남겼다. 그는 나라가 어수선해지자 1904년 가을 충청감사 벼슬을 버리고 두타산 아래 흙집에 살면서 학문에만 전념하였다.

아버지가 학산장을 처음 뵈온 것은 회현동 집 큰댁 아저씨 동곡장(정인승) 댁에서였다 한다. 학산장은 동곡장 댁에 1년에 반 이상을 머무셨다. 천자를 겨우 떼자 할아버지를 따라 책을 끼고 갔다고 한다. 그 뒤 열한 살(1903)에 경기도 양근으로 옮겨 살게 되자, 편지로 고현古賢같이 되도록 힘쓰라 했고, 진천에서 다시 만나(1907) 글을 배우게 되었는데, 시내를 하나 사이에 두고 밤에 주역을 배우러 가서 비에 막혀 못 온 적도 있었다고 하였다. 아버지 집안에 그런 큰 학자가 계셔, 그에게 주역을 배운 것을 자랑으로 여기고 있었다. 꼼꼼히 가르쳐 납득하도록 하였고, 글 잘 한다고 특별히 사랑하였던 모양이다. 할아버지는 학산장의 학문도 학문이려니와 그의 인품의 향기를 아들에게 배이게 하고 싶었던 모양이다.[3]

소년 정인보에게 정신적으로 많은 영향을 끼친 사람 중에는 양명학 강화학파의 마지막 보루라는 경재耕齋 이건승李建昇이 있다. 이건승은 한말 양명학의 거두 이건창李建昌(1852~1898)의 아우로서 1905년 을사늑약이 강제되자 국권회복을 위해 1907년 5월 강화도 사기리에 신지식의 교육기관인 계명의숙啓明義塾을 설립했다. 이건승의 이름으로 발표한 「계명의숙취지서」는 "중국 고대로부터 학교제도는 변함없이 서울에서 향리까지 고루 보급되어 양庠·서序·학學·교校가 있었기 때문에 모두 학교에서 학업을 이루었으며 모든 관

17세 무렵 소년시절의 정인보

리가 학교로부터 등용하게 되니 배우지 않는 사람이 없었다."⁴라고 밝혔다.

이건승은 청년교육에 주력하다가 1910년 8월 국치를 당하자 만주로 망명, 그곳에서 1924년 2월 세상을 떠났다. 망명지에서도 여러 차례 어린 제자 정인보에게 편지를 써 보낼 만큼 아꼈다.

> 경술년(1910) 9월 24일 가묘家廟에 하직하고 이웃에 마실가는 차림으로 망명길에 올랐던 경재장(1853~1924. 2. 18.)은 1924년 뼈가 되어 고국으로 돌아온다. 할아버지는 물론, 아버지와 작은 외숙(서병수, 1853~1906. 9. 27.)과도 가깝던 경재장은 아버지를 특별히 귀여워하였다. 망명한 뒤 이역에서 벼농사 짓고 약을 팔며 연명하면서도 고국에 있는 우리 아버지에게 열흘이 멀다하고 편지로 제자의 공부하는 과정을 묻고, 보고 받고, 격려하고 기뻐한 분이며, 제자에게 받은 편지는 표구하여 둘 정도로 끔찍이 사랑하였다.⁵

정인보는 1926년 이건승의 대상大祥을 맞아 추모하는 제문을 지어 스승을 기렸다.

> (…) 끔찍한 기별 갑자기 오자
> 놀라 땅에 쓰러져 울부짖으니 온몸이 무너지는 듯
> 듣자니 위독하실 때 못내 나를 그리시며
> 뇌이고 또 뇌이며 때때로 나의 자字를 부르시더라고.

대개 사람이란 자기를 알아주는이라면 한마디 말도 영영 못

잊는다는 데

더구나 내 깊은 속 비추시고 본보기 끼쳐 주심에리오…

오직 공과 나만은 가슴속 생각 유독 들어맞아서

공은 실로 날 사랑하셨으니

어찌 골육을 따질 것인가? 목숨인양 여기셨거늘 (…)[6]

　사제지간을 넘어서 부자지간의 혈육보다 짙은 제자 사랑, 스승 사랑의 전범을 보여준다.

양명학자 이건방과 사제지의

　정인보의 사상형성에 큰 영향을 미친 또 한 사람의 스승에 난곡蘭谷 이건방李建芳(1861. 12. 2.~1939. 5. 8.)이 있었다. 이건창·이건승 형제와는 6촌간이며, 망명 대신 국내에 남아서 국권회복운동을 전개한 양명학자다. 정인보와는 사제지의師弟之誼를 맺고 가르치고 아꼈다.

　경술년(1910) 나라가 기울자 아버지는 할아버지의 친구였던 난곡장과 사제지의를 맺었다. 살과 피를 나눈 부자는 아니었지만 끔찍한 두 분의 사랑은 바로 부자였다. 아버지에 대한 그의 살뜰한 사랑은 『난곡존고蘭谷存稿』 30쪽 「서기정경시인보書寄鄭景施寅普」에 단적으로 나타난다.

오랫동안 경시를 못 보니

아득아득 그리움에 내 애가 타누나

한 평생에 오직 자네가 있을 뿐

천하에 다시 뉘 알리오?

우리 유도儒道가 어려움에 빠질 때

문장은 천고千古를 가는 일이니

어려운 시절 부디 조심하기를![7]

(시문에서 경시는 정인보의 어릴 적 이름이다)

두 사람의 사제관계가 얼마나 도타웠는지, 비 오는 날 서울 남대문역 앞에서 스승 이건방을 만난 정인보는 진흙탕 속에서 무릎을 꿇고 절을 했다고 한다. 당대의 석학들이 어린 정인보를 이역에서, 국내에서 그토록 아꼈던 것은 정인보의 영특함과 인품됨을 알아보고, 양명학의 전승과 국권회복에 큰 그릇이 될 것으로 기대했기 때문이었을 것이다.

정인보의 소년 시절은 국가적으로는 위난과 망국의 시대였으나, 그의 주변에 포진한 할아버지의 훌륭한 벗들로부터 가르침을 받을 수 있었다. 그런 면에서 그의 어린 시절은 행복했다고 하겠다. 정인보가 성장기에 영향을 받거나 이후 사회활동을 하면서 가까이한 인사들을 정양완 교수는 다음과 같이 기술한다.

아버지를 사랑하고 아낀 분들은, 그리고 아버지가 끔찍이도 받든 분들은 대부분 할아버지의 친구이었다. 학산장(정인표)·경제장(이건승)·난곡장(이건방)·문원장(홍승헌)·치제장(이범세)·가

헌장(박풍서)·송거장(이희종)·우당장愚堂丈(유창환)·우당장友堂丈 (이회영)·성재장(이시영)·백은장(유진태) 등 인데 이분들은 아버지를 아들처럼 생각했고 아버지 또한 그분들을 백부·숙부처럼 따랐다.

그밖에 존경한 분으로 겸곡 박은식·단재 신채호·안효제·이상재·이승훈·안창호·하겸진 선생을 들 수 있다. 아버지가 사랑받은 이들 중, 그 재주를 못내 아까워하고 애달파한 것은 가정장(여규정)에 대해서였다.

그리고 아버지가 못내 좋아한 분은 벽초장(홍명희)을 비롯하여 일창 유치웅(우당 유창환 선생의 아드님)·동산 심재찬·재관 이빈승·고하 송진우·인촌 김성수·현상윤·범산 김법린·가인 김병로·근촌 백관수·추강 김용무·상선 허유·송포 정낙훈·현산 이현규·민세 안재홍·호암 문일평·김용승과 그 서랑 최태영·석우명·양주동 여러 선생님이다.

특히 좋아하여 전傳까지 남기신 분은 원당 민영달·이희원·박승익·석전상인·신국포 등이며, 꼭 전을 쓰려 벼른 보제 이상설 선생과 호암 문일평 선생을 들 수 있겠다.

사랑한 후학으로는 홍이섭·민영규·성낙서·민태식·김춘동·정지용·이원조·김충현·윤석오 여러분을 들 수 있겠는데, 한학적으로는 윤석오 선생에 대한 사랑과 기대가 특히 극진하였다.[8]

딸이 지켜봤거나 전해 들었던 면면들이어서 얼마나 정확한 것인지는 확실하지 않지만, 정인보의 성장기와 초기 사회활동 시기의 사제, 교우관계의 면면은 실로 놀랄만하다. 이들 중 더러는 망명객이 되어 해외에서 순국하고, 더러는 일제말기에 훼절하여 정인보의 마음을 아프게 하였을 것이다.

2장

양명학 전습과
동제사 창립 참여

중국 오가며 학습과 민족운동

정인보에게 어릴 적이 나름대로 행복한 시기였다면 청소년 시절은 시대에 대한 번민과 더불어 점차 고통의 시기가 된다. 가정적으로도 불행이 겹쳤다.

정인보는 "1908년 (16세) 이민웅 씨를 따라 상해로 가서 2년여 체류하였는데 이때에 가장 장기간 중국에 체류하였다"[1]고 한다. 무엇 때문에 상해로 가고 가서 무엇을 했는지는 정확하지 않다. 이때를 시작으로 전후 다섯 차례 중국에 다녀왔다. 1910년 18세에 상해에 다녀오고, 1911년(19세) 벽초 홍명희와 상해에 갈 때에는 생모 서씨도 동행하였다. 1912년(20세) 겨울에 생모를 모시고 국경도시 안동현을 다녀와서 1913년(21세)에 다시 만주를 거쳐 상해로 갔다. 이때에 6~7개월 머무르다가 부인 성씨의 부고를 듣고 귀국하여 그 이후로는 계속하여 국내에 머물렀다.[2]

정인보가 어머니를 모시고 압록강 철교를 건널 때 "이 강이 무슨 강이냐?"고 어머니가 물었다. "압록강입니다"고 정인보가 대답하자 어머니는 "나라가 이 지경이 되어서 내가 이 강을 건너는 구나" 하면서 눈물을 흘렸다.

뒷날 정인보는 당시를 회상하면서 시 한 수를 지었다.

> 이 강이 어느 강인가 물으시기에
> 압록강이라 여짜오니
> 고국 산천이 새로이 서러워라
> 치마 끈 드시려 하자 눈물부터 굴러라.[3]

정인보의 중국행은 연구자에 따라 다소 차이가 있다.

> 위당이 '중국유학'의 길에 오른 것은, 항용 말해 오듯이 1910년이 아니고, 1913년 위당의 나이 스물한 살 때였다. 이보다 앞서 위당은 1911년과 1912년의 두 차례에 걸쳐 창망하게 압록강을 건느고 있다. 회인현 홍도촌과 유하현 삼원보, 그리고 동가장 상류 합니하 동지로 어떤 종류의 연락을 맡은 때문이었다. 이 두 번째 길에서 위당은 친어머님 서씨 부인을 모시고 있지만….[4]

정인보가 1911년과 1912년 두 차례 홍도촌, 삼원보, 합니하 등지를 다녀온 것은, 가족 간에 세교가 있었던 이회영 일족이 전 재산을 팔아 이곳에 신흥무관학교를 설립한 시기와 일치한다. 따라서 정인보가 청년들을 비밀리에 데려 갔거나 운영자금을 마련하여 전달했을 것으로 추측된다.

정인보는 1910년 국내에서 국치를 겪으면서, 역시 세교가 있던 금산군수 홍범식(홍명희 부친)의 순국자결에 큰 충격을 받았던 것 같다. 홍범식은 8월 29일 국치 소식을 듣고 소나무에 목매어 순국하였다. 정인보는 자신의 문집 첫머리에 「금산군수 홍공洪公의 사장事狀」을 실을 만큼 그의 자결을 숭고하게 인식하고 평가했다. 한 대목을 살펴보자.

　경술년(1910) 7월 스무닷새[5] 나라가 남의 손에 넘어가자, 그로 바로 순국하니 나이 마흔이었다.

　이에 앞서 공은 장차 변고 있을 것을 알아, 죽음으로 절개를 지킬 것을 마음먹고, 미리 식구에게 줄 편지를 썼다. 한편으로 미루었던 일들을 처리해 버렸건만 곁에서는 모두 몰랐다. 이날 오스름이 되자 재판소 서기 김지섭을 불러 같이 밥을 먹고 나서, 꼭꼭 싸서 봉한 상자를 지섭에게 내어 주었다. 지섭이 열어 보려고 하자 공은,

　"열지 말게. 그냥 집으로 가지고 가게."

　하였다. 지섭이 품에 넣고 갔다. 조금 있다가 공이 그 소실에게

　"왜 마을 나들이도 안 가요?"

　하고는, 같이 잘 아는 고을 사람 집에 가서, 소실을 안으로 들여보내고는

　주인에게

　"내가 안채를 고치려 하니 소실을 잠시 자네에게 신세지겠네. 잘 봐주면 고맙겠네."

하고는 이내 떠나갔다.[6]

홍범식은 그 길로 목을 매어 자결하고, 김지섭에게 건넨 상자에는 가족과 국민에게 보내는 유서가 담겨 있었다. 김지섭은 훗날 중국으로 건너가 김원봉의 의열단에 가입하고, 1924년 1월 5일 일본황궁에 폭탄을 던지려다 실패, 무기징역 중에 살해되었다.

정인보의 '사장事狀'의 마지막 부분이다.

공은 타고나기를 인자하여 어미가 자식 어루만지듯 하여 아낙네 같았건만, 의롭지 못한 사랑은 용납하지 않았고, 의로운 사람에 대해서는 특히 사모하는 마음이 독실하였다. 지극히 효성으로 어버이를 섬겨서 어머니가 돌아가자 죽기까지 설어워하기 처음과 다름이 없었다. 그가 담사공(홍범식의 아버지)을 모실 때 무엇이고 그 뜻에 순종하며 맞추지 않음이 없었다.

더러 무슨 일을 슬며시 간하다가도 이내 들어주지 않으면 공의 마음에 민망하여, 어버이 뜻을 다칠세라 어려워하여, 물러났다가는 되들어가 말씀드릴 듯 드릴 듯 하다가 여러 번 멈추니, 담사공이 더러 감동되어 그 말을 따르기도 하였다. 그밖에 형제간에 우애있고 일가붙이 구휼하고, 벼슬한 동안의 처적 중 기록할 만한 것이 많지만, 공에게 있어서는 오히려 하찮은 대목이라 모두 적지는 않는다.[7]

지행합일의 양명학 수용

정인보의 생애를 관통하는 신념체계는 양명학이다. 조선 양명학의 일파인 강화학파의 학자 이건승·이건방의 제자가 되면서 학문의 길에 들어서고 스승들의 가르침을 폭넓게 받아들여 '조선 최후의 양명학자'가 되었다. 양명학은 한국의 유학사, 사상사, 철학사 그리고 독립운동사에 이르기까지 학술과 실천면에서 큰 족적을 남겼다. 명나라의 왕수인王守仁(호는 陽明)은 주희朱熹의 격물궁리格物窮理를 추구하는 주지주의적主知主義的인 이학理學과 대립하는 간명직절簡明直截한 심학을 완성했다. 곧 양명학이다.

주희가 존재와 심성을 이기理氣로 이원화하는데 왕양명은 이즉기理卽氣로 일원화하고, 지식과 실천에 있어서도 지식이 선행되고 실천이 뒤따른다는 선지후행적先知後行的인 주희식의 주지주의를 배격하고 지행합일을 주장하였다.

양명학은 주자학을 국본으로 여겨온 조선 유학자들에게서 크게 배척되었다. 조선 유교의 조통이라 할 이황 그리고 박세채 등이 앞장서 사문이단으로 배척하는 반면, 허균·이수광 등에 의해 부분적으로 거론되다가 정제두鄭齊斗(1649~1736)에 의해 양명학파가 독자적으로 형성되었다. 정제두는 "오늘날에 와서 주희를 말하는 이는 주희를 배우는 것이 아니라 바로 주희에 기탁하는 것이고, 주희에 기탁하는 것이 아니라 주희를 부회附會하는 것으로 자기 생각을 성취하는 데 주희를 끼고 위험을 짓고 그 사계私計를 이루고 있다"고 하였다. 그는 조선의 주자학자들의 학문이 학문하는 것이 아니라 영달과 공리로 흐르는 데 대해 반성을 촉구한 것이다.

이와 같은 정제두의 철학은 주자학을 바탕으로 기득권을 유지하고 있는 노론 세력으로부터 심한 견제와 탄압을 받게 되었다. 소론에 속했던 정제두가 1709년 61세의 나이로 서울을 떠나 강화도 하일리에 거처를 옮겨 터를 잡으면서 조선유학사의 한 맥인 이른바 강화학파가 형성되었다.

그러나 정제두의 학문은 주자학이 더욱 강화되어 가던 조선 후기의 사회여건 속에서 제대로 이어지기가 어려웠다. 이것은 이미 그가 임술유교와 가법을 통해 보인 수신守身과 수가守家의 경향과도 연관이 있다. 즉 사회적으로 드러내기보다는 안으로 지키려는 경향이 더 심화되어 나타난 것이다. 더구나 정제두의 문인들은 대부분 소론이었고, 따라서 노론의 집권이 이어지면서 그 발전이 더욱 저해되어 자제·후손·인척으로 이어지는 폐쇄적 가학의 형태로 운영될 수밖에 없었다.

그들은 사제관계에 그치지 않고 혼인을 통해 인척관계를 맺음으로서 동지적 유대를 더욱 강화해 갔다. 따라서 강화 학인들의 관계는 '학맥과 혈맥의 결합'이었던 셈이다.[8]

정인보의 정신적·사상적 성장 배경을 알기 위해서 그의 이념적 '중심개념'이 된 양명학과 조선전개의 과정 그리고 강화학파의 형성과 인맥을 알아보자.

소년 정인보의 학문적 깊이와 넓이는 이건방의 문하에서 양명학을 공부하고 총명한 두뇌로 관련 서적을 읽으면서 이루어졌다. 한 연구가는 이와 관련, 세 가지 사실을 들었다.

첫째, 명가의 전통 영향이다. 앞에서도 살핀 것처럼 담원의 증조부는 대단한 분이었다. 담원의 집안이 조부의 반골 기질 때문에 몰락의 길을 걷기는 했으나 어릴 때부터 한학漢學 공부는 충실했을 터이다. 더욱이 11세 때 회동의 정씨 마을을 떠나기 전까지 문중이 모여 있는 곳에서 지냈으니 유년 시절에 한학 공부는 확실하게 받았을 것으로 보인다.

둘째, 중국 절강학파浙江學派의 영향이다. 담원은 1908~1910년 사이의 2년여 동안 상해에 머물렀다. 정확히는 알기 어려우나 이 시기에 상당한 공부가 있었을 것으로 추정할 수 있다. 민교수[9]의 회고에 의하면 내수동 시절의 담원의 거실에는 황종희·장학성·장병린의 문집들이 가지런하게 정리되어 있었다고 한다. 또한 담원에게서 장병린의 학문적 기풍을 강하게 느낄 수 있다고 했다. 이러한 모든 담원의 2년여의 상해 체류기간 동안에 이루어진 것으로 보인다. (…)

셋째, 스승 이건방의 영향이다. 난곡 이건방은 어려서 『수호전』을 탐독한 다음에 정명도程明道와 왕양명王陽明의 세계에 몰입했다고 한다. 그는 또 루소·몽떼스큐·칸트·다윈 등을 중국 역서를 통해 공부하여 서방 사상을 부지런히 섭취하기도 했다. 난곡은 담원을 통해 그들의 학學을 계승시키려 했다. 담원의 양명학에 대한 관심, 다산의 사상적 영향 섭취 등은 그 스승 난곡의 영향이 컸을 것이다.[10]

정인보가 "조선 사상사에서 가장 뛰어난 양명학자"라고 평가하였던 하곡霞谷 정제두는 포은 정몽주의 11대 손이다. 조선사회가 안으로는 임진왜란과 병자호란을 겪은 후 절정을 이룬 당쟁으로 대단히 어지럽고, 밖으로는 명·청 교체라는 국제질서의 대변동기에 살았다. 소년기에는 송시열과 송준길의 문인인 이찬한과 이상익 등에게 배움으로써 그 역시 학문의 바탕은 주자학이었다.

정제두는 여러 차례 초시初試에 합격하였으나 등과하지 못하고, 학문에만 몰두하였다. 아버지·할아버지·백부의 잇따른 사망으로 가계가 기울고, 명·청의 교체로 기존 가치 질서의 전도를 지켜보면서 61세에 강화도 하곡으로 이거하였다. 아호를 하곡으로 삼은 정제두는 젊은 시절부터 연구와 관심이었던 양명학을 본격적으로 탐구하였다. 하곡의 양명학에서 중심개념은 '양지론良知論'이다.

> 주자는 뭇 사람들이 하나의 본체 되는 곳一體處을 얻음이 능치 못한데서 길을 잡았으므로 그 설이 먼저 만 가지로 갈라진 곳萬殊處으로부터 들어갔고, 양명은 성인의 근본인 하나의 본체 되는 곳一體處에서 길을 잡았으므로 그 학문이 하나의 근본되는 곳一本處으로부터 들어갔다. 하나는 끝에서 근본으로 가고自末而之本, 하나는 근본에서 끝으로 간自本而末 것이다. 이것이 그 서로 갈라지는 바이다. 그 하나만을 주로 하고 다른 하나는 없애는 것이 아니라면 둘 다 마찬가지일 것이다. 잘 배우지 못한다면 이 두 가지의 폐단 역시 같은 한 가지 길로 돌아가 크게 서로 멀어지지 않을 수도 있는 것이다.[11]

정제두를 비조로 하는 조선 후기의 양명학자들은 하나의 유파를 이루면서 '강화학파'로 발전하고, 정인보가 순수학문을 뛰어넘어 극권회복의 실천철학으로 이를 수용하게 되었다. 양명학의 기본 가치는 지행합일의 철학이었다. 왕양명의 말을 소개한다.

세상이 혼란한 까닭은 번거로운 허문虛文이 성행하고 실질이 쇠잔하기 때문이다. 사람마다 자기의 의견만 내세우고 신기한 이론을 드높혀서 사회를 현혹하고 명성을 취하려 든다. 이는 세상 사람의 총명을 혼란시키고 이목을 호도하여 모든 사람이 문사文詞나 가다듬고 명성만을 취하게 만들었다. 그래서 영영 실질을 숭상하고 순박함을 회복할 줄 모른다.[12]

공리공론과 입신출세만을 본위로 하는 주자학을 반대하고 지행합일의 양명학이 제시되면서 조선에서도 이에 호응하는 학자들이 적지 않았다. 그 중심이 바로 정제두였다. 그가 강화도에 터를 잡으면서 자손들과 이광사, 손서 이광명, 다른 손서 신대우 등의 종형제와 심육·윤순·이진병 등이 모여들었다. 뒤이어 학통이 이충익·이영익·정문승·정기석·이사원·이상학으로 이어지고, 이건창·이건승이 계승하면서 정인보로 전승되었다. 이건창·이건승 형제는 정인보 어릴 적에 양명학의 대가로서 활동하고 있었다. 어린 정인보의 총명함을 지켜 본 이건승이 사제지의 관계를 맺고 가르치기에 이르렀다.

한말, 일제강점 초기에 박은식이 독자적으로 양명학을 받아들인 것이라면 정인보는 강화학파를 계승하여 발전시켰다. 18세

때부터 이건승의 문하에서 양명학을 공부한 것이다. 한말 주자학 계열의 유학자들이 친일로 훼절한 데 비해 양명학자들은 대부분 신념을 버리지 않았다.

한말 민족 위기의 상황에서 본다면 강화학인들은 도학파나 개화파와는 분명 다른 모습을 보인다. 우선 주자학을 표방한 많은 학자들과 현실 참여를 지향한 개화파의 상당수가 조선의 패망과 더불어 친일을 통해 현실과 타협한 것과는 완전히 다른 길을 걸었다. 강화 학인들 속에는 자신의 실심을 속이고 현실과 영합한 사람은 하나도 없다. 그뿐만 아니라 도학파의 많은 사람들이 보편을 지향하는 관점에서 도에 대한 위기의식 바탕으로 위도爲道 의식을 실천해 간 모습과는 달리 철저히 민족주체의식을 기반으로 한 실천으로 제 모습을 드러냈다. 이런 점은 "스스로를 속일 수 없는 부자기不自欺의 양심을 그 바탕으로 했기 때문이며," 그들이 추구한 실심實心이 구체적인 개별자들의 양심에 내재한 것이었기 때문이다.[13]

이와 같은 지행합일의 사상은 양명학자들에게 독립운동에 나서게 하는 이념적 바탕이 되었다. 박은식·이회영·김택영·정인보·송진우 등이 대표적인 인물이다. 임시정부 대통령을 역임한 박은식은 『왕양명선생기』와 『유교구신론儒敎敎新論』을 펴낼 만큼 전문가가 되었다. 이회영은 이렇다 할 저술을 남기지 않았으나 양명학을 실천하여 6형제의 가산을 모두 팔아 만주에 신흥무관학교를 세웠다.

정인보는 뒤에서 자세히 설명하겠지만, 『양명학연론陽明學演論』 등을 저술하여, 조선양명학의 계보를 확립하고, 조선의 역사는 허虛와 가假가 연출한 자취라고 비판하면서 참된 조선 혼인 '우리의 얼'을 고취하여 광복을 꾀하자고 노력하였다.

> 정인보는 이건방의 문인으로서 강화학파의 학통을 최근까지 이어주었다. 그는 『양명학연론』을 저술하여, 양명학의 개관과 왕양명의 전기 및 중국 양명학파와 조선의 양명학파를 소개하였다. 그것은 양명학사를 정리한 최초의 업적이라는 중요한 의미를 갖고 있다. (…) 『조선사연구』를 저술하면서 '얼'을 '양지'와 같은 뜻으로 제시하여 양명학을 민족의식과 연결시켜 인식하였다. 양명학이 인간의 주체성과 능동성을 확립하는 입장이라면, 주체성의 문제는 언제나 현재의 문제로서 역사 변천과 더불어 새롭게 물어 질 것이다.[14]

양명학으로 무장한 정인보는 다시 중국으로 건너갔다. 그리고 본격적인 항일운동에 투신한다.

정인보의 나이 21세 때, 상하이 프랑스조계 백이부로 22호 대신여관에는 당대의 조선 천재라 부르던 망명객들이 기숙하고 있었다. 정인보를 비롯하여 신채호·홍명희·조소앙·문일평·이광수 등이 함께 지냈다. 이곳을 다녀간 이광수의 회고다.

> 상해에서는 대신여관에 갔다. 내게도 돈이 한 푼 없었지만 이 여관에 투숙하고 있던 홍명희·문일평·조용은(조소앙) 등도

돈이 없었다. 그렇게 궁한 판에 나라는 식객이 하나 더 늘었으니 걱정이다. 침대를 장만할 돈은 물론 침낭을 장만할 것도 없거니와 나는 홍명희 군과 한 침대에서 한 이불을 덮고 잤다.

가끔 양식이 떨어져 이제는 고인이 된 예관 신규식 씨에게 얻어다 먹었다. [15]

상하이 '동제사' 설립에 참여

정인보가 1912년 상하이에서 애국지사들과 설립한 동제사同濟社는 이 지역에서 결성된 한국독립운동 단체의 효시가 되었다. 국내에서 애국계몽운동을 펴고 신민회활동과 육군무관학교 출신 인사들이 주도하여 설립한 것이 동제사다.

신규식·박은식·신채호·여운형·김규식·문일평·조소앙·신석우·조성환·선우혁 등 당대의 쟁쟁한 인사들과 함께 설립한 동제사는 내세우기는 한인 간의 친목을 표방하였으나, 사실상 국권회복에 목적이 있었다. 총재 박은식, 이사장 신규식을 중심으로 운영되었다.

동제사는 프랑스 조계에 본부를 두고 외교와 교육활동을 통해 독립운동을 전개하고 중국 혁명인사들과 사적·공적으로 교류하면서 한·중 양국의 협력단체인 '신아新亞동제사'도 결성하였다.

이후 일제와의 독립전쟁을 목표로 하는 신규식·박은식·이상설 등의 신한혁명당과 여운형·김규식·선우혁 등이 중심이 되는 신한청년당의 조직에 이르기까지 동제사는 그 모태가 되었다. 정인보가 약관 22세의 나이로 쟁쟁한 독립운동가들과 동제사에 참가한 것은 국내에서 이미 신민회 등에서 활동했기에 가능한 일일 것이지만 자세한 기록이 없다.

한 연구가는 1910년대 중국지역에서 가장 두드러진 활동을 전개했던 동제사의 역사적 의의를 다음과 같이 정리한다.

첫째, 주요 구성원의 인맥은 신민회 출신으로서 그들의 활동은 계몽운동을 계승한 것이었다.

둘째, 일제에 의해 강점된 뒤, 중국 본토에서 결성된 최초의 본격적인 독립운동 단체로서 상하이를 한국독립운동의 근거지로 만들었고, 나아가 그 운동의 구심점이 되게 하였다.

셋째, 독립협회 이후 추구되어 온 의회설립운동을 이어받아 대동단결선언, 그리고 이를 통한 정부수립운동을 전개하면서 민주공화정체의 임시정부를 수립할 수 있는 결정적 기초를 마련하였다.

넷째, 외교중심 방략을 추구하였으며 그러한 동제사의 방략이 임시정부의 방략설정에 적지않은 영향을 주었다.

다섯째, 상하이 거주 동포 사회의 규모가 작아 군사조직을 통한 독립전쟁론을 추구할 수 없는 한계에도 불구하고 중국의 군관학교에 청년들을 파견하여 정예요원을 양성 시키고자 노력하였다.[16]

정인보가 상하이에서 동제사의 활동을 하고 있던 1913년 11월, 국내에 남아 있던 아내 성씨의 사망 소식을 들었다. 귀국길에 만주 안동현 어느 여관 앞길에서 우연히 이광수를 만났다. 정인보는 자기도 궁색한 형편이면서 여비를 몽땅 털어 이광수에게 주었다. 이광수는 뒷날 이 때를 상세히 기록한다. 이광수의 정신사의 편린을 살피게 된다.

나는 세계일주 무전여행을 할 생각으로 4년간 인생의 가장 아름다운 시기를 바친 오산학교를 떠나서 안동현을 갔다. 오산학교를 떠날 때에 여러 어린 학생들이 20리 30리를 따라 오며 눈물로서 석별해 준 내 일생에 가장 잊지 못할 중대성 있는 사건이다.

그때 내 나이 23, 흉중에 발발한 웅심과 공상적 방랑성으로 찾섰다. 그때 뜻 있다는 사람들은 많이 압록강을 건너 비가를 부르며 해외로 방랑의 길을 나섰던 것이다. 신채호·윤기섭 같은 이들이 다 그때에 오산을 거쳐서 떠났다. 나도 그 조류에 휩쓸렸던 것이라고 하겠지만, 내게는 독특한 나 자신의 이유도 있었던 것이다.

안동현에서 한 밤을 자고 나니 낭중에 소존한 70 몇 전, 이것을 가지고 봉천奉天을 향하고 갈 수 있는 데까지 가 가지고는 걸식여행으로, 직접 하남河南 등지를 지나 남경으로, 상해로, 항주로, 복건으로, 광동으로, 인도로, 파리로-끝 없는 방랑을 계속하자는 것이었다.

바로 객사문을 나서는데 천만 의외에 위당 정인보 군을 만났다. 군은 수년 전 경성[17]서 일면식이 있었을 뿐이요, 아직 친하다고 할 만한 처지도 아니었다. 그러나 나도 위당의 문명文名을 흠모하던 터이므로 반갑게 그의 명주 고름같이 가냘프고 부드러운 손을 잡았다.

"이거 웬일이요? 그런데 대관절 어디로 가는 길이요?"

하는 것이 그가 내게 하는 인사였다.

나는 노방에 선 채로 내 의도를 말하였다. 내 말을 듣던 위당은,

"그게 말이 되나. 이 치운 때에… 대관절, 상해로 가시오. 상해에 가인可人(당시 홍명희 군의 호)도 있고, 호암(문일평 군의 호)도 있어. 나도 집에 다녀서는 곧 도로 상해로 나갈 테야." 하고 나를 강권하였다.

나는 처음에는 몇 마디 고집을 부렸으나 마침내 위당의 호의를 받았다. 위당은 자기 노수路需 중에서 중국 지폐 10원 박이 두 장을 내게주었다. 그리고 그길로 그는 정거장을 나아가 서울로 향하였다.

나는 위당이 준 중화中貨 20원을 가지고 상해까지 선표를 14원에 사고 퍼렁 청복을 한 벌을 사입고 악주岳州라는 영선에 선객이 되었다. 그때 동행이 3인인데, 하나는 벌써 고인이 된 정문영 군이요, 하나는 신관호 군이요, 또 하나는 민충식 군이었다.[18]

이광수는 나중에 국내로 돌아와서 변절하였지만, 만주에서 세계 여행길에 나섰다가 정인보의 우정어린 충고와 지원으로 상하이로 건너갔다. 그리고 한때 임시정부 기관지 『독립신문』의 책임을 맡는 등 독립운동을 하였다.

정인보가 중국에 머무는 시기는 국내적으로 경술국치로 나라를 일제에 빼앗긴 직후이고 중국으로는 1911년 신해혁명으로 어지러운 때였다. 그는 중국에서 배울만한 학자로 장병린章炳麟(1869~1936)을 꼽았다. 국내에 이미 그의 저술을 접한 바 있었다.

장병린은 공양학公羊學을 비판하고 실증적인 고증학자로서 독보적인 존재였다. 또 대표적인 절동사학浙東史學의 역사철학자였다. 그는 중국정부의 소극적인 대일정책을 비판한 학자이면서 정치운동가였다.

당시 장병린은 감옥에 갇힌 몸이라 위당은 그와 접할 기회를 갖지 못하였으나 그의 글을 통해 장병린의 학문에 접할 수 있었다. 장병린은 이른바 양무羊務를 실학이라 믿었던 신학문 학계를 비판하고 새로운 의미의 국학을 제창하였다. 위당도 또한 왜곡된 실학을 비판하고 새로운 의미의 국학을 제창하였으니 장병린은 위당의 제2의 스승이었다.[19]

3장

한말 지배층과
비판지식인의 맥락

한말 3대 지식층의 이념과 과제

나라가 망하고 국맥이 끊겼을 때 왕족과 조선 후기의 집권당이었던 노론 출신은 대부분 매국노가 되거나 일제로부터 훈작과 은사금을 받았다. 노론은 사상적으로는 주자학의 계열이었다. 일제 병탄 직후의 서훈자 72명 중 90% 이상이 노론 출신이고 남인 계열은 거의 없었다.

앞에서도 잠깐 언급했지만 양명학자들은 일제에 부역하지 않았다. 오히려 독립운동에 참여하거나 산야에 묻혀 학문에 전념하였다. 정인보와 그의 동지들이 이에 속한다.

이와 같은 역사적 배경을 이해하기 위해서는 한말 지식층의 이념과 과제, 친체제와 반체제, 친일과 반일의 맥락을 간략하게나마 살피는 것이 순서일 것이다.

18세기 중엽 서세동점의 거센 물결이 밀려오면서 조선은 극심한 민족적 위기에 봉착하였다. 조선의 지식인 사회는 위기를 타개하고 국권수호와 근대적 국가발전을 추구하기 위하여 몇 갈래의 사회사상과 방법론이 제시되었다.

큰 갈래의 첫째는 전통 주자학의 맥을 이은 위정척사파衛正斥邪派의 계열이다. 원래 '위정척사'라는 말은 「벽이론闢異論」의, 바른 것을 지키고 옳지 못한 것을 배척한다는 유교적 정치윤리사상에서 기원한다. 1866년 병인양요를 계기로 주자학의 대가 이항로李恒老와 기정진奇正鎭 등은 상소에서 서양인을 금수로 치부하면서 양물洋物과 천주교를 물리치기 위해서는 위정척사론으로 국력을 배양해야 한다는 국가자강론을 제시했다.

위정척사론은 개국·개화를 반대하는 척화·척사의 배타성과 보수성 그리고 사대주의, 중화사상을 바탕으로 하지만, 외세의 침략으로 국권이 누란의 위기에 놓이게 되면서 민족자존사상으로 승화발전하고 한말의병전쟁의 이념적, 행동화의 원동력이 되었다. 여전히 충의사상 존왕양이의 춘추대의론이란 한계를 벗어나지 못했으나 국가위난기에 국민통합의 명분론으로 작용하였다. 위정척사파 지식인 중 상당수는 의병전쟁의 지도자가 되기도 했지만 다수는 매국·친일의 앞잡이로 변신하였다. 위정척사파는 당대 친체제 지식인으로써 정국의 중심이 되고 여론을 주도하였다.

위정척사파 지식인들 중에는 유교국가의 근본을 지키면서 서양의 무기나 항해술 등 기술을 받아들이자는 '동도서기론東道西器論'과 '중체서용中體西用'을 수용하기도 하였다. 이것은 개화파 지식인들도 비슷한 담론이었다.

둘째는 민족주체 의식의 발현을 목적으로 하는 동학운동이다. 이양선의 출현과 서학의 전래는 전통적인 조선사회의 가치관을 근저에서부터 흔들었다. 국정의 문란으로 전국 각지에서 민란이 속출하면서 양반중심사회의 해체기에 접어들었다. 1860년 최제우崔濟愚를 교조로 하여 동학이 창도되었다. 조선 후기 세도정치의 결과 신분차별·적서차별·남녀차별 등 극심한 사회불평등 구조가 계속되면서 백성들은 보국안민·광제창생을 주장하며 후천개벽을 내세우는 동학(教)에 몰려들었다.

제2대 교조 최시형에 이르러서 "사람 섬기기를 하늘같이 한다如人事天"는 가르침으로 일반 백성은 물론 신분사회에서 소외된 사림계층, 중앙정계에서 밀려난 관료, 지방유생 등 지식계층의 지지를 받게되었다. 1894년에 봉기한 전봉준의 동학농민혁명은 더 나아가 만민평등·제폭구민·축멸왜이·진멸권귀의 사회개혁 이념으로 제시되었다.

동학(농민혁명군)에 참여한 지식인들은 조선시대 최초의 전국 규모의 반정부 혁명군을 이끌면서 개국 이래 최초의 농민직접 통치를 실현하였다. 동학혁명은 유생들의 반대, 최시형을 중심으로 하는 북접의 비협력, 청·일 양군의 조선 파병, 특히 현대 병기로 무장한 일본군의 잔혹한 농민군 살상으로 좌절되고 말았지만, 농민혁명군은 이후 항일의병 항쟁의 중심세력이 되었고 그 맥락은 3·1운동으로 계승되었다. 근대의 기점이라 할 수 있다.

셋째는, 자주 부강한 근대국민국가 건설을 추구하면서 전개된 개화파 지식인들의 '문명개화' 사상이다. 1876년 강화도조약으로 개항한 조선사회는 열강의 침략이 증대되면서 위기의식을 느끼게 되고 김옥균·박영효·서광범 등 소장 지식인들은 개화를 추진하기 위해서는 주체 그룹이 필요하다고 믿고 개화당을 조직하였다. 이들은 모두 당시 최고위 양반출신의 영민한 자제들이었다.

개화라는 용어는 본래 주역에서 "개물성무 화민성속開物成務 化民成俗"에서 취한 용어로서, 모든 사물의 지극한 곳까지를 궁구窮究, 경영하여 일신하고 또 일신해서 새로운 것으로 백성을 변하게 하여 새 풍속을 이룬다는 의미다. 개화파 지식인들은 민족적 위기를 당하여 나라와 백성을 자주적으로 근대화하고 변혁해서 진보한다는 뜻으로 이 용어를 사용하였다.

개화사상의 원류는 조선 후기 실학사상과 중국에서 들어온 각종 신서新書들을 공부하고, 여러 차례 통역관으로 북경에 가서 서구 열강의 침략으로 중국이 붕괴되어 가는 것을 지켜보고 위기감을 느끼게 된 오경석吳慶錫과 박규수朴珪壽·유홍기劉鴻基 등 신지식인들이다. 김옥균 등 신진사류는 이들의 영향으로 국제정세에 눈을 뜨게 되고 개화당을 만들어 미국유학생 출신 서재필 등과 함께 독립협회, 독립신문 등을 통해 개화정책을 추진하였다.

그러나 이들은 주체적인 역량이 부족한 데다 성급하게 거사를 도모하고 지나치게 일본에 의존하면서 갑신정변은 그야말로 '3일천하'로 그치고 말았다. 이들의 개화정책을 지지할 사회계층으로서의 시민계층이 형성되지 못하고, 청군의 역량을 얕잡아 본 것 등이 실패의 요인으로 지적되었다.

개화파 지식인들에게는 자주부강한 근대국가를 건설하려는 뚜렷한 목적의식이 있었고, 중국의 조선속방화 정책에 대한 과감한 저항의 행태를 보였다. 그러나 민족문제가 배제된 개화논리와 지나친 일본의존성은 이후 '개문납적開門納賊'의 계기가 되고 망국으로 이어졌다.

쇄국시기 위정척사파의 원류는 이항로(1792~1869), 기정진

(1798~1876), 유중교柳重敎(1821~1893)가 중심이 되고, 개화파의 원류는 김정희金正喜(1796~1856), 최한기崔漢綺(1803~1877), 박규수朴珪壽(1807~1856)에 닿는다. 동학의 원류는 유·불·선 삼교와 민간신앙적 요소까지 포함되는 한국전통사상에 맥이 닿는다.

문화개방 초기 위정척사파는 최익현崔益鉉(1833~1906), 송병준(1836~1905) 등이고, 개화파는 김윤식金允植(1835~1922), 박정양朴定陽(1841~1904), 김옥균金玉均(1851~1894), 박영효朴泳孝(1861~1939)를 들 수 있다.

문호개방 후기 위정척사파는 유인석柳麟錫(1842~1915), 곽종석郭鍾錫(1846~1919), 기우만奇宇萬(1846~1927), 허위許蔿(1855~1908) 등이고, 혁신 개화파는 박은식朴殷植(1850~1926), 서재필徐載弼(1864~1951), 윤치호尹致昊(1865~1945), 신채호申采浩(1880~1936) 등이다.[1]

동학의 맥은 최제우(1824~1864), 최시형崔時亨(1827~1898), 손병희孫秉熙(1861~1922) 등이다.

위정척사파와 동학, 혁신개화파 지식인들의 국가 위기 대처 방법론은 서로 크게 달랐다. 위정척사파의 대의명분론에는 배일 의병전쟁론과 함께 사대 모화사상이 깔려있었고, 동학(혁명)에는 왕조 타도의 혁명세력과 순수 종교활동의 온건세력으로 나뉘었다. 개화파 역시 마찬가지다.

개화파 중에는 급진론자와 점진론자가 있었다. 급진론자는 갑신정변의 주역이 된 김옥균, 박영효, 서광범 등 청년이었고, 온건파는 김홍집, 어윤중, 김윤식 등으로 개항 이후 나라의 주요정책을 결정한 집권세력이 여기에 속했다.

척사론의 바닥에는 주자학을 통한 중화사상과 사대주의가 깔려 있었다. 척사론자들은 조선을 '소중화小中華'라 칭하고 보수성이 강했으나 한편 외세의 위험성을 경고하고 국민들에게 내수외양內修外壤을 강조하는 한편 일단 유사시에 총궐기할 것을 요청하였고 국민들에게 주체의식과 반외세의식을 고취하는 긍정적인 면도 있었다.[2]

민족위난에 연대 못하고 공멸

동학은 교주가 참수당하고, 전봉준 등 혁명파 지식인들은 대부분 처형되거나 전투과정에 살해되었다. 2대 교주 최시형의 제자 손병희는 3·1구국운동의 지도자가 되고, 또 다른 제자 이용구는 매국노가 되었다.

근대의 기점과 성격에 관해 분명히 해 두어야 할 점이 있다. 영국과 프랑스를 '전형'으로 삼는 서구근대가 있고, 또한 '서양의 충격'을 거친 다음 아시아 침략을 지렛대로 하여 이룩한 일본의 굴절된 근대가 있다. 식민지근대라 하더라도 아시아에서는 중국의 경우 반半 식민지, 조선의 경우 완전식민지라는 서로 다른 위상이 있고, 더욱이 일본이라는 국민국가에 포섭되어버린 오키나와의 근대가 있다. 이와 같이 세계사에서 말하는 '근대'는 서구근대에서 식민지근대에 이르기까지 그 내용은 다양하다.[3]

일반적으로 한국근대의 기점을 두고 여러 가지 논거와 학설이 나오지만, 여기서는 1894년 동학농민혁명의 발발 시점에 두고자 한다. 서구의 정통적인 '근대'와는 차이가 있어도, 동학혁명은 피압박 민중이 주체가 되고 반봉건, 반외세의 이념이 깃들여져 있기 때문이다.

한국의 근대이행기 지식인들에게는 피치 못할 큰 과제가 안겨져 있었다. 외세의 침략으로부터 국권을 수호하고 근대적 민족국가를 수립하는 일이었다. 이에 관해서는 위정척사파, 동학, 개화파가 크게 다르지 않다. 그러나 불행한 것은 이들 계열의 지식인들이 민족적 위난을 맞아 연대하거나 가치의 실현을 공유하지 못하고, 적대·분열함으로써 공멸하기에 이르렀다는 사실이다.

그럼에도 불구하고 민란, 동학혁명, 의병전쟁, 독립협회, 만민공동회, 근대적 신문발간 등을 통해 백성들의 각성과 민중의식이 크게 성장하게 된 점이다. 왕조적인 신민臣民의식에서 근대적인 시민市民의식으로까지는 아직 이르지만 전통적인 반상제도의 낡은 봉건의식과 제도의 큰 틀이 허물어지게 된 것은 사실이다.

1900년을 전후하여 조선의 지식인 사회에 크게 영향을 주는 두 가지 '학설'이 도입되었다. 하나는 청나라 신지식인 양계초의 『음빙실문집飮氷室文集』에 실린 「신민설新民說」이 국역되면서 조선 지식인 사회의 담론이 되었다. 다른 하나는 서양에서 들어온 우승열패, 양육강식의 사회진화론사상이다.

먼저 '신민설'은 개화를 지향하는 학교에서는 교재에 쓰이고 『독립신문』(1896년 창간), 『제국신문』(1898년 창간), 『황성신문』(1898년), 『대한매일신보』(1904년 창간) 등 잇따라 창간된 근대적 신문에서 나타난 자생적인 민주주의 가치와 기독교선교사들에 의해 묻어온 서구식 민주주의 사상이 결합되면서 지식인들의 중심 가치로 자리 잡게 되었다.

1907년 안창호·신채호·양기탁·이동녕·이동휘·전덕기·이갑 등이 설립한 비밀결사의 이름은 양계초의 중요한 학설인 '신민설'에서 차용하여 신민회新民會라 지었다.[4] 신민회에 참여한 신지식인들은 평양에 대성학교, 정주에 오산학교를 세우고, 기관지로 『대한매일신보』를 발행하는 한편 평양과 대구에 태극서관을 설립하여 신문화운동에 힘썼다.

> 신민회가 무엇을 위하여 일어남이뇨? 민간 풍습의 완고한 부패에 새로운 사상이 시급하며, 민간 풍습의 우둔한 미혹에 새로운 교육이 시급하며, (…) 도덕의 타락에 새로운 윤리가 시급하며 (…) 실업의 지지부진에 새로운 규범이 시급하다. (…) 오늘 새로워지지 못하면 (…) 필경 만겁의 지옥에 떨어져서 인종은 절멸하고 국가가 폐허가 되고 말 것이다.[5]

한국 역사상 최초의 공화주의 단체로 꼽히는 신민회는 위정척사파 계열의 진보적 인사들, 동학혁명 참가자, 개화파의 독립협회계열, 양명학자들, 기독교계 인사 등 당시 활동하던 지식인들이 다수 참여하였다. 신민회의 목적은 국권을 회복하여 자주독립국가를 세우고, 그 정체는 공화정체共和政體로 하는 데 두었다.

독립협회 때까지 입헌군주제를 목표로 했던 지식인들이 불과 몇 해 사이에 공화정체로 깃발을 바꿔 단 것은 변혁기 지식인들의 혁명적인 인식의 변화였다. 이들은 목표를 달성하기 위하여 무엇보다 국권을 회복할 수 있는 실력양성을 이룩해야 한다고 믿고, 실력을 양성하기 위해서는 국민을 새롭게(신민) 할 것을 주장하였다. 현대적 민주공화주의 사상이 배태되고, 이것이 사회 각계의 진보적 지식인들에 의해 수렴되었다.

'신민설' 지식인과 '사회진화론' 지식인

대한제국시대 일군의 지식인들은 1876년 일본과 강화도조약을 체결하면서 쇄국의 문이 열리자 이후 서구 열강들과도 통상조약이 체결되어 외국의 선진문명과 접촉하게 되었다. 여름밤에 창문을 열면 시원한 바람과 함께 해충도 들어오듯이, 이 시기 일본과 서양의 각종 이질적인 문물이 유입되었다.

정부는 1881년 청나라에 영선사領選使, 일본에 신사유람단을 파견하여 선진문물을 받아들이게 하였다. 여기에는 관리 또는 관변 지식인들이 차출되었으며, 이들의 귀국 때에 갖가지 문명의 '해충害蟲'이 끼어들어왔다.

'해충'의 하나는 사회진화론 또는 진화주의 이론이었다. 일본과 미국의 유학생이었던 유길준은 1900년대 초 일본의 대표적인 문명개화론자인 후쿠자와 유기치福澤諭吉와 미국에서는 진화론의 열렬한 지지자였던 동물학자 에드워드 모오스의 지도를 직접 받고 귀국하여 진화론을 전파하였다.

유길준은 일본에서 귀국한 직후에 쓴 「경쟁론競爭論」이란 글에서 인간사회는 경쟁을 통해서 진보한다고 주장하였다. 다윈의 진화론은 동종의 개체간의 경쟁을 기본으로 하였으나, 사회진화론은 사회와 국가 간의 경쟁까지 확대해석하였다.

1870년대 이후 열강의 조선침략과 때를 같이하여 도입된 진화론은 당시 개명·개화지식인들에게 신선한 충격을 주며 큰 반향을 일으켰다. 진보적인 민족주의 사학자, 언론인들까지 이를 적극적으로 수용하면서 부국강병의 이데올로기로 인식하였다. 그러나 이것이 양육강식·우승열패의 제국주의 침략과 식민통치를 합리화하려는 지배권력과 결합하면서 신채호 등 조선의 진보적 지식인들은 이를 단호하게 배척하였다.

카토 히로유키加藤弘之를 중심으로 하는 일본의 대표적 사회진화론자들은 사회진화론을 국가유기체설과 결합시키고, 천황제이론의 핵심이 되었다. 이것은 일본군국주의체제 강화의 배경이되고, 한국의 친일파들은 "사회진화론을 빌어서 당시의 국제환경을 황인종과 백인종의 인종싸움의 시기라고 단언하고, 황인종사이의 반목은 백인종의 아시아 침탈과 그 지배구조를 초래하게된다는 명목아래 인종적인 싸움의 긴급성을 강요하였다."[6]

우월한 인종이 열등한 인종을 지배하는 것을 자연의 법칙으로 주장함으로써 일제의 조선침략과 지배를 정당화한 사회진화론은, 친일파 지식인과 민족주의 지식인들 사이에 전혀 이질적인 이데올로기로 수용되거나 배척되었다.

1884년 독립당(개화당)의 개화파 지식인들이 근대의 문을 열었다면, 1894년 동학혁명 지식인들은 평민주의 시민의식을 일깨우고, 1907년의 신민회는 봉건군주체제를 거부하고 공화정체를 선언하는 거대한 물굽이의 역할을 하였다.

개화파 지식인들에게는 위정척사파의 거센 거부세력이 있었고, 동학혁명 지식인들에게는 전통유학세력의 완강한 저항이 따랐으며, 신민회 참여 지식인들에게는 낡은 근왕주의 세력과 조선 침략을 노리는 일본제국주의, 여기에 영합한 국내 친일파들의 탄압이 가해졌다.

일제강점기 친일지식인들의 반민족성

나라가 송두리째 일제에 강탈된 1910년을 전후하여 한국의 지식인 사회는 국권회복을 위하여 외세에 맞서 싸우는 독립운동 세력과, 현실에 순응하면서 일제에 협력하는 친일세력으로 확연하게 분립되었다.

위정척사 계열 지식인 의병장들은 대부분 처형되거나 투옥되고 소수는 만주와 러시아로 넘어가 의병투쟁을 계속하였다. 최익현은 일군에 끌려가 절식 끝에 대마도에서 순국하고, 유인석·안중근 등 의병장은 만주와 러시아를 넘나들면서 일제와 치열하게 싸웠다.

일제는 한국 병탄과 함께 친일파와 황실, 대한제국 고관 72명에게 작위와 은사금을 주고 전국의 유생 721명에게 회유책으로 30만 엔을 살포하였다. 일제의 병탄에 맞서 순국한 등 소수의 유학자가 없었던 것은 아니지만, 유림으로써 행세하던 유학지식인 대부분이 망국의 대가로 회유금을 받은 것은 창피하고 부끄러운 모습이었다. 고려가 망했을 때 72현의 두문동 칩거와는 너무도 상치되는 현상이었다.

조선을 점령한 일제는 '완전히 그리고 영구히' 지배할 목적으로 이른바 일시동인, 내선융화, 내선일체라는 동화주의를 표방하였다. 여기에는 조선의 '문명화'라는 허울을 씌우고, 군경의 무단통치가 깔렸었다.

망국을 당한 조선의 지식인들은 해외 망명을 택하고 소수이지만 국내에 남아서 비협력 국수보존운동을 전개한 이들도 있었다. 최남선이 주도한 신문관과 조선광문회는 일본 유학생 출신의 지식인들이 시사주간지 『동명東明』 등을 발행하면서 실력양성론을 논의하였다. 참여자는 고의동·김도태·김두종·김정수·김흥제·김윤경·김은호·민태원·송진우·안재홍·염상섭·이광수·이상협·임규·정노식·주요한·진학문·최두선·현상윤·홍영우 등이다.[7] 대부분이 친일변절의 길을 걸었다.

일제강점기 한민족의 정통성과 정체성을 유지한 지식인의 중심은 망명지사들과 소수의 양명학 계열이었다. 1910년 7월 신민회계열의 지식인들은 국내에서는 더 이상 구국운동이 불가능하다고 판단하고 중국 청도에 모였다. '청도회담'에서는 백두산 부근이나 블라디보스토크에 토지를 매입 개간하여 한인촌을 건설, 경제적 자립과 자치행정을 실현하고 학교·교회·무관학교를 세워서 독립군 기지를 조성하려는 원대한 계획이었다.

이 회담에 참석자는 안창호·신채호·이강·이종호·이갑·유동열·김지간·김희선·정영도 등 모두 한말 진보적 지식인들이다. 청도회담은 크게 성과를 거두지는 못하였으나 이를 계기로 해외 독립운동이 본격화되고, 지식인들의 무장 기지론이 제기되었다. 『황성신문』과 『대한매일신보』에서 많은 애국계몽의 논설을 쓴 박은식·신채호 등은 해외로 망명하여 존화적 사대주의 유교사관을 극복하고, 주체적 역사인식·근대적 민족주의사관을 정립하고 일제와 싸우는 역사이데올로기를 제시하였다.

　이와 같은 지식인 계열(계통)에서 정인보는 소수의 양명학 학통을 이으며 성장하였다.

4장

초야에서
연희전문대 교수로

재혼, 진천·목천에서 학문탐구

중국에서 돌아온 정인보는 한동안 정신적으로 방황하였다. 상하이에 남은 동지들과 국내의 현실 때문이었다. 망명 중에 아내가 쌍둥이를 출산한 후 곧 사망하고, 갓 태어난 둘째 딸도 엄마를 따라갔다. 부모의 뜻에 따른 혼인이었으나 아내에게는 제대로 남편 구실을 하지 못했는데 21세의 청춘으로 이승을 떠나고 말았다. 강보에 싸인 첫째 딸은 친모와 백모 할머니들이 키웠다. 정인보는 아내 성씨를 그리는 시 한 편을 지었다.

> 운시동 바람과 눈 꺼져가는 등불을 같이 했는데
> 남편이 능엄겸 읽는 소리를 알아듣더라
> 돌이켜 생각한다. 황노인의 일을 엮을 때
> 그대의 입김으로 붓끝의 얼음을 녹여 주었다.[1]

정인보의 가문은 소론 계열로 조선에서도 손꼽히는 명문가였으나 노론의 장기집권으로 할아버지 때부터 한직으로 밀려나면서 가계가 기울었다. 그러나 부평과 인천 등지에 상당한 토지가 있었던 것 같다.

정인보의 연희전문학교 제자 민영규에 따르면 정인보는 가계로부터 전해온 유산이 적지 않았으나 대부분 독립운동 기금으로 투척하면서 궁핍을 면키 어렵게 되었다고 한다. "선대로부터 위당에겐 부평 땅에 4, 5백석 거리 전답이 있었다. 그 대부분이 이러는 동안(여기에서 '이러는 동안'은 만주 흥도촌과 삼원보, 합니하 등 신흥무관학교 다녀온 일을 말한다)에 돈으로 바뀌어 서간도로 보내졌다는 이야기를 들었다. 그러나 역시 증거를 남긴 것이 없다. 상해에서 돌아온 뒤로 10년 가까운 낙향 생활을 보내는 동안 '어디어디서 곡수 들어온 것이 여덟 섬 아니 열댓 섬' 정도이었음을 조씨 부인으로부터 캐내어 들은 적이 있으나, 이러한 숫자를 어떻게 다루어서 좋을지도 문제다. 요컨대 그것이 극심한 궁핍과 싸워야 할 상태였던 것만은 확실한 것 같다.[2]"

조선을 강점한 일제의 횡포는 나날이 심해져가고 있었다. 조선총독부는 1911년 신민회사건(105인 사건)을 날조하여 서북지역 민족운동가 양기탁·이동휘·이승훈·안명근·김구 등 700여 명을 검거하고 그중 105인을 구속기소하였다. 투옥자들은 대부분이 사상전향을 강요받았으며 모진 고문으로 2명이 목숨을 잃고 다수가 불구자가 되었다. 일제는 조선의 저항자들이 어떻게 되는가를 보여주는 본보기로 이 사건을 꾸몄다.

일제는 1912년 3월 조선민사령, 형사령, 태형령, 감옥령 등을 잇따라 공포하여 조선인을 옥죄고 이해 8월 토지조사령과 시행

규칙을 통해 토지조사사업을 시작했다. 민족주의 계열인사들의 토지가 보상 없이 빼앗겼다. 정인보 집안에는 토지가 많지 않아서 크게 피해를 입지는 않았던 것 같다.

상하이에서 돌아온 정인보는 검은 양복에 검은 모자 차림의 상복으로 일관했다. 아내를 잃은 상복임과 더불어 나라를 빼앗긴 망국민의 표시였다. 이로 인해 경찰에 불려 다녀야 했다.

> 위당은 귀국 후 검은 옷차림을 하게 되었고, 이로써 일본 경찰에 여러 번 연행되어 조사받기도 했다. 검은 양복에 모자, 거기에 검은 색의 풍안까지 곁들였다고 한다. 양복의 상복이 검은 빛깔이어서 그러하였으리라 생각되기도 하지만, 스무 살이 갓 넘은 위당이 양복으로 상복을 입은 것은 나라 잃은 것도 아울러 곡하는 뜻이 겹친 젊은 청년의 일종의 객기였는지도 모른다.[3]

정인보는 젊은 양명학자로서, 상하이에서 동제사에 참여한 독립운동가로서 앞으로 어떻게 살아야 하는가, 고뇌를 거듭하였다. 그에게는 나이 든 부모와 백모, 아직 강보에 쌓인 어린 딸이 있었다. 이들을 두고 다시 망명하기는 쉽지 않은 일이었다. 귀국 6개월 무렵인 11월 24일 18세의 조경희趙慶姬와 재혼하였다. 어린 딸을 위한 부모님의 뜻이었다. 뒷날 셋째 딸 정양완의 증언이다.

부인 조경희의 모습

정인보가 내장사에서 부인에게 보낸 편지(1934년 7월 29일)

어머니는 거쿨지지도 칠칠하지도 못하였으나, 배척배척하면서도 바지런하고, 양순하고 조용하였다. 시댁을 하늘로 알고, 아버지 그늘에서 세 어른을 모시고 갓난아기를 기르기에 온 정성을 다하였다. 손이 귀한 집에 와서 을묘년(1915) 4월 열흘 첫아들 선모先謨를 낳았으나 일찍 세상을 떴다. 1920년 5월 18일에는 작은 언니 경완庚婉을 낳았다. 임술년(1922)에는 임완壬婉을 낳았으나 역시 일찍 갔다. 계해년(1923) 9월 3일에는 큰오빠 연모淵謨, 병인년(1926) 4월 보름에는 둘째오빠 상모尙謨, 무진년(1928) 동짓달 스무이틀에는 양완良婉, 신미년(1931) 정월 열엿세에는 흥모興謨, 계유년(1933) 동짓달 스무여드레에는 양모良謨, 을해년(1935) 9월 열 나흘에는 평완平婉을 낳았다. 모두 음력이다.[4]

정인보는 1914년 솔가하여 충청도 진천으로 내려갔다. 서울 생활에서 더 무슨 의미를 찾기 어려웠던 것이다. 서울에서 많은 가족의 생활비를 감당하기도 쉽지 않았을 것이다. 병탄과 더불어 조선총독부는 일부 명문 세가의 자제들에게 은사금을 주고, 총독부 편수회나 중추원 경학원의 벼슬을 주었으나 정인보는 일제에 협력과 시혜를 외면한 채 시골로 향했다.

정인보에게는 학문하는 것 외에 생계의 능력이 별로 없었다. 그 대신 젊은 아내가 억척스럽게 일을 하여 대가족의 생계를 유지했다. 다시 셋째 딸의 증언이다.

어머니가 우리 8남매를 기르는 동안 가난이 핀 적은 없었지만 원망하거나 한스러워 하지는 않았다. 선비의 집안이 가난한 것은 당연하다 여겼던 것이다. 세금을 못 내어 솥뚜껑에 빨간 딱지를 붙여 밥을 못한 적도 있었고 전기를 끊어버린 때도 있었지만 불행하다고 여기지는 않았다.[5]

정인보는 4년여 동안 진천에서 살다가 1919년 충남 목천으로 솔가하여 이사하였다. 역시 생활 방편 때문이었을 것이다. 1922년 봄 연희전문학교의 교수로 초빙되어 서울로 올라올 때까지 목천에서 살았다. 목천의 집은 뒷날 밝혀진 대로 대한민국임시정부 의정원 의장을 지낸 이동녕의 바로 옆집이었다.

모친 사별 '자모사' 지어

생모가 1918년 6월 21일 65세로 목천에서, 백모는 1923년 3월 18일 78세로 서울에서 각각 이승을 떠났다. 세상의 어느 자식인들 모친의 별세에 슬프지 않으랴만 정인보의 슬픔은 특별히 심했다. 정인보의 글 「자모사慈母思」에는 두 어머니를 기리는 애틋함이 묻어난다.

내 '생·양' 어머니 두 분이 다 거룩한 어머니다. 한 분은 월성 이씨니 외조는 청백하기로 유명하였다. 어머니 열네 살에 시집 와서 스물 하나에 과거寡居하였다. 그때 중부仲夫 또한 궂기고 생가 선인이 겨우 열 한 살이요(…) 또 한 분은 나를 낳은 어머니다. 대구 서씨의 청덕은 세상이 알거니와 완영完營서 들어오던 그 저녁부터 밥 지을 나무가 없었다는 그 어른이 어머니 조부다. 열 여섯에 새깃씨 되고 선인 작품을 따라서 정부인貞夫人에게 봉하였다.[6]

효심이 지극했던 정인보는 1926년 가을 장문의 「사모사」를 지으면서 여기에 40수에 이르는 시조를 덧붙였다. 임의로 몇 편을 소개한다.

3
동창에 해는 뜨나 님계실 때 아니로다
이 설음 오늘날을 알았드면 저즘마리
먹은맘 다된다기로 압떠날줄 잇스리.

14
그리워 하그리워 님의 신색 하그리워
닮을이 뉘업스리 어델향해 차지 오리
남으니 두어줄 눈물 어려캄캄 하고녀.

19
어머니 부르올레 일만있서 부르리까
젓먹이 우리 애기 웨또찾나 하시더니
황천이 아득하건만 혼자불러 봅네다.

21
등불은 어이밝아 바람조차 부노고야
옷자락 날개삼아 훨훨중천 나르과저
이윽고 비소리나니 잠못이뤄 하노라.

40
설워라 설워라 해도 아들도 딴몸이라
무덤풀 우군오늘 이 살부터 있단말가
빈말로 설은양함을 뉘나밋지 마옵소.[7]

　정인보는 시골에서 칩거하는 동안 음풍농월이나 일삼고 있었던 것이 아니다. 뒷날 한학과 국학, 시조와 역사학 등에서 발군의 역량을 발휘할 수 있었던 것은 이 무렵의 탐구가 있었기에 가능했다. '10년 적공'이었다. 대단히 근면하고 일체의 잡기를 가까이 하지 않은 터여서 탐구의 성과는 날이 갈수록 쌓여갔다. 문·사·철을 넘나들었다. 그래서 쌓인 학문이 일가를 이룰 만 했다.

　'낭중지추囊中之錐'라는 말이 있다. 송곳을 숨기려고 주머니에 넣어도 곧바로 빠져나오듯이, 사람이 재주를 숨기려 해도 결국 알려진다는 고사다. 정인보의 연희전문학교 교수 초빙과 그 후 신문사 논설위원의 발탁이 이에 속한다고 하겠다. 신문사 논설위원 등의 활동은 다음 장으로 미루고 연희전문 교수시절부터 알아보자.

30세에 연희전문대 교수로

정인보는 1922년 4월 연희전문학교 교수로 초빙되었다. 어떤 경로로 초야의 청년이 교수로 발탁되었는지는 기록이 없다. 이 학교가 외국인이 경영하여서 총독부의 간섭이 없었기에 가능했을 것이다.

> 1922년 봄, 새 학년을 기해서 위당은 연희전문의 교단에 서기 시작한다. 이때를 전후해 협성학교와 불교중앙학림에도 관계하게 되지만, 어떻게 해서 위당과 양인洋人 학교가 서로 계약을 맺게 되었던지 나는 그 자세한 경위를 알지 못한다. 다만 그것이 우연한 기회에 우연한 인사들끼리의 수작이 아니었음을 나는 단언해서 좋을 것이다. 위당의 존재는 이미 이 방면에 정평을 얻고 있었기 때문이다.[8]

연희전문학교는 1885년 4월에 입국한 미국 북장로교 선교사 언더우드가 이듬해 언더우드학당을 설립하여 1905년 경신학교로 개편한 것을 시발로 1915년 전문대학으로 인가받았다. 연희전문은 경신학교의 대학부로 출발했으나 당시 한국에는 대학령이 없었던 까닭에 1917년 연희전문학교로 인가되었다.

1919년 3·1운동 때에는 이 학교 재학생들의 조직전인 항일운동으로 일제의 탄압을 받아 학교가 존폐의 기로에 놓이기도 했다. 1918년에 전교생 94명이었던 것이 1919년에는 17명으로 줄어들게 되었다.

정인보는 서울로 올라왔으나 당장 거처할 집이 없었다. 가족은 1년 반이 지난 뒤에야 서울로 올라왔다.

10년 가까운 시골 살림을 하다가 서울의 양삿골로 다시 이사했다. 물론 내 집이 아니었다. 삭월 셋방이 아니면 전셋집이었다. 이 동네에서 저 마을로 여러 차례 거처를 옮기면서도 가난을 허물로 여기지 않았다. 오직 사람다운 생활, 선비다운 몸가짐, 망국의 유민다운 마음가짐 뿐이었다. 위당이 스스로 난곡에게서 전수받은 양명학적인 정신 지주가 그러했고, 그 몸을 온전히 지키는 데 어쩔 수 없는 곤고이기도 했다.[9]

정인보가 연희전문학교 교수로 들어갈 때에 나이 30세였다. 학교로서는 파격적인 인사였다. 당시의 교장은 '한국근대 의학의 개척자'란 평을 받은 미국인 에비슨이고, 부교장은 한국인 원한경이었다.

정인보는 한문과 조선문학을 강의하고 문과 각 학년의 담임도 여러 차례 역임했다. 직접 강의를 들었던 역사학자 홍이섭의 회고다.

박지원·사마천의 『사기』·『대학』·『중용』·시조를 강의하시면서 연암[10]을 가지고 또 학용學庸·시조를 통하여 한국을 이해시키고자 하였고, 『사기』와 『자치통감』을 가지고 한문과 한족사漢族史를 강설하시었다. 특히 학용의 강의에서는 중국경학의 중요한 면모를 전하시고자 하신 것 같았다. 이러한 강의는 한문을 조선문학의 명목으로 하시었는데 문학과 사학이 직결된 중국 것이기 때문에 문학 즉 사학 강의일 수도 있었다. 그리고 또 가다가 양명론, 조선 양명학파에 논급하시었으나 짤막짤막 내비치실 정도이었다. 교실에서 들을 때는 무심하게 지냈다. 후일 선생님의 글을 읽으며, 당시를 회상하는 데서 그때의 선생님의 뜻을 오늘에서야 알 수 있다는 것이다.[11]

같은 시기에 연희전문학교에서 강의를 했던 백낙준(전 연세대 총장)의 회고다.

내가 연희전문학교에 와서 처음 강의를 할 때 교실에 들어와 방청한 분이 정인보 님이었다. 정인보 님은 내가 중국에서 공부를 하여 한문학 강의를 듣고자 한 것이며, 이래서 우리는 가까와지고 나는 정인보 님에게서 실학에 관한 지식을 많이 얻게 되었다. 내가 문과과장으로 있으면서 실학 내지는 국학을 진흥시켜야겠다고 느끼고 그런 방향으로 애쓴 것은 정인보 님의 깨우침과 협력이 있었기 때문이었다.[12]

정인보는 연희전문학교에 첫 출근하는 날부터 떠나는 날까지 줄곧 한복차림이었다. 망국 초기 검은색 상복을 입었던 정신의 연장이었다. 한복차림으로 조선의 정신을 체현하고자 했을 터이다. 그의 강의는 대단히 폭넓고 논리가 정연했다.

조선 문학에서는 박지원의 『열하일기』의 문장을 통해서 조선 후기의 실학의 학풍도 설명하고, 시조를 통해서 한국의 정서를 힘주어 강의하기도 했다. 그리고 간혹 일본인 학자들에 의한 한국고대사의 허구에 관해서 비판하기도 했는가 하면, 양명학의 본질을 연구하기도 했다.

국학國學이라고 하면 언필칭 위당을 연상하고 하는데, 위당은 연희전문학교에서 강의를 통하여 이 국학을 힘주어 역설했다. 따라서 당시의 문과학생이면 위당에게서 한문과 조선문학뿐만 아니라 한국의 전통적인 역사와 문화에 대해서도 가르침을 받았다. 위당도 당시 중국에서의 국학의 제창자였던 장병린章炳麟의 문장을 좋아하기도 했다.[13]

정인보는 강의할 때 메모지 한 장으로 한 시간 두 시간을 너끈히 이끌었다. 그만큼 연구가 깊고 박식하여 인접 학문의 세계를 종횡무진했다. 그의 강의실에는 조선인학생들이 줄을 이었다.

위당은 늘 쪽지 몇 장만을 가지고 강의를 했다. 원문은 모두 암기하고 있었기 때문에 노트가 필요없었다. 어떤 때는 원전을 달달 외어서 학생들을 놀라게 했다고 한다.

취미로 전각도 했다고 하지만, 이는 여가의 일이었고, 전하기로는 청나라 학자 옹방강翁方綱의 문집인 『복초재집復初齋集』의 필체를 좋아했다고도 한다.[14]

정인보의 연희전문대 시절은 국학과 조선역사, 실학, 다산 정약용, 이순신 등 다방면의 관심과 연구가 깊어지고 전문성을 갖게 하였다. 그의 30대는 이른바 '위당학爲堂學'의 숙성기라고 할 수 있다면 40대는 발효기라고 할 것이다.

'민족적 내홍' 써서 민족의식 고취

정인보가 연희전문의 강단에 서던 해 9월 25일 아관 신규식이 망명지에서 순국하였다. 임시정부의 분열과 한인들의 단합되지 않는 것을 통탄하면서 25일 동안 분식不食·불어不語·불약不藥을 지키다가 끝내 숨을 거두었다.

일찍이 상하이에서 동제사를 창립할 때에 함께 참여하고 조직의 지도자로 모셨던 신규식의 서거 소식을 듣고 「아관 신규식선생을 생각하며」란 한시를 지었다. 『동명東明』 1922년 10월호에 게재되었다.

연희 시절 정인보는 여러 가지 일화가 전해진다. 여기서 한 가지를 뽑는다.

한번은 유명한 야구 선수가 위당의 강의에서 영락없이 낙제하지 않으면 안 되게 되었다. 그런데 위당이 어쩐 영문인지 그학생을 급제시킨 일이 있었다. 그리고 그 일을 의아하게 여기던 주위의 학생들에게 "그 사람이 홈런을 쳐서 일본인 학교를이겼기 때문에 구제를 시켰다"고 말했다는 일화가 전한다. 공부는 못했지만 일본인을 이긴 그 수훈을 감안했다는 것이다. 여기서 정인보의 민족애를 살피게 한다.

정인보는 학생들의 수업에 전념하는 한편 언론 기고 등 사회 일반에 걸쳐 다양한 활동을 전개하였다. 1924년 『시대일보』에 이어 『동아일보』 논설위원으로 위촉되었다. 이해 2월에는 신문에 「영원의 내홍內訌-형제적 우애로 돌아가자」는 논설을 기고했다. 하지만 첫 부문이 삭제된 채 게재되었다. 몇 대목을 뽑는다.

이조 500년의 역사는 내홍의 역사다. 그 동안의 세월은 갑이 을을 참讒하고 갑당이 을당을 도륙하려 하기로 허비하고 말았다.

임란에 사직의 위기가 일발에 달렸을 때에도 외란을 방어하기에보다 골육을 상잔하기에 정력과 세월을 허비하였다. 봉련鳳輦(어가)이 의주로 난을 피할 때에도 하루만 외란이 소휴小休하면 곧 내홍을 시작하였다고 한다. 하필 예를 먼 곳에서 구하랴. 근대 한국의 외교사를 보더라도 형제가 서로 시기하느라고 다투어 국권을 훔쳐다가 백伯은 청淸에게 중仲은 아俄에게 계系는 일日에게, 이 모양으로 갖다 바쳤다. 그네가 특히 청이나 아나 일을 사랑한 것도 아니요 신뢰한 것도 아니라 다만 아무러한 짓을 하여서라도 사염을 갚고 비루하고 가능한 해타욕害他慾만 만족하면 그만인 것이다.

이러하여 모든 충신 지사가 죽은 것이다. 쓸 만한 사람은 다 없애버리고 리매망량魑魅魍魎들만 도약하여 오족의 금일을 치致한 것이다.

수백재하數百載下에 우리 후생이 이 역사를 읽을 때에 절치切

^齒 액완_{扼腕}하여 "우리 같으면 이렇게 아니할 것"을 한다. 그러
나 우리들도 그 조상의 자손이다. 후손들이다. 수백 년 내홍에
훈련된 우리 안광은 마치 형사 순사의 것과 같이 형제의 결점
과 약점을 점탐하기에만 능란하여 언론이나 행동의 대부가 서
로 참소하고 형제의 사업을 서로 파괴하기로 일을 삼는다.[15]

정인보의 글은 매섭고 거침없기로 정평이 났다. 왜정치하에서
조선인 총독부 간부들과 부일 협력자들을 '리매망량'이라고 내리
쳤다. '산도깨비들'이란 표현이다. 무식한 총독부 관리들을 따돌
리기 위해 일부로 어려운 벽자를 골라 썼을 터이다.

그리고 자국민을 서로 헐뜯는 세태를 비판한다. 지면 사정상
전부 옮길 수 없어서 그렇지 이 글은 당대의 명문이었다. 일제의
식민 통치가 극심했던 시대에 국내에서 이런 정도의 글을 쓸 수
있는 사람은 흔치 않았다. 총독부 검열에서 송두리째 빠진 서두
부문은 더욱 강경했을 것이다.

1920년대 그러니까 그의 30대 초중반에 그는 이미 한국의
대표급의 문사로 알려졌다. 사회적으로 비중 있는 일이 일어나
면 그에게 집필 의뢰가 들어왔다. 그의 글은 장중하면서도 민족
적인 결기가 살아 있었기 때문이다. 벽자가 많고 문장이 어렵다
는 평이 있었으나, 전체적으로 그의 글에는 민족의 얼이 살아
있었다.

전형적인 선비다운 독특한 필체로 많은 문고_{文藁}를 집필했
다. 더러는 벽자를 골라서 쓰기도 했고, 까다로운 문체를 구사

하기도 했지만, 문장은 대체로 전통적인 팔가문八家文[16]의 세계를 터득한 것이었다. 아울러 한국의 옛 말을 골라서 유창한 글과 아름다운 시조를 짓는 데도 일품이었고, 한시의 경지도 탈속하면서도 현실적인 경세經世의 호소력이 있었다. 이와 같은 사장詞章의 면에서만이 아니라 그의 치밀한 고증의 면에서도 위당의 면모는 드러났다.[17]

월남 이상재선생 묘비문 써

정인보가 이 무렵에 쓴 많은 글 가운데 월남 이상재 선생의 묘비문이 있다. 평생을 항일구국운동에 몸바친 이상재는 1927년 2월 27일 78세를 일기로 사거하였다. 신간회, 교육협회, 중앙청년회 등 240개 단체가 장례준비위원회를 구성하고, 정인보에게 묘비명을 요청하였다. 이상재의 위상이나 장례위원회 단체의 면면으로 보아 파격적이었다.

인보는 후생이라 공公을 따라 노닐고 같이 지낸 날이 얼마 안된다. 그러나 공의 평생을 나름대로 살피건대 뜻과 생각이 곧고도 시원하여, 온갖 구구하게 시원찮게 사리私利나 꾀하고, 구차스럽게 시속의 영욕·득실이나 탐내는 등 보통사람의 시름이나 즐김, 잔꾀, 간사한 계책이라든지, 아침에 꾀하였다가도 밤이 되면 갸우뚱거리고, 저녁에 하고서 새벽이면 되풀이 하느라 백해百骸·구규九竅·육장六藏이 모조리 시름에 타고 마르며, 모

74

든 악착한 생각의 테두리 안에서 망쳐버리되 뉘우치지 않는 모든 것들을, 이에 공은 거의 끊어버렸었다. 그러기에 기氣가 멈추지 않고 내쳐가서 허허 넓기 마치 하늘을 바라는 것 같으니, 공은 공이 할 수 있는 점은 바로 여기에 있으리라.

이렇게 시작되는 묘비명墓碑銘은 유려하고 유장한 필체로 이상재의 올곧게 산 생애를 조명하고, 다음과 같은 명銘을 붙였다. (정양완 옮김, 원문은 한문이다.)

공자의 분명한 가르침 있어
사람은 날 때부터 곧은 것인데
꼬부장한 잔 꾀 탓으로
벌레 먹히고 갉아 먹혔네
장수한 양 스스로 자랑하지만
배는 이미 갈라진 줄 모르네
똥오줌만 채운 걸 달갑게 여겨
제 잇속 차리기에 솜씨 있다 하는구나
오직 뛰어난 공께서는
하늘이 내신 인물이기
천성이 강개하여
그 당시 사람을 어린앤 양 여겼다네
가난도 난 걱정없고
죽음도 난 두렵잖아
오독五毒이 부르짖어도 꼿꼿이 전진할 뿐 피하지 않았네

돈바리 시글시글 하여도
눈 한 번 힐끗 안 하였고
금으로 아로새긴 쟁반의 꽃이며
검붉은 수레에 두 마리 가라 말도
또한 성내지 않고
농지거리로 물리쳤다네
강구하고 헤아릴 건 무엇이며
묻잘 건 또 무엇인가?
사심으로 막지만 않는다면
우리 도는 저절로 뻗어갈 것을
호연한 그 기氣 하늘로 돌아가니
말씀도 갑자기 옛 것 되었네
공이 멀어졌다 말하지 마라
공의 뜻 바로 네게 있거니.[18]

일제가 조선을 강점하면서 온갖 명목으로 조선인들을 억압·수
탈하느라 독이 오를 대로 올라있던 시기에 정인보는 조선의 얼을
지키고자 학교와 언론사, 사회활동을 통해서 노고를 아끼지 않았
다. 그는 30대의 정열을 바쳐 망국민의 민족의식을 찾는 데 힘을
쏟았다.

위당은 한국의 정신적 이해와 그 천명과 전수를 위해서 강의와
문필을 통해서 역설하였고, 문·사·철을 겸비한 그 역량을 바탕으
로 이를 요령 있게 설파하기도 했다.

위당에게서 배운 당시의 학생으로서 위당의 참다운 정신을 이

해한 학생이 과연 얼마나 되었는지는 모른다. 후일 위당의 정신과 학문을 그대로 이어받았다고 평가될 수 있는 분이 있다면, 민영규 선생과 돌아가신 홍이섭 선생이 있었고, 비록 전공은 달랐지만 김하대 선생 정도가 아니었던가 싶다. 모두 위당의 지극한 훈도를 담뿍 입은 분들이었다. 위당은 귀엽게 보면 한량없지만, 밉게 보면 그 또한 한량이 없었다고 한다. 사랑하는 학생이면 길을 가다가도 깨엿을 사주는 정도였다고 한다. 이에, 그런 위당에게서 눈에 들기란 쉬운 일이 아니었다.[19]

연희전문학교 교수 시절은 정인보에게 가장 안정된 시절이었다. 소정의 월급을 받게 되면서 모처럼 가정의 생계가 안정적으로 유지되었다. 연희에서 명강의로 유명세가 알려지면서 이화여자전문학교, 세브란스 의학전문학교, 중앙불교전문학교에 초빙되어 국학과 동양사를 강의했다.

여전히 집 한 칸 없이 전셋집을 전전했지만, 그는 당당했고 소신을 굽히지 않았다. 당시 학교나 사회를 막론하고 총독부에 아첨하고 비루하게 사는 식자들이 적지 않았는데 그는 달랐다.

> 연희에는 교수 사택이 있었건만 아버지는 거기 들지 않았다. 혹시라도 마음에 안 맞아 그만 둘 일이 생길 때 식구를 한데서 떨게 할 것이 안쓰러워 행여 자기의 뜻을 굽히는 일이 생기기라도 할까 보아 아예 세사는 것을 두려워 않았던 것이다.[20]

정인보는 조선시대의 선비처럼 한복차림으로 일관하면서 일제의 폭압으로 조선의 전통과 얼이 사라져가는 시기에 조선의 얼과 국학을 열정을 다해 가르치고 글을 썼다. 여기저기에 초청을 받아 강연도 하였다.

정인보는 목천에서 서울로 올라왔을 때 동대문 양샛골에서 하숙을 하다가 가족이 모두 상경하면서 "홍파동 → 미근동 → 효자동 → 숭이동 등으로 이사를 다녔다. 모두 삭월세 아니면 전세로 든 집이었다. 숭이동 다음으로 이사 온 내수동 집은 위당 일기가 처음으로 소유한 내집이었다. 그러나 그것은 처음이자 마지막이 될 내집이었다."²¹ 이 집은 해방 후 이승만 정권의 실력자가 강탈해서 물의를 일으키기도 했다.

동대문 양샛골집 몇 집 건너에는 최남선이 살고 있었다. 두 사람은 꽤 가까이 지냈다. 『시대일보』에서는 함께 일한 적도 있었다. 그러나 최남선이 만주건국대학 교수로 가면서, 그리고 귀국하여 친일 노선을 걷게 되자 정인보는 다시 발걸음을 하지 않았다. 만주 건국대 발령 소식을 듣고 그 집 대문 앞에서 섧게 곡哭을 하기도 했다.

5장

민족언론인의
맥을 잇다

시대일보 참여, 회사 인수설도

정인보의 명성은 연희전문에서 밖으로 흘러 나갔다. 언론은 예
나 지금이나 명사들을 그냥 두려하지 않는다. 지면을 통해 자사
의 성가를 높이려 든다. 상업성이지만, 이를 통해 명사들은 자신
의 생각을 전하고, 독자들은 지식과 정보를 얻게 된다. 선순환이
지만, 어용이나 왜곡의 지식인들도 많아 탈이다.

정인보는 1924년 『시대일보』에 참여하게 되었다. 연희전문 교
수와 겸직이다. 그러나 어떤 역할을 했는지는 명확하지 않다.

『시대일보』는 1923년 최남선이 창간한 일간신문이다. 주간지
『동명』을 내고 있던 최남선은 1923년 6월 통권 41호로 종간하
고, 7월 17일 제호를 『시대일보』로 바꾸어 일간으로 발행했다.
창간사에서 "민족의 단합과 협조"를 내걸었다.

사장 겸 주간 최남선, 전무이사 서상호, 정치부장 안재홍, 사회
부장 염상섭, 경제부장 김철수, 논설위원으로는 변영만·구종건·
안재홍, 기자는 박종윤·신태악·이건혁·김달진 등의 진용이었다.

이 신문은 기왕의 동아·조선과는 달리 1면을 정치면 대신 사회면으로 채웠으며 시평, 칼럼을 1면에 실어 특색을 나타냈다. 3대 민간지 시대가 열렸다.[1]

정인보가 『시대일보』에 참여한 기록은 정확하지 않다. 동업지들에 실린 인사란의 기사가 보일 뿐이다.

> 동업 시대일보는 이번에 새 주인을 만나 내용을 일신하고 장차 새로히 활동을 개시할 터이라는데 그 간부의 씨명은 다음과 같다더라. 이범세·홍명희·이희종·정희영·윤희중·유진영·홍순필·정인보·한기악·이정희·김익동·신성호.[2]

정인보가 1925년 토지를 담보로 『시대일보』를 인수했다가 홍성희·이승복에게 넘겨주었다는 기록이(『전집』의 연보) 있으나, 사실이라면 『시대일보』나 동업지에 상당한 기삿거리일 터인데도 전혀 보도가 되지 않았다.

『시대일보』의 역할은 대단했다.

> 이 신문은 발행 초기에 2만 부를 발간하고 그 당시 발행하던 민족진영의 신문 동아일보와 조선일보를 제압하는 듯한 인상을 주었으며 이 신문에 대한 민중의 인기는 대단한 것이 있었다.[3]

정인보가 판권을 샀다가 이승복에게 넘겨주었다는 증언으로 보아, 당시 『시대일보』의 내분이 격화되고 경영권을 둘러싸고 심각한 갈등이 빚어졌던 시기였을 것이다. 경영권이 사교집단인 보천교普天敎에 넘어갈 처지에 놓인 이 신문을 살리기 위해 인천의 땅을 담보로 자금을 마련하여 판권을 인수할 단계까지 갔다가 이승복에게 양도 했을 것으로 추측된다. 이승복은 이사 가운데 한 사람이 되었으나 시대일보는 경영난을 타개하지 못하고 1926년 8월 중순까지 발간한 후 발행을 중단하고 말았다. 이로써 시대일보라는 제호는 없어지고 말았다.[4]

정인보의 『시대일보』 근무 기간이 불명확한 것처럼 이 신문에 어떤 논설을 썼는지도 밝혀지지 않았다. 그럼에도 그의 언론계 참여는 박은식·신채호·장도빈 등으로 이어지는 민족언론의 정맥으로서의 의미를 갖는다.

> 그는 언론을 통해서 민족정기를 고취하는 논설을 써서 민족 계몽운동을 펼쳤던 언론인이라는 일면도 있었다. 개화기의 언론인들 가운데는 역사학과 언론이 동일한 기능을 갖는 것으로 보고 언론을 경세학經世學으로 인식했던 사람이 많았다. 장지연·박은식·신채호 같은 사람이 그런 경우이다. 정인보도 언론과 역사학을 하나로 생각했던 한말 언론인들의 맥을 이어 일제 치하에 언론활동을 벌였다. 그가 실학을 높이 평가하고 우리 민족의 고질이 되어 있는 허虛·위僞·공空·가假를 철저히 근절하여 진과 실과 행에 환원하기를 열망하는 글을 썼다.[5]

정인보는 사학과 언론·문학을 겸비한 흔치 않는 인물 중의 하나다. 한말, 일제강점기에는 박은식·신채호가 대표적이라면 그 뒤를 이은 사람이 정인보·문일평·안재홍 등이다. 이어서 해방 후에는 함석헌·천관우·리영희·송건호를 들 수 있다.

'동아' 논설위원, 집필사설 압수당하기도

정인보의 본격적인 언론활동은 『동아일보』에서 이루어졌다. 『시대일보』와 겸임한 것인지, 그만 두고 동아 쪽으로 옮긴 것인지는 분명치 않으나, 그는 1924년 5월부터 동아의 논설위원이 되었다. 같은 해 3월에 연희전문 교수가 된 직후의 일이다. "그는 5월부터 8월까지 3개월간 논설반에 소속되어 있다가, 8월부터는 '촉탁기자'로 신분이 바뀌었다."[6] '촉탁기자'는 비상임논설위원을 의미한다. 학교 측 또는 내부의 이유로 신분이 바뀌었던 것 같다.

당시 『동아일보』는 이광수가 이해 1월 2일자부터 5회에 걸쳐 연재한 사설 「민족적 경륜」이 파문을 일으켜 이 신문에 대한 비난과 불매운동이 벌어지고 해외의 독립운동가들도 비난을 멈추지 않았다.

이광수는 신문사를 떠나고 신문사는 명예회복과 분위기 일신을 위해 정인보를 영입했던 것 같다. 그는 영입 이전부터 이 신문에 몇 차례 기고한 바 있었다. 논설위원이 된 정인보는 왕성한 필력으로 각종 논설과 사설을 집필했다. 홍명희가 주필 겸 편집국장이어서 뜻이 맞았고 그만큼 신바람이 났다. 동료 논설위원에는 이봉수·윤홍렬·조동우 등이 있었다.

정인보가 왕성한 필력으로 언론활동을 할 때 망국의 황제 순종이 1926년 4월 25일 승하했다. 고종의 둘째 아들로 태어나 1907년 헤이그 특사 사건으로 고종이 강제 퇴위되면서 즉위했으나 이미 일제가 국권을 전횡하는 상태여서 허수아비 노릇을 할 수밖에 없었다. 일제는 1910년 8월의 병탄 이후 순종을 창덕궁에 유폐하고 이왕李王으로 격하시켰다.

비록 망국의 임금이지만 국민은 그의 승하 소식에 애통함과 일제에 대한 증오심을 삭이지 못했다. 정인보는 순종의 능비 〈유릉지문裕陵誌文〉을 지었으나 친일파 윤용구의 방해로 인하여 다른 사람의 글로 대체되었다. 그 대신 4월 27일치 1면 머리에 「대행애사大行哀辭, 울려해도 다시는 잊지 못할 이 섧음」이란 사설을 썼다. 이 사설을 2단 전단 조판에 두꺼운 검은테를 두른 박스형태로 편집하여 애도의 뜻을 강력하게 표시했다.

정인보의 사설이 문제가 된 것은 5월 3일치의 두 번째 사설 「산릉문제山陵問題」였다.

순종의 능은 뚝섬의 유릉裕陵으로 쓰기로 하였다가 청량리 홍릉洪陵에 써야 한다는 의견이 제기되었다. 이에 대해 정인보는 순종이 생전에 고종의 능이 있는 홍릉에 묻히기를 바랐다는 이유를 들어 당연히 홍릉에 써야 한다고 주장하는 사설이었다. 이 사설역시 「대행애사」처럼 1면에 똑같이 게재되었다.

그러나 총독부는 이 사설이 실린 『동아일보』를 압수처분했다. 총독부가 문제 삼은 것은 형식상으로는 순종의 능을 홍릉에 써야한다는 주장에 있다고 했으나 실제는 사설 곳곳에 들어 있는 '불령'한 내용 때문이었다. 압수된 사설 중간 부문이다.

삼가 선재先帝의 일생을 살피옵건대 양전兩殿[7]의 지극하옵신 은총에서 의척衣尺이 증장되옵시다가 기침氣寢이 한번 궁궐을 범한 뒤로[8] 겪으시지 못할 변란자로 준정에 깊은 느낌을 드리게 되었었다. 을미[9]이후로 의지하옵심이 오직 대전이 계시올 뿐인데 마침내 궁을 나누시게 되매 천안天顔을 그리워하는 성정이 영면하옵신 모의母儀를 더욱 느끼옵셔 참연하옵신 옥색을 차마 뵈올 수 없는 때가 많으셨다고 한다.

무오대상[10] 지내신 뒤에 스스로 길이 위로하실 바를 생각하오서 마침내 만세 후[11] 선릉에 의지하실 성의를 나타내시게 되었었다. 이 뜻은 항정恒情이시라 그러나 성충聖衷에 그윽이 배회하시는 고절하옵신 정곡情曲은 우리의 규칙이 미쳐도 말씀하기 어려움이 있고 또 우리로는 규칙까지도 못 미치울 것이다. 도리는 아직 말하지 말자. 오직 정만으로라도 차마 어찌 선제의 유지를 봉행치 않을까 보냐.[12]

6·10 만세운동 날 사설집필

정인보는 신문이 압수되고 총독부의 부릅뜬 눈초리를 의식하면서도 6월 10일 자에 다시 「자궁梓宮[13] 마저 가신다」는 사설을 썼다. 이날은 바로 순종의 장례식을 기해 3·1운동 이후 처음으로 전국적인 규모의 항일운동이 일어난 바로 그날이다.

이날 오전 순종의 상여가 종로를 지날 때 주동자들은 일제히 만세를 부르고 격문을 살포하자 시민들이 합세하여 대대적인 민중시위로 확대되었다. 격문의 내용은 '토지는 농민에게', '8시간 노동제 채택', '우리의 교육은 우리를 손에' 등이었다. 정인보는 이날도 두려움 없이 붓을 들었다.

여상如喪의 설움이 고금에 오늘 같은 때 없을 줄 안다. 또 조민兆民의 스스로 흐르는 정성이 우로雨露 젖던 옛 시절에도 이런 적이 없을 줄 안다. 대가를 심성으로써 메이고 봉불자정으로써 끌어 금곡 50리에 노고를 모를 뿐 아니라 다달아 돌아설 비애를 미리들 느낌이니 슬프다. 명명중冥冥中 이를 아시면 돌아보시는 중동重瞳이 더욱 감기시지 못하실 줄 안다.
흑黑선 두른 흰 깃발 아래마다 대오가 정제하니 뉘 이를 통솔하였으며 적은 저자 크지 못한 공장, 먼 지방, 국경 밖 교민까지 미력이라도 이 날에 다하고자 하니 뉘 이를 권유하였으며, 동자들까지 색옷을 몸에 데이지 않는 이같은 유례가 많으니 뉘 이를 ○○(벽자) 하였을까? 슬픔은 슬픔으로써만 돕는 것이 떠나시는 대행大行을 우는 한편에 남아 있는 우리를 울지 않을 수 없고, 이 울음까지 마저 대행께 향하게 되매 스스로 우리를 옮이 한층 더 새로웁게 되니 끝없는 이 순환을 대행은 굽어보시련만.[14]

사설의 마지막 부문도 소개한다.

말씀을 하려니 가슴이 막히고 붓대를 잡으니 눈물이 가린다. 흥복헌 뜰앞 나무는 한조각 경경耿耿하신 고심을 알련마는 슬피 엉긴 그늘이 눈물 젖은 옥계玉階를 덮을 뿐이니, 뉘 싸인 구름을 헤쳐 오래 잠긴 볕뉘를 찾으랴? 다만 우리의 앞길을 우리가 열에서 민복을 바라시던 성심을 만일이라도 위로하여 드려야 할 뿐이다.

슬프다. 우리의 눈물은 곧 대행의 눈물이시라. 이 눈물을 가져 ○○(벽자) 하온 의모依慕를 부칠 수 있다. 어찌 눈물에 만이랴? 우리의 기쁨도 곧 대행의 기쁘이시니 눈물의 의모를 붙이던 것을 기쁨에 옮길 때가 언제일까?[15]

현대인들이 이해하기 어려운 문장이지만, 당시 식자들에게는 대단히 명문으로 알려졌다. 현재의 시각으로는 망국 군주의 승하에 대해 저토록 비통한 의미를 부여할 수 있을까 싶지만, 그의 장례일에 '6·10만세운동'이 일어날 만큼 백성들의 정서는 애틋했다. 그것은 조선 왕조에 대한 애정이기보다는 일세에 국권을 강탈당한 데 대한 식민지 현실이 오버랩되면서 추모와 전국적 시위로 연계되었다. 글의 곳곳에는 예리한 비수가 담겨 있었다. 이 글은 6·10만세운동의 소용돌이 속에서 널리 읽혀졌다. 정인보는 청년 지사 언론인으로서의 소임을 다하였다.

전조선 장서가에게

정인보의 관심 영역은 대단히 넓고 깊었다. 신문사 논설위원은 그날그날 일어나는 사회 현상에 대해 논평하는 일이 직무이기는 하지만, 그것만으로 임무를 다했다고 하기 어렵다. 더욱이 당시는 일제강점기였다. 역사의식이 있는 언론인이라면 보다 높고 긴 안목으로 민족·민중·문화·역사에 대해 문제를 제기하고 논평할 수 있어야 했다. 정인보는 여타 언론인들과는 크게 달랐다.

1932년 9월 전남 곡성의 정(J) 씨가 장서 1만여 권을 연희전문에 기증한 일을 계기로 「전조선 장서가들에게」라는 사설을 썼다. 이를 통해 도처에 사장되고 있는 장서 문제를 제기한 것이다.

정인보는 이 글에서 우리의 문헌이 그 진본과 귀중본이 어떻게 소실되었는가를 밝히고, 여전히 군밤봉지와 고구마싸개로 찢겨지고 있음을 개탄한다.

> 선배 박연암이 일찌기 장서가의 고루 순수苟守함을 통매한 바 있으나 연암 때로서 지금일에 비하여 보면 어찌 틀린다고만 말할 수 있으랴? 이래 수 십년 간 우리 문헌의 지키지 못함을 생각하고 또 우리 사회의 수집이 역力이 연약함을 생각하다. 아무쪼록 동심일체로 어떻게든지 이를 보전하고 이를 토구討究하야 할 것이니 만가滿架한 장서가 비록 세전世傳이라 할지라도 이 하상 일가의 사재에 준할 바 아니라. 선민先民의 방취芳臭 이에 실렸을진대 민족적으로 공보公寶함이 옳으며, 조선祖先의 수택手澤일수록 조선의 적공일수록 어디까지든지 그 첨윤沾潤을 사회와 한 가지 하는 것이 옳다.
>
> 크게 대의로 보나 적게 명예로보나 조선의 장서가는 모름지기 견축 탐적의 고철을 버리고 상당한 기증으로써 최적한 전수典守로 여기는 것이 가하다. (…)

이번 곡성 정문丁門의 미거를 단서로 하여 우리의 여러 학교와 조선문화에 노력하는 각 사회 이어 이러한 기증을 받을 줄 믿는다. 하필 거대한 장서만이 귀한 것 아니다. 단편 진간이라도 이것을 민족적으로 공공히 하겠다는 그 마음이 곧 조선 전도 한 서광이니 아무쪼록 고철만을 밟지 말고 남의 미거와 동규하여야 할 것이다. 문헌의 산결과 표실이 가장 심한 금일이니 우리의 말 바깥 고언을 깊이 느끼는 이 그 얼마나 될고?[16]

정인보는 이어서 「조선고서 간행의 의의」라는 사설을 통해. 이 문제를 집중 분석하여 사회적 관심을 불러모았다. 당시 자신도 참여한 조선 후기 실학파들의 문집이 속속 간행되고 있었다. 『성호세설』, 『연암집』, 『완당집』이 대표적이었다.

무릇 문사文史의 간행은 미거이니, 한편으로는 선철의 정온精蘊을 전함이요 한편으로는 후학의 미미迷味를 계啓함일새 언제나 제려할 것이로되 더우기 금일 조선에 있어서는 쇄쇄한 세월에 바래 가느니 고색古色이라 우리로서 우리를 알려하는 자 기하이며, 알려 하여도 알길이 없어 방황하는 자 기하이냐? 이 때에 와서 우리의 고서를 간행함이 뒤늦었다 하랴. 그러나 뒤늦은지라 몇 곱절이나 더 급하지 아니하냐?[17]

정인보의 이 사설은 꽤 길다. 일반적으로 사설이 200자 원고지 7~8매 분량인데 비해 이 글은 20매가 넘는다. 그만큼 이 문제에 비중을 두었던 것이다.

정인보가 「조선불교의 정신문제」를 쓴 것은 1934년 10월이다. 일제는 조선을 병탄하면서 전통적인 조선불교를 식민통치의 수단으로 전락시켰다. 다수의 불교지도자들이 총독부의 앞잡이 노릇을 하면서 민족과 불타정신을 배신했다. 전국의 주요 사찰을 총독부가 직접 관장하고 주지를 임명했다. 만해 한용운이 1913년 「조선불교유신론」을 발표하여 조선불교의 자주성과 개혁을 주창했다. 그러나 일제의 불교탄압은 더욱 강화되었고, 승려들은 자주성을 잃었다. 정인보는 기독교 학교에서 교편을 잡았으나 불교에도 관심이 많았다. 이 글의 중간 부문이다.

금년은 아도阿道¹⁸의 동래東來하던 26회의 구갑이다. 명년은 조선사원 개시의 기념년이다. 한번 금역하여 전수의 득실을 반성하여 보라. 제인자諸仁者야, 이렇게 대답하리라. "사원을 그대로 지키었노라. 향전香田을 그대로 지키었노라. 지식에 있어서도 제경諸經을 그대로 지키었노라. 지식에 있어서도 제경諸經의 학인이 있고 외학外學의 정인丁人이 있다" 하리라. 석굴암의 불상이 계시고 용주사의 불화가 걸렸다 하리라.

제인자야, 이만하면 전수라 할 것이냐? 이만하면 26회의 갑주를 당하여 선덕先德·선숙先宿에 향하여 귀색이 없다 할 것이냐? 아니다. 사원은 왜 세웠느냐? 의자依自로써 이타를 행하는 그네를 두기 위하여, 향전은 왜이냐? 그네를 공양하기 위하여, 불상 불화는 그네로서의 담풍합일새 높은 것이라. 만일 그렇지 못하다 할진대 조석예불이 이른바 제반에 대한 경영뿐일 것이며 굉구걸축이 그야말로 축첩 양자의 편익을 공급할 뿐이니 ○

○(벽자)의 법이 속체와 달라서 고신이타 심하면 할신이타. 더 심하면 살신이타 하기를 주主할세 대법이 중의를 받든 것이니 승사僧事가 곧 속심俗心일진대 하필 사원 하필 향전, 중생은 하 귀何貴며 지식은 하중何重이며, 불심은 하봉何奉이며 불상은 하 봉何封이냐?[19]

퇴락한 '을지문덕 묘소'에 통분하다

정인보는 1936년 5월 23~24일 이틀에 걸쳐 「을지장군 묘산 수보문제」를 다루는 장문의 사설을 썼다. 사설이라기보다 50여 매가 넘은 논설이었다. 한 해 전 이순신 장군 묘소 문제를 제기하여 큰 성과를 얻은 데 이어진 것이다. 이즈음 정인보는 1개 신문사 논설위원의 신분을 뛰어넘은 민족 지사와 같은 신념과 처신으로 글을 쓰고 행동하였다. 이순신 묘역이나 을지문덕 묘역문제는 총독부의 눈치를 보느라 조선 언론이 터부시하는 영역이었다.

이순신 장군의 묘역이 은행에 넘어가고 각급 유적·유물이 황폐화되고 있는 것을 정인보가 거듭되는 사설을 통해 사회적 관심을 일깨우고 민중들의 성금으로 묘소 땅을 되찾을 수 있었듯이, 이번에도 상대는 다르지만 상태는 비슷한 상황에서 사설을 쓰게 되었다.

평양 소재 을지문덕 장군의 묘소가 관리 소홀로 분별하기도 쉽지 않고 간신히 찾는다 해도 몇 사람이 서서 참배하기도 어려운, 초라한 모습의 퇴락한 상태로 변해 있었다. 글의 중간 부분이다.

월전 다시 가보니 저윽이 모양을 이루어 산토가 종횡한 대로라도 이제는 형성이요 그로모은 소가小家이나마 무덤은 무덤이다. 오호, 민중아 알라, 옛 평양 현암산 동록, 우리 만년천추 영모할 은인, 을지문덕 장군의 유장이 이렇듯이 만목처량으로서 금일에 이름을.

땅이니 땅인가 보다 사람이니 사람인가 보다. 하등의 추사追思가 없다면 모르겠다. 한번 생각하여 보자. 여기서 살아 내려오는 동안 광겁의 풍우 자욱한 속에서 풍표 우회의 환患이 없이 민족적 춘추 영장함에 대하여 어찌 그 연서緣緖를 모를 것이냐? 더우기 반도의 위치가 육으로 해로 외래의 침공을 받기에 그 역분이 다단함을 인하여 그 중간 위인의 노勞와 기절의 적績과 의사의 방芳이 사승史乘에 끊이지 아니하니, 과거 역사에 있어 누가 어떻고 다 말하지 말라. 호족護族의 노勞가 노니라. 적도 이에서 적이니라. 방향芳香도 이에서 방향이니라.[20]

일제강점기에 정인보는 총독부가 가장 덮어두고자 하는 금기의 부분, 그러니까 한민족의 원기를 되살리고, 민초들이 가장 존경하는 인물들을 글감으로 골라서 다루었다. 이를 통해 민족의 맥을 잇고 민초들의 역사적 동질성을 회복하고자 함이었다. 그의 이같은 일련의 작업은 민족의식이 살아 있는 언론인만이 할 수 있는 노역이었다.

정인보는 이 글에서 을지문덕 장군의 공적을 설명하면서, 우리 민족이, 민중이 장군의 묘역을 방치한 데 대해 분개하면서, 이같은 현상이 모두 식민지배 체제에서 기인함을 밝혔다.

정인보는 1933년 10월 17일부로 『동아일보』 촉탁기자에서 객원 논설위원으로 다시 신분이 바뀌었다. 외압 때문이었는지 내부 사정이었는지 알 수 없지만, 촉탁기자로서 논설(사설)을 집필했으니 객원 논설위원으로서도 사설(논설)을 집필하는 데는 변함이 없었다. 이후에도 그의 필봉이 움츠려들지 않았다.

이때 동아일보사는 연희전문과 보성전문에서 정인보 외 오천석(철학박사), 백남운(상학사), 유진오(법학사), 노동전(경제학사)을 객원으로 초빙했다. 5명 중 4인은 연전이고 유진오는 보전 출신이다. "다섯 분의 학자적 역량과 문필가적 수완은 신문 잡지 등을 통하여 이미 세평이 자재한 터이매 구태여 약력 소개 등 사족의 누를 더할 까닭이 없다"[21]고 사고로 보도했다.

정인보는 40세를 전후하여 연희전문을 비롯하여 몇 개 학교에서 강의를 하는 한편 신문사 촉탁, 개원 논설위원으로서 전문 학자나 언론인이 엄두도 내기 어려운 많은 글을 썼다. 그는 1936년 (44세) 상반기까지 동아일보사에 객원 논설위원으로 근무했던 것 같다. '을지문덕' 관련 사설 이후에는 기명 사설·논설이 보이지 않기 때문이다. 그에게는 언론사 일보다 더 많은 학문적인 과제가 놓여 있었다.

6장

충무공 이순신 장군 살리기운동

이순신 묘소경매 보고 분노

일제강점기 조선에서 충무공 이순신은 금제의 대상이었다. 일본인들이 가장 두려워하고, 싫어하는 조선인으로서 가장 금기시하는 인물이었다. 저들은 임진왜란 때에 '다 된 밥'을 이순신 때문에 내뱉게 되었다고 생각한 때문이다.

일제가 조선을 강탈한 다음 날인 1910년 8월 30일 저녁, 남산 총독관저에서 초대 조선총독 데라우찌 마사다케는 "고바야시·가토·고니시가 이 세상에 있다면 오늘 밤의 달을 어떻게 보았을까"라며 한껏 승자의 오만과 자만에 들떠 있었다. 데라우찌가 거명한 세 명은 임진왜란 당시 일본군의 선봉장으로 조선을 유린하다가 이순신 장군의 해안 봉쇄로 본국으로부터 보급로가 차단되고, 전세가 역전되어 결국 철병하게 되었던 패장들이다.

이로부터 일본인들은 이순신 장군을 두려움의 존재, 증오의 대상으로 삼았다. 이들의 유전자DNA는 끊이지 않아서 조선을 병탄한 20세기 초엽의 일제 관헌들에게 이어졌다. 그리고 이를 눈치

챈 조선인 부역자들에게도
전해졌다.

일제강점기 조선에서 이
순신을 거론한 사람은 여운
형과 정인보 정도였다. 여운
형이 민족운동가로서 이순
신의 폐허가 된 유적지 문제
를 제기한 것이라면, 정인보
는 언론인, 학자의 위치에서
이 문제를 본격 제기하였다.
정인보는 일제가 가장 금기
시하는 충무공 문제를 거침

숭인동 집 사랑채에서의 모습
(1931년 3월 30일)

없이, 그것도 연속적으로 묘소, 유적지, 위토位土 문제 등을 제기
하고, '유적보존회' 창립을 이끌어내고, 중건된 현충사의 비문을
쓰기도 하였다.

정인보가 이 문제에 적극 나서게 된 것은 이순신의 묘역이 경
매를 당하게 된 데 대한 언론 보도에서 시작되었다. 1931년 5월
의 일이다.

정인보는 「민족적 수치-채무에 시달린 충무공 묘소」라는 사설
을 통해 처음으로 이 문제를 제기했다. 민족적 의분을 불러일으
키는 일종의 격문과도 같은 글이다. 매우 중요한 글이라 전문을
소개한다.

우리들의 역사의 기록면에서 그 인격으로나 그 사적으로나

96

충무공 이순신의 위를 갈 사람이 얼마 없으리라. 그의 위토와 묘소가 경매를 당하게 된다니 이런 변이 또 있으랴. 이런 민족적 치욕이 더 있으랴.

세상에서는 민족적 선열 위인을 위하여는 비각을 지으며 동상을 세우며 혹은 기념박물관이 있고 혹은 기념도서실을 두며, 그의 출생한 묘옥, 그의 손이 닿은 일수一樹 일석一石이라도 표지르고 보호하여 후세의 자손으로 하여금 백대 천대까지라도 그들을 흠모하여 민족적 자부심을 기르며, 그들을 추앙하여 민족적 향상심을 분발하게 한다.

불란서의 판테온이 있고, 영국의 웨스튼민스터가 있음이 가히 그 소이래를 알 것이다. 민족적 자부심이 없는 민족이 어찌 퇴패를 면할 것이며, 민족적 향상의 목표가 없이 어찌 단결 진취의 민족적 노력이 있을 것이냐?

이충무공의 인물과 사적은 노노呶呶[1] 할 필요도 없이 우리가 아는 바이다. 국난에 임하여 쌍수고진雙手孤陳으로 민토民土를 누란의 위기에서 구출했으니 민족적 은인이요, 포폄에 초월하고 진하나 퇴하나 오직 대의를 위했으니 민족의 의범儀範이요, 세계 최초의 철갑선인 거북선을 발명했으니 민족문화의 선구라 할 것이다.

만일 조선인이 조선의 정신을 제대로 가지고 왔다면 그의 비각도 있어야 했을 것이요, 그의 동상도 곳곳에 섰을 것이며, 그의 기념관, 그의 도서실, 그의 박물원이 있었을 것이다. 이것은 없다할망정 그의 위토와 묘소가 책귀債鬼의 손으로 전전한다 하니 수치보담도 한걸음 넘어서 민족적 범죄라고 할 것이 아니냐?

나옹奈翁이니 화옹華翁이니 하고 이국의 위인을 숭앙할 줄 알되 자기의 위인을 모르는 그 시대는 다시 말할 것도 없거니와 "조선을 찾자"는 부르짖음이 벌써부터 잦은 이 때에도 을지문덕의 묘소가 평토화平土化해서 그 자취를 찾기 어렵되 우리 손이 한줌 흙도 옮기지 못하더니 이제 또 이순신의 사당에 표지가 붙게 되었다.

우리는 과연 누구를 책하랴? 굶고 헐벗는 한이 있더라도 묘소를 수호하고 그 위토를 사수하지 못한 그의 자손 일족의 무엄함을 엄책할 것은 물론이어니와 일방으로 채권자인 금융업자에게 대하여서도 그도 또한 조신민족의 일 기관이며 일 분자인 이상 과연 채권채무의 법적 관계로만 이 문제를 해결할 것인가, 또한 민족적 체면과 양심을 고려하여 선처할 방법이 없을 것인가? 우리는 먼저 그 보다도 민족적 이상이 결여하고, 민족적 정열이 냉각되고, 민족적 자부심이 마비된 조선의 사회를 스스로 책하지 않으면 안 될 것을 서러워한다.

수치를 수치로 아는 자에게만 이러한 붓대를 들기조차 손이 떨리고 얼굴에 모닥불을 붓는 듯하다. 그러하나 이를 널리 사회에 알리어 그 책임감에 호소함이 이때의 의무로 생각하매 이 붓을 아니 들지 못하는 것이다.

어찌 충무공의 분묘를 위함뿐이랴? 이것을 계기로 하여 우리는 가일층 민족문화에 대한 숭앙심과 애착심을 불길질 할 필요가 있다.[2]

'이충무공 묘산 경매문제'를 논박하다

정인보는 연일 이순신 장군 관련 사설을 신문에 써서 사회문제화시켰다. 다시 「이충무공 묘산墓山 경매문제」라는 시론을 발표하였다. 발췌한다.

이제 우리 이충무공의 묘소를 뵈올 때 비각은 문짝이 없고 병풍석은 틈이 벌어 어근버근하고 묘위나 묘계(단)나 모두 때때로 수치修治하지 못한 것이 드러난다. 묘소가 이러할 적에야 유물의 보존이 장엄치 못한 것은 물론이니, 친필 일기가 금보金褓에 쌓이지 못하고 금대 담은 목함이 폐손된 채로 있고, 유검遺劒 2구가 두렷한 함궤에 담기지 못하였다. 우리 이를 개연히 알아 어찌하면 추모 건봉虔奉의 실을 만일이라도 나타내 볼까 하였었더니라.

지금 동일은행으로부터 묘소 계신 산판을 고택·제전祭田과 함께 당장 경매에 붙이게 되었다. 듣건대 충무공 사손嗣孫 종옥種玉이 충무공 묘산을 은행에 전질하여 넘길 수 없는 빚 기한이 넘으매 은행으로서 규례대로 이행하는 절차를 하게 된 것이라 한다.

첫째로 사손된 자가 마땅히 그 연고衍昝를 알지니라. 선조의 체백體魄을 뫼신 그 땅을 요용要用 때문에 무란히 전질하는 그 소위 사손으로서 감행할 바일까? 선조로도 충무 같으신 어른은 일가 일족의 숭봉만에 한할 배 아니니 민족적으로 형식갖춘 위탁을 받지 아니하였다 할지라도 소중함이 전 조선으로써임을 모를 수 없는 것이다.

우리로도 수치修治까지는 걱정하여 오던 바이지만 사손이라고 있어 묘산을 이 지경에 이르게 한 것은 처음 생각도 미치지 못하였던 것이다. 이 일은 이씨 일문의 대변만이 아니라 조선의 변고이며 수치라 통한인 인인人人 사무치나니 사손의 이 일은 마땅히 만족적으로 징벌할지며 또 진進하여 이씨의 종문을 문책코자 하노니 사손은 이왕 그르쳤다 하자, 오늘 이 지경에 이르도록 두었다 함은 여하한 사정이 있다 할지라도 전조선을 향하여 변해辨解치 못할 것이니라.

그러나 우리끼리인지라 사손된 이를 꾸짖고 후예로 일체로 나무라는 것이나, 만약 외국인으로서 본다 할 것 같으면 우리 다 같이 추모를 모르고 건봉을 저버린 불초 후인이라. 자손 타인의 분변分辨할 배 있으랴?

은행이 차라리 조선인의 은행이 아니더면 싶다. 백전 천투, 고심 혈성으로 경천經天·위세緯世·선건旋乾·전곤轉坤·가풍駕風·편연鞭霆·보천補天·욕일浴日의 재주를 다하여 구자區字를 재조하여 놓았다가 오늘날에 이르러 구구한 일편 묘산까지 경매장에 호물이 될 뿐아니라 더욱이 당시 위난중에 옹기종기 그 등에 매어달려 그의 혈한으로써 목숨을 부치던 그네들의 후손의 손으로 이 일을 차마하게 되는 것이 어찌 애닯지 아니하랴? 충무로 말씀하면 해상 유탄이 가슴을 뚫을 때까지 진현하신 뿐이라. 더구나 금일에 있어 재천영령이 하상 묘산의 존망에 뜻이나 두시랴마는 조선인의 손으로서 이 경매를 하게 된다 함을 우리로서 차마 들을 수는 없다.

그러나 조선인의 은행인 것이 다행이다. 빚 기한은 물론 넘을 수 없는 철한이라 은행으로서 넘길 수 없으나 민족적 천량天良의 자발하는 의심義心도 또한 딛고 넘을 수 없는 대방大防이니 이로써 저를 비거보고 저로써 이를 대어보다 마침내 지의遲疑보다는 지나는 현의縣議까지도 있을 줄 안다. 부끄럽다. 액수가 많은 것도 아니다. 3천원 내외의 금액으로 인하여 이 의심義心을 가지고도 해결의 도경道經이 얼마까지 미망하단 말가?

이 충무의 묘산을 보존하는 책임은 조선인의 공동으로 부하할 것이라 은행에만 추탁할 수 없으니, 은행이라고 이 책임 권에서 제외할 수 없는 것이며 보전하여 논 뒤라도 구사舊事를 징懲하고 후래를 도圖하여 사손은 물론 이어니와 이씨 종문에도 맡길 수 없는 것이니 마땅히 전 조선적으로 공수하여야 할 것이다. 일인一人이라도 다 각기 기책己責으로 알지 아니하고는 정신의 융결이 있을 수 없다.

우리는 이번 일을 계기로 삼아 충무에 대한 추모와 건봉을 서로서로 조매하자, 일기, 금대, 유검 등의 보귀葆貴·묘원·묘계·병풍석·비각 등의 수용修葺개치 이보다 진하여 엄식할 여러 가지 일까지 속행하여야 한다. 세미한 곳까지라도 추모와 건봉이 있어야 할 것을 깨달으라, 묘산 경매 문제가 얼마나 중대함을 더 한층 감득하리라.[3]

성금모으기 나선 민중들

정인보의 통렬한 사설이 연일 신문에 보도되면서 일주일이 못되어 국민의 성금이 쏟아져 들어왔다. 일제의 억압 속에서 말도 제대로 하지 못하고 살아온 망국민들에게 정인보의 사설이 심금을 울리고 민족적 자존을 일깨웠다. 일제의 착취로 생활이 넉넉할 수 없는 민초들이 푼돈을 모아 신문사로 가져왔다.

1907년 1월 일제가 대한제국의 재정을 장악하고 식민지 지배를 위한 준비 작업으로 한국에 차관을 떠맡기다시피 제공한 데 대해 방방곡곡에서 금주 금연을 통해 국채보상운동이 벌어진 이래 최초의 일이었다. 국채보상운동은 그나마 대한제국의 명줄이 달려 있었던 데 비해 당시는 병탄되고도 20년이 더 지난 시점이었다.

망국민들에게 이순신의 존재는 그만큼 구국의 영웅이었고, 여기에 불을 지른 것이 정인보의 준렬하고 통렬한 글이었다. 정인보의 말을 들어보자

이 보도가 한 번 본 지상으로 되매 일주야가 다 지내지 못해서 본사로 답지하는 성금으로 민족적 분기가 어떻게 간절함을 보였다. 이것은 진실로 조선민족이 평소에 얼마나 이충무공의 인격을 숭앙하고 흠모하는가를 보이는 증거가 되는 동시에 조선민족은 결코 그네의 민족적 은인에 대한 감사와 흠모의 정이 박히지 아니하다는 것을 보이는 증거다. 또 한 걸음 나가서 이것은 평소에는 자못 무관심한 듯한 조선인이 어떻게 그 내심에

는 불같은 민족의식을 품었는가 하는 것을 보이는 증거도 되는 것이다.[4]

성금에 참여한 사람들은 대부분 민중들이었다. 힘 있고 재산 많은 자들은 총독부의 눈치를 보거나 이미 친일부역배가 되어서 참여하지 않았다. 국채보상운동 때에도 그랬었다.

혹은 노인들이 정성된 글과 아울러 돈을 보내는 것이나 혹은 어린아이들이 한 푼 두 푼 모은 벙어리를 보내는 것이나 혹은 공장의 구차한 직공들이 그 피땀으로 번 돈을 보내는 것이나 모두 그 민족적 은인에 대한 열렬한 흠모가 어떻게 조선 사람의 피가 흐르는 곳에는 아니 흐르는 데가 없는 것을 보이는 산 증거가 아니냐?[5]

이와 같은 국민들의 참여에 감격한 정인보는 다시 한 번 붓을 들어 이순신의 인성과 인격을 그리는 글을 썼다. 「이 충무공과 우리」라는 논설이다. 다른 글이 대부분 국한문의 혼성체라면 이 논설은 순 우리글로 썼다. 조선의 밑바닥 민초들에게 쉽게 읽히려는 배려였을 것이다.

원체 충무공 이순신은 결코 전공으로만 감사하고 흠모할 인물이 아니라 그의 정말 값은 "나라에 향한 지극한 충성"과 "사람으로의, 더욱이 조선사람으로의 참되고 정성되고 저를 잊는 인격" 이에 있는 것이다. 역사상에 나타나는 인물 중에 우리 충무공처럼 오직 덕만이 있고 티만한 흠도 없는 인물은 드물 것이니, 조선의 억만대 자자손손이 가장 모범할 본때 될 인물을 삼기에 가장 합당한 어른이라 함은 공의 역사를 아는 사람으로는 일치한 의견일 것이다.

이렇게 이 순신의 참값을 깨달아서 흠모하고 배우는 곳에 우리 조선인의 참된 감사가 있을 것이다.

당시에 어떻게 충무공의 공로가 컸던가? 그러나 동시에 어떻게 뭇 소인들이 충무공의 공을 시기하여 임금께 참소하여 충무공에게 죄를 주고, 그를 없이하려고 핍박하였던가? 그러하건마는 충무공은 조금도 원망하는 빛도 없이 오직 정성으로, 오직 자기희생으로 국가에 대한 의무를 다하였던가? 노량진 수전의 유탄을 맞아 운명할 때까지 어떻게 그가 용기 있게 정성되게 자기의 사명을 수행하였던가? 그러하건마는 조정이라는 권세를 탐하는 무리들이 끝까지 어떻게 우리 충무공을 냉대하였던가? 아아, 그러나 그 무리들은 다 가고 자취가 없으되 오직 우리 이순신만이 조선의 혼이 되어 영원히 우리의 혼 속에 살아 있다.[6]

정인보는 다시 이순신의 무덤·유적·유물을 보존할 것을, 외국의 사례를 들어 강조하면서, 우리 민족의 의기를 높이 평가한다.

다행히 우리 민족에게 의기가 멸하지 아니하였으니 이번을 기회로 우리 민족적 영웅이요 은인이요 모범인 충무공 이순신의 무덤과 유적과 유물을 영원히 보존하도록, 또 그의 전기와 문집을 한문과 순조선문으로 간행하여 널리 반포하도록 하는 무슨 사업을 이루어야 할것이요, 또 반드시 이루어질 것을 믿는 바이다. 이번 일이 다만 일시적으로 공의 묘소와 위토의 경매를 면하는 일이어서는 아니 된다. 이를 기회로 이순신의 무덤과 유적을 보존하는 일은 그의 종손에게서 떼어서 전 민족적인 어느 기관이 맡도록 하여야 할 것이다.[7]

'이충무공 유적보존회' 창립 이끌어

정인보의 지극 정성한 노력으로 1만여 원의 성금이 답지하고 5월 23일 사회 각 방면의 유지들이 회집하여 '이충무공 유적보존회'가 창립되었다. 이 충무공 유적보적보존회 위원은 정인보를 비롯하여 윤치호·남궁훈·송진우·안재홍·박승빈·유정렴·최규동·조만식·정광조·김정무·김병로·한용운·윤현태·유진태 등이었다.(발표순)

이와 관련 정인보는 "침체된 듯한 민족적 의기가 듣기에 괴롭고 죄송스러운 묘소문제로 말미암아 위연히 한 길로 모임을 볼 때 이만한 발전은 진작 예기하였던 바이어니와, 이제 만장일치로 보존기관이 창립되었다는 소식을 접하매 우리는 새삼스러이 우리의 의무의 일단을 펼 수 있다는 감개와 아울러 숙원을 성취한 듯한 감격마저 든다"[8]고 피력했다. 정인보는 2천만 조선인 중 누구보다 기뻐하고 감격했을 것이다.

정인보는 '유적보존회' 창립에 격려를 아끼지 않으면서 꼼꼼히

해야할 과제를 제시했다. 이 기회에 이순신 장군의 유물을 철저히 수집하여 민족만대의 자랑으로 삼아야할 것이며, 장검 한 자루나 장군의 손이 닿은 유물 모든 것을 수집할 것을 제의했다. 아울러 통영을 비롯하여 순천, 남해, 강진, 온양 등 각처 충렬사에 보존된 유물은 완전히 통합 보존해야 한다고 주장했다.

정인보의 열정과 '유적보존회'의 활동으로 성금 1만 원 이상이 모금되면서 충무공의 위토를 동일은행의 저당에서 다시 찾게 되었다. 그리고 상당액이 남아서 유적 보존사업에 사용하였다. 정인보는 다시 「충무공 위토 추환推還」이란 사설을 통해 충무공의 고향 아산 현충사를 중건할 것, 한산도의 제승당중수, 고금도에 기념비 건립, 장군의 생장지인 서울에 무슨 형식으로나 기념건설을 할 것, 전기 편찬, 아직 퇴락하지 않은 통영, 노량, 여수, 전라우수영, 거제 등의 여러 유적의 영구보존할 것을 제기했다. 정인보의 제안이다.

그중에서도 한산도의 제승당 중수와 전기 편찬이 가장 중요한 일이라 할 것이니, 대개 제승당은 조선 삼천리 중에 가장 영광스러운 지점일뿐더러 충무공에 대하여 가장 인연 깊은 곳이요 또 기념건설의 소재지로도 어느 곳보다도 경개 절승한 곳이다.

그리고 전기는 다른 모든 기념물을 다 합치는 것보다도 중요한 것이니, 대개 기념물은 시간과 공간의 제약을 받는 것이지마는 이 전기는 어느 때 어느 곳에서라도 볼 수 있는 공의 정신이기 때문이다.

현재 『이충무공전서』가 있지마는 그것은 순한문이어서 조선인의 다수가 볼 수 없다. 무릇 비문이나 전기나를 막론하고 그것을 만드는 데 두 가지 절대로 필요한 조건이 있으니, 하나는 존명·사대사상에서의 해방이요, 또 하나는 난해한 한문에서의 해방이다. 될 수만 있으면 현재 각처에 있는 고비古碑는 다 땅속에 깊이깊이 묻어 버리고 자유로운 민족자주의 의식에서 순전한 조선문으로 새로운 비문을 써서 후손에게 보여야 할 것이다. 공의 전기를 순조선문으로 써야 할 것은 물론이다.[9]

1932년 6월 1년여 공사 끝에 아산 생가에 현충사가 준공되었다. 이어서 낙성식과 영정 봉안식이 거행되었다. 정인보는 감격을 가누기 어려웠다. 낙성식 날 신문에 「이충무공의 인격」을 발표했다. 이제 민중의 성금으로 현충사가 세워졌으니 '인간 이순신'을 알아야 한다는 신념이었다. 그래서 이 글도 한글로 썼다.

　　충무공 이순신을 기념하는 현충사의 낙성식과 영정 봉안식이 뱀밭에서 거행되는 오늘에 가장 합당한 일은 그의 인격을 추모하는 일일 것이다.
　　세상에 충무공의 공적을 아는 이가 많으나 그의 인격을 아는 이가 적다. 그의 공적이 크지 아니함이 아니나 그것은 이미 지나간 일이요 우리 조선사람에게 오늘 날까지도 이 다음 언제까지도 값이 있는 것은 그의 인격이다. 실로 우리 역사에 나타난 인물 줄에 충무공 이순신과 같이 모든 조선사람이 모범해야 할 인격, 조선사람에게 장처되는 모든 것을 구비하고 단처 되는 모든 것을 아니 가진 인격자는 드물다. 참으로 이순신은 조선

사람이 모범할 완전한 모범이다.

이순신의 인격의 중심이 되는 것은 "우리를 위하여 나를 잊는" 마음이다. 그는 집을 잊고, 몸을 잊고, 이름을 잊고 모든 것을 잊었다. 아니다. 잊는 것이 아니라 그보다 큰 우리를 위하여 버린 것이다. 그리고 그는 오직 우리를 위하여 살고 일하고 죽었다.

둘째로 충무공의 큰 인격의 요소가 되는 것은 제가 맡은 직무에 충실한 것이다. 그가 둘째번 통제사가 되었을 때에는 조선 수군을 원균의 손에 참패를 당하여 배 한 척, 군사 하나 남은 것이 없었다. 그때에 사람들은 그의 통제사 취임을 비웃었다. 벼슬을 좋아하고 일의 성패를 모른 어리석은 사람이라고 비웃었다. 그러나 그는 제가 맡은 일을 적게 보지도 낮게 보지도, 안될 일을 보지도 아니하고, 있는 정성과 힘을 다하여 마침내 대 함대를 이루고 대 승리를 얻고야 말았다. 그는 직무를 생명으로 아는 이 정성으로 할 수 없는 일을 한 것이다.

셋째로 그의 인격의 한 기둥이 되는 것은 그의 "사람을 대하는 법"이다. 그는 사람을 대할 때에 거짓이 없으면서도 관후하고, 위엄이 있으면서도 겸손하고, 공은 남에게, 허물은 내게, 어려운 일에는 내 몸이 앞서서, 그리하되 오직 우리라는 것과 직무라는 것을 목표로 하고 표준으로 하였다. 그의 부하의 공번된 죄를 추호도 용서함이 없는 동시에 사사로운 허물을 조금도 추궁함이 없었고, 위험한 싸움에는 언제나 앞장을 섰다. 포학하고 교만한 명장 진린을 심복케 한 것은 그의 이 사람 대하는 법이었다.

이밖에도 그의 용기, 꾸밈없는 수양, 골육에 대한 지극한 정, 부하와 동포에게 대한 사랑, 하늘과 사람을 원망치 아니함, 아무리 어려운 경우에라도 낙담치 아니함 등 여러 가지 덕이 있거니와 그 어느 점이든지 오늘 날과 오늘 날의 젊은이에게 모범이 아니되는 것이 없다. 우리가 충무공 이순신을 기념하는 가장 큰 것은 그의 인격을 흠모하고 본받는 것인가 한다.[10]

충무공 현창 사업에 열정을 다한 정인보에게 보람 있는 일이 생겼다. '유적보존회'는 현충사의 중건과 더불어 정인보에게 「중건 현충사 비문」을 의뢰했다. 그래서 신새벽 목욕재계한 청결한 마음으로 붓을 들었다.

이 충무공은 인종 원년 을사 삼월 팔일 건천동서 나 선조 구년에 무과하고 십륙년에 건원보권관이 되고 전라좌도수군을 처음 거느리기는 이십사년이니 이듬해는 곧 임진이라. 계사에 삼도수군통제사 되고 무술 십일월 십구일 관음포에서 전사하니라. 아산 어름목 산소를 비롯하야 뱀밭 고택과 친히 쓴 일기와 편지와 환도 금대 육로 다 조선의 받들고 지킬 바이라. 간해 비로소 공의 유적보존을 구구히 도모함이 실로 황송하도다.

정성의 모됨으로 먼저 산소의 향화를 받들도록 하고 이어 고택 이웃에 이 집을 지어 공의 화상을 그려 뫼시고 유물을 이에 감추어 두니라. 집이 이룬 뒤 마당에 비를 세울새 우에 공 의 생졸년월을 간략히 적고 밑으로 이번 일의 대강을 써 뒷사람으로 보게 하노라.

공 나신 지 삼백팔십팔년 임신 오월 일.[11]

정인보는 해방 후에도 이순신 장군 관련 거의 모든 비문을 도맡아 썼다. 한산도 「제승당 비문」이다.

그동안 이 땅이 욕辱속에 있은지 40년이 넘었다. 그때 적을 물리치시던 기운이 온연한 속에 우리나라를 버리신지라 옛 강토가 차례로 우리 손에 들어오게 되었다. (…) 찾아 놓으신 삼천 리를 하루 바삐 한 덩어리를 만들어야 할 것을 우리도 산 바다에 맹세하자.

다음은 노량 「충렬사 비문」이다.

점점이 나타나는 섬들은 구름과 같다. 어느 무엇이 우리 이충무공의 그 당시 심혈心血의 흔적이 아니랴. 바다야 푸르러 멀 뿐이랴마는 그 당시를 마음으로 그리어 보라. 뉘 피가 끓지 아니하랴. 이 끓은 피가 곧 이충무공의 숨결이신 줄 아는가 모르는가. "너희는 충렬사를 만드는 데에 그치지 말고 죽더라도 3천리를 다 찾은 뒤에 내게 고하라." 명명 중에 이충무공의 말씀이 들리는 듯하다.

7장

국학 탐구에
열정을 쏟다

'국학'명칭 붙이고 연구

정인보는 15년여 동안 언론활동을 겸하였지만 어디까지나 본령은 학생들을 가르치고 연구하는 학자이다. 40대 중년기에 그는 다른 사람이 80평생에도 다하기 어려운 일을 해냈다.

이 시기에 그는 국학國學에 남다른 관심을 갖고 본격 연구에 들어갔다. 그리고 적지 않은 업적을 남겼다. '국학인물론'에서 송강 정철과 다산 정약용, 단재 신채호에 관한 값진 논저를 남겼다. 특히 「다산 선생의 생애와 업적」은 질량 면에서 괄목할 만한 업적으로 평가된다. 정약용을 본격 탐구하고 역사현장으로 이끈 사람이 바로 정인보였다. 필생의 역작인 『양명학연론』도 이 시기의 노작이다. 그 외에도 많은 글이 남아 있다.

그의 40대 중반, 한창 열정과 학구열이 치솟던 시기에 정인보는 국학 연구에 날밤을 지새웠다. 공사 생활에서 한 점 흐트러짐이 없었고, 총독부와 친일로 훼절한 인사들의 접근에는 눈길조차 주지 않았다. 그의 제자가 지켜보았던 모습이다.

짙은 회색의 두루마기가 철을 따라서 옥색 빛깔의 모시천으로 바뀌는 수도 있다. 검은 펠트 모자와 검은 천의 두툼한 신발, 도수가 짙은 검은테 안경, 그리고 한 발 먼저 들려서 선생을 앞서 가던 지팡이, 이들은 모두 변하지 않는 부분들이다. 볼품없이 꼬여진 옷고름은 아무렇게나 고쳐매곤 하시던 습관때문이었다. 선생이 앉아계시던 곳이면 교수실에서나 어디에서나 신문사 원고용지가 눈에 띄었다.[1]

정인보는 다산 정약용 서세 99주년이 되는 1934년 안재홍과 출판사 신조선사의 협찬으로 다산의 『여유당전서』 간행의 책임 교열을 맡았다. 이런 벅찬 일을 하는 데는 사회적 배경이 있었다.

1930년대는 세계적인 대공황이 심화되면서 일제의 파시즘 지배체제가 더욱 강화되었다. 이 시기 주요 사건이라면, 1931년 5월 신간회 해소, 1932년 1월 이봉창 의거, 같은 해 4월 윤봉길 의거, 동년 12월 조선소작 조정령, 1933년 11월 조선어학회 창립, 1934년 5월 진단학회 조직, 1935년 9월 각급 학교 신사참배 강요 등이다.

식민체제가 재편 강화되고 사상탄압이 심화되면서 민족진영의 내밀한 저항도 그만큼 강화되었다. '우리 것', 조선의 전통과 민족의 혼을 지키려는 운동이 전개되었다. 오랫동안 우리 문화 연구에 몰두해온 정인보는 '국학'을 제창하면서 본격적인 저술과 강연 활동을 벌였다. 그렇다고 '국학'의 용어나 '학'이 어느 날 갑자기 정인보에 의해 작명된 것은 아니었다. 국학의 성립과 전개 과정을 살펴보자.

1. 계몽기의 국학-'본국학'
2. 일제하 국학-'조선학'
3. 해방후의 국학-'한국학'[2]

한말-계몽기에는 본국학이라 불리던 것이 1930년대부터 정인보가 선창하고 '작명'한 '국학'이란 용어가 씌이게 되었다. 일각에서는 '조선학'이라고도 불리었다.

'조선학'이란 말은 30년대로 와서 더러 쓰였는데 그것이 학계의 과제로 제기되기는 1934년부터가 아닌가 한다. 1934년 벽두에 『동아일보』는 신남철의 「최근조선연구의 업적과 그 출발」이란 논문을 연재하고 있다. '조선학은 어떻게 수립할 것인가'라고 부제를 단 글이었다. 이 논문은 조선학의 개념을 정립한 다음, 그러한 방향에서 '조선연구'를 재출발할 것을 천명한 내용이다. 그해 9월 8일에 『여유당전서』 발간사업을 추진하던 신조선사는 다산 서세 99주년에 즈음해서 기념강연회를 개최한다.
　그 자리에서 정인보는 「조선학에서 정다산의 지위」라는 논제를 내걸었던 바 당시의 소식을 전하는 기록이 있다.[3]

여기서 말하는 '기록'이란 『신조선』이란 잡지의 기사를 일컫는다.

　초추初秋 9월 8일을 택하여 다산 선생 99주년을 기념하여 기

114

념회를 개최하니 동서에 흩어졌던 선비들이 운집, 조선의 과거를 한번 더 회상하니 감개 역시 무량하였거니와 상하 2층에 천여 군중의 숨소리 높았으며 연사들의 열렬한 웅변에 모두 함루含淚.

정인보 선생 제왈題曰「조선학에서 정다산의 지위」라고 처음은 아니로되 '조선학'이란 말이 처음 모다 주의하는 모양 조선학은 무엇인가?

보도에 민속한 중임을 진 산문기자 제군 육감이 송곳처럼 발달된 저널리스트, 문화의 중임을 맡은 언론기관이 이 소리를 듣고 정좌할 리 만무. 9월 13일 『동아일보』가 앞장섰다. 「조선연구의 기운을 제하야」가 그 제목. 사계의 권위 백남운·현상윤·안재홍 제선생을 역방하고 조선학의 정의를 질문.[4]

'국학' 학계, 언론계 쟁점으로

'조선학'의 명칭은 이렇게 시작되었다. 이슈가 되면서 학계와 언론계의 쟁점으로 떠올랐다.

『동아일보』의 인터뷰에서 현상윤은 "제국주의적 식민지학에 역으로 통한다고 보아 반대한다"는 입장이고, 안재홍은 '조선심·조선혼'으로 파고드는 정신사관적 경향을 들어 경계했으며, 백남운은 '조선학'의 개념이 마뜩치 않으면서도 거부하지 않은 편이었다.

『신조선』이 다시 제7호 권두언으로 「조선학의 문제」를 게재하면서 관심은 더욱 증폭되었다.

'조선학'의 외침이 가끔 높은 것이 이즈음 우리 사회의 한 경향이다. 애급학, 지나학 하는 따위로 조선학이란 것은 좀 당치 않는 말이라고 주장하는 분이 있으니 그 말이 옳다. 그러나 혹은 국학 혹은 무슨 학 하면서 일개의 동일 문화체계의 단일화한 집단에서 그 집단 자신의 특수한 역사와 사회와 문화를 탐색하고 구명하려는 학의 부문을 무슨 학이라고 한다면 그런 의미에서 조선학이란 숙어를 우리가 마음 놓고 쓸 수 있다. (…)
조선학이란 무엇이냐, 조선혼이나 조선 정신을 취급하는 학이냐고 미리부터 근심스런 생각을 하는 분도 있다. (…) 아무리 국제화를 고조하는 초신진의 학도일지라도 (…) 문화와 및 그 사상에 있어서 조선적이면서 세계적이고 세계적이면서 조선적인, 현대의 세련된 자아를 창건 (…).[5]

이른바 '본국학' 문제는 한말 계몽기부터 국내에서 식자들 사이에 논의가 전개되어 왔다. 서재필이 창간한 『독립신문』은 1896년 논설에서 자기 자신을 인식하는 일의 중요성을 제기했다.

나라마다 집과 인구와 국중에서 생기는 돈과 논과 밭과 지면의 장광 수효들을 모두 책에 박아 인민을 가르치는 조선은 이른 일에 당하여 한가지 자세한 책이 없은 즉 조선사람들이 자기 나라가 얼마나 큰지 자기 나라에 사람이 얼마가 있는지 돈이 얼마가 있는지 전쟁이 얼마가 있는지 사람이 몇이 나고 몇

이 죽는지 전국 지형이 어떻게 생겼는지 도무지 자세히들 모르니 외국 학문도 배우려니와 조선 사람들이 자기나라 일부터 먼저 알 도리를 하는 것이 마땅한지라.

조선인구 수효가 얼만지 모르되 남의 나라 인구 수효 아는 사람은 혹 있으나 이것을 비유컨대 동네 사람이 집에 식구가 몇이 있고 그 사람의 형제가 어떻고 세간이 얼마가 있는지 다 알되 내 집에는 식구가 얼만지 자식이 몇이 있는지 형제가 어떤지 모르는 것과 같으니 동네사람의 형제와 식구가 몇인지 아는 것도 긴하거니와 내 집 일부터 알아야 내집 세간도 잘 될 터이요 남보기에도 똑똑한 사람노릇을 할 터 인즉 (…)[6]

계몽기 때부터 싹트기 시작한 민족적 자아 찾기 운동은 '본국학'에서 일제의 병탄으로 국권을 상실하면서 조선학 또는 국학으로 이어졌다. 그 중심에 정인보가 있었다. 정인보는 이를 '국학'으로 명명하면서, 조선 후기의 실학으로 연계하였다. 그리고 '조선의 얼'을 탐구하는 본격적인 정신사 연구에 열정을 쏟았다. 바야흐로 그의 학문적 성숙기에 이르렀다.

부산대 이동영 교수는 정인보를 '국학자'라 단정한다. "'만학萬學의 인人'이 담원을 포괄적으로 묶어서 표현한다면 국학자라 할 수 있다. 그는 국학이란 말을 처음으로 사용했고, 해방 후 국학대학을 설립하여 학장을 지냈다. 그의 다양한 모습을 한 가지 관점에서 조명한다는 것은 옳지 못하여 자칫하면 그를 왜곡할 염려도 있다."라고 전제하면서 다음과 같이 분석했다.

그러나, 그는 『시문학』 동인으로 참여했고, 다수의 시조를 창작했고, 장편의 기행문 및 많은 수필, 한시문들도 남겼다. 또 『조선문학원류고考』를 통해 우리 문학을 그의 민족주의 사관으로 조명하기도 했고, 「지나문학논총」으로 한시의 원류를 구명하기도 했다.[7]

정인보는 1929년 「성호사설서星湖僿說序」를 집필하면서 실학實學이란 개념의 정립을 시도했다. 『성호사설』은 성호 이익 (1681~1763)이 평생 벼슬을 마다하고 학문에만 전념하여 펴낸 조선의 역사인물지志다. 그는 우리나라 실학의 학통을 확립하고 순암 안정복과 다산 정약용이 그 학통을 물려받아 집대성하기에 이르렀다. 정약용은 "우리 성호 선생은 하늘이 내신 빼어난 호걸로서 도덕과 학문이 고금을 통하여 견줄만한 사람이 없었고 제자들도 모두 큰 학자가 되었다"고 설파한 적이 있다.

정인보는 이를 받아 조선실학의 계보를 "반계 (유형원)가 일조一祖요, 성호(이익)가 이조二祖요, 다산(정약용)이 삼조三祖라"고 했다. 정인보는 정약용에 앞서 이익을 연구하였다. 정약용을 알기 위해 이익은 반드시 거쳐야 할 이어지는 산맥이었다고 본 것이다.

정인보는 「성호사설을 교간校刊하면서」를 신문에 발표했다. 성호의 출생과 성장과정, 학문과 저술을 예의 장중한 국한문체로 집필하였다. 중간 부문을 소개한다.

조선의 사학史學이 없은 지 오래다. 조선의 사史를 조선을 중심하지 아니하여 마치 이순지·김담 이전의 역서와 같이 순천부 기후만을 표준하였다. 이렇게 자성自性을 잃은 지 오래다. 선생의 학문은 사학으로서 근거를 삼았나니 선생은 진학자이라 내외를 알았다. 본말을 알았다. 또 진위 가성을 변명하였다.

일사一事만 들어보자. 성기成己는 우거왕의 정승이라 우거가 망한 뒤에 약력을 재고하여 한리漢吏를 죽이고 우거의 고역을 고수하다가 다시 한군에게 죽은 이 사실을 한토인漢土人의 적은 대로 우리 역사라는 데에도 '우거왕상右渠王相 성기모반成己謀叛'이라고 써 내려온 것을 성호 이익이 이를 표게하여서 비로서 의백義魄으로 하여금 맹필盲筆의 약장을 벗어나게 하였다.[8]

정인보의 정약용 연구는 이런 과정을 거쳐 시작되었다. 뒷날 한 연구자는 정인보의 학문세계를 다음과 같이 정리했다.

위당은 글을 지었다. 그의 유저는 다방면에 있었다. 유가 경전의 해석도 있었지만 국학의 국사, 국문, 고증학에도 존편存編이 많이 있다. 그의 국사학에는 민족주의 역사관의 근거를 밝힌 저서가 있고, 국문학에서는 고문의 현대적 이해와 사상적 교훈을 명시하였다. 그의 기행문과 고증학은 모두 선민의 유품을 깨우쳐 줄 뿐만 아니라 정확한 견해를 가르쳐 주고 있다. 그가 20여 년 재직하여 있던 연희전문대의 제자들은 그를 한국학의 독보적 거성이라고 하였으니 이보다 더 이상 깊은 증언은 없을 것이다.[9]

본격적으로 다산 연구

정인보는 1934년 여름 본격적인 다산 연구를 시작했다. 첫 번째 발표한 논문이 「다산 선생의 생애와 업적」이다. 이 논문은 1. 다산 선생의 일생, 2. 유일한 법정가法政家 정다산 선생 서론, 3. 정다산 선생의 뜻깊은 부촉, 4. 정다산 선생 서세 100년을 기념하면서, 5. 다산의 자찬지명自撰誌銘으로 구성되었다. 이 논문은 1935년 6월 16일치 『동아일보』에 발표되었다.

다산 선생의 일생을 살펴보는 이 논문은 첫째, 다산 초년과 그 시대의 학술의 경향 둘째, 석학굉식碩學宏識을 보성하던 가지가지. 셋째, 주우主遇는 화태禍胎요 학풍은 살기殺機 넷째, 신익궁身益窮 학익정學益精한 그의 반생으로 분류되었다. 그중 셋째 것은 앞에서도 인용하고 널리 알려진 대목이지만, 실학의 계통을 살피고 있다.

> 조선 근고의 학술사를 종계綜系 하여 보면 반계가 일조요 성호가 이조요 다산이 삼조인데 그 중에서도 정박명절精博明切 함은 마땅히 다산에게 더 미룰 것이니 이는 다산이 반·성 양선생보다 반드시 나음이 아니라 개광開壙으로 계광繼壙에까지 간고야 물론 지극이 아님이 아니로되 전인의 창계創繼한 뒤에가서 '박관간취博觀簡取' '착열정택錯列精擇'의 공을 진한 이가 그 집성의 미를 형유함이 또한 무괴無怪라 할 것이다.[10]

『동아일보』1934년 9월 10~15일치에 실린 「유일한 법정가 정

다산 선생 서론」은 원고지 130여 매에 달하는 대작이다. 서두는
이렇게 시작된다.

　　다산 정약용 선생은 근세조선의 유일한 정법가이다. 아니 상
　하 100년에 다시 그 쌍이 적다 하여도 과언이 아니다. 이러한
　선생이어늘 기평譏評하기도 하나 이는 다 ○부○봉라 봉치할 여
　지도 없거니와 봉우鳳羽 인각麟角을 이미 장해瘴海에서 단간斷
　簡 잔서殘暑가 또한 ○○(벽자) 중에 매몰된지 오래라. 좀 안다는
　이도 선생을 가르켜 광대의 석학이라 할지언정 그 심처를 수발
　함에 있어서는 아직도 ○○(벽자)하니 이를 개연다 함이 오히려
　범어凡語라 할 것이다.
　　이제 우리 선생을 알려할 진대 첫째, 선생의 학문이 어떠한
　연원으로부터 승수됨인가를 탐구하지 아니할 수 없고, 둘째,
　선생의 저술이 어떠한 종지로 좇아 조서朝叙됨인가를 심탐하지
　않을 수 없나니 선생 일인에 대한 고구가 곧 조선사의 연구요
　조선근세 사상의 연구요 조선 심혼의 명찰 내지 전조선 성쇠존
　멸에 대한 연구이다.[11]

　다음으로 「정다산 선생 서세 백년을 기념하면서」라는 대목을
살펴본다. 『동아일보』 1935년 7월 16일치에 실렸다. 서두 부문
이다.

　　선철 정 다산 선생의 서세 금년이 100년이요 명일은 또 선생
　'이강以降'의 구진舊辰이라 선생을 연모하는 우리, 이를 가하려

하여 혹 문자를 작하여 선생의 일체를 추명하려고도 하고 혹 화합을 도하여 선생의 이날을 새롭게 하려고도 하고 혹 강연을 설하여 선생 학술의 개략을 홍통케 하려고도 함은 이미 지면에 간제함이 있었으나 아무리 이것조차도 선생에 대하여 처음 있는 일이라 한들 그 대원과 굉학으로 강상 폐옥에서 눈감은지 100년에 창상滄桑이 그 집터까지 넘기지 아니한 오늘날 적막한 차학이 제법 숭양의 전典인 양 생각하게 되는 것도 실로 개연하다 하거니와 이 선철에 대한 민중적 공봉이 이제 와서 겨우 이것이니 과거를 돌아보아 백단의 감회가 말학末學의 간장을 뭉울거리게 아니할 수 없다.

그러나 선생 일생의 그 공부를 그 고생 속에 할 때 뇌리에 경경耿耿한 바 오직 조선이 있었을 뿐이니 이 땅의, 이 후학의 울울하다 할손 이 심향心香을 받들어 선생을 위로하는 것이 선생으로서는 자못 가린하실 배라. 아직 못게라, 구천의 영령이 아심이 있는가 없는가?[12]

이 글의 마지막 대목이다.

우리 오늘날 선생 서세 100년을 기념함이 한갓 선생 일신의 존몰을 추념함에 그친다면 이는 선생의 휘수揮手할 배라. 우리는 마땅히 이 기념을 계기로 하여 가지고 선생의 강진降辰인 이날에 선생의 심사를 우리의 심리에서 거듭 찾아내어 해이를 자경하여 분신奮迅함에로 위축을 자책하여 정고貞固함에로 세진하는 동시에, 구사곤번 만세기배하되 오히려 ○○(벽자)하던 그

'불부심不負心'의 '필경건고'를 필하여 박구가 일一에 귀하기를 기하고 일신을 대大에 헌하기를 결하여야만, 그리하여 실행이요 공언이 아니라야만 참으로 심향의 상승함이 있을 것이다. 조선 하처가 선생의 ○○(벽자)아니리오? 묘전망주墓前望柱가 어디쯤인고? 선생의 혼이여 돌아오소서.[13]

'여유당전서'154권 펴내

정인보의 다산 연구는 학구적인 것과 아울러 그가 남긴 유저를 복간 편찬하는 작업으로 나타났다. 1934~1938년까지 방대한 『여유당전서與猶堂全書』를 안재홍과 교주하여 펴냈다. 정약용의 연구 분야는 광범위하여 철학·정치·경제·군사·법률·문학·수학·역학·생리학·의학·천문·지리·역사 등 미치지 않은 분야가 없었으며, 500여 권의 저술로 남겼다.

정인보와 안재홍이 엮은 『여유당전서』에는 방대한 유교경전을 고증하고 여기에 해설을 붙였다. 『주역심전周易心箋』·『역학서언易學序言』·『논어고금주論語古今註』·『맹자요의孟子要義』·『중용자잠中庸自箴』·『대학공의大學公義』·『속유론俗儒論』·『오학론五學論』 등이다.

또한 농민들을 착취하는 사회체제를 분석 비판하여 전제田制에서 세제·관제·법제·학제·병제 및 정치제도에 이르는 제반문제 해결을 위한 개혁안을 마련했다. 주로 강진 유배 18년 동안에 저술한 것으로 「원정原政」·「원목原牧」·「탕론湯論」·「전론田論」·「감사론監司論」 등의 논문이 있다.

해배되어 고향으로 돌아와서 18년 동안, 별세할 때까지 집필한 저서는 중앙정치제도의 개혁을 위한 『경세유표經世遺表』, 지방 수령의 지침이라 할 『목민심서』, 문란한 형정의 개혁을 다루는 『欽欽新書』 등이 있다.

정인보 등은 4년여 동안 신조선사의 협찬으로 『여유당전서』 총 154권 76책을 펴냈다. 내용을 분류하면 다음과 같다.

> 제1집 : 시문집-25권 12책
> 제2집 : 경집經集-48권 24책
> 제3집 : 예집禮集-24권 12책
> 제4집 : 악집樂集-4권 2책
> 제5집 : 정법집政法集-39권 12책
> 제6집 : 지리집地理集-8권 4책
> 제7집 : 의학집-6권 3책.

이와 같은 저서를 집필한 정약용의 천재성과 근면성도 대단하지만, 100년 후 흩어진 유고와 유저를 찾아, 그 방대한 저술을 역주하여 간행한 일도 만만치 않은 일이었다. 더욱이 때는 일제의 사상탄압이 심해지던 1930년대 중반기였다.

정인보는 안재홍과 권태휘가 경영하는 『신조선사』에서 『여유당전서』를 간행하게 된 과정에 대해 『여유당전서 총서總叙』에서 다음과 같이 기술했다.

을축(1925)년에 한강이 크게 불어, 선생[정약용]의 옛집[양주군 와부면 능내리]이 떠내려가, 책[여유당전서]이 거의 없어질 뻔했다. 이것을 간행하고자 하는 이가 있어 이사移寫까지 해두었던 것인데, 사업이 제대로 진행되지 않은 채 또 10년이 지나갔다. 권태휘가 비로소 주선을 하여, 나와 안재홍이 교대를 맡아보기 4년에 일이 완성되니, 무릇 76책 총칭하여 『여유당전서』라 하였다.[14]

1930년대 중반 식민지 조선의 서울에는 일제의 폭압 속에서도 한 겨울의 동백처럼 오연한 모습으로 민족적인 지절을 지키고 있는 일군의 지식인들이 있었다. 정인보를 비롯하여 홍명희·문일평·안재홍·백남운·손진태 등이었다.

마치 조선 정조시대 정약용 등 15명이 '죽란시사竹欄詩社'를 조직하여 시문을 통해 우의를 나누었던 것과 비교된다. 정약용은 「죽란시사첩 서竹欄詩社帖 序」에서 다음과 같이 썼다.

석전스님 육십일수(六十一壽)에 부친 정인보의 글

예로부터 지금까지의 상하 5천년 가운데서 반드시 그와 더불어 같은 때에 사는 것은 우연히 아니고, 가로 세로 3만리 지역 가운데서 반드시 그와 더불어 같은 나라에 사는 것도 우연이 아니다. 그리고 그 나이가 장유長幼의 동떨어진 차이가 있고 거주가 먼 고장이 있으면, 서로 대할 적에 어려워 즐거움이 적고 세상을 마치도록 서로 알지 못하는 자가 있다. 무릇 이 몇 가지 경우 이 외의 궁달窮達이 같지 않고 취향이 같지 않으며, 비록 나이가 같고 이웃에 살더라도 그와 더불어 종유하거나 즐겁게 놀지 않는다. 이것이 인생의 교류가 넓지 않은 까닭인데, 우리나라는 그 중심한 곳이다.[15]

정인보 등의 교우가 정약용 등의 '죽란시사'와 같이 '매화 피면 한번' 식의 정기적인 모임은 아니었겠지만, 정신적으로 황량한 시절에 자주 만나서 시국담도 나누고 회포를 풀었던 것 같다. 언론인으로서 역사연구에 힘을 쏟던 문일평의 일기에서 그 편린을 찾을 수 있다.

문일평은 1934년 신문사 달력에 한문으로 그날그날 일기를 썼다. 당시 여러 가지 사정과 우인友人들과의 교우 관계도 적었다. 정인보와 관련 일기 내용이다.

3월 2일

위당을 찾아 문병했다. 그리고 사료 문제에 대해 이야기를 나누었다. 『이헌영 일기』(이헌영, 조선 말기 유생, 신사유람단의 일원으로 일본 다녀왔다. 내부대신 등을 지냈다)에 관한 것이다. 위당

은 도원道園(김홍집)의 사진이 있다고 말하고, 또 홍영식 사진은
원한경에게 있다고 한다.

3월 5일

(…) 돌아오는 길에 정 위당을 방문하고 김도원 문집에 대해
이야기를 나누었다.

6월 4일

(…) 권병헌 선생의 설문説文 강의를 들었다. 그 천재적 연구
에 깊이 탄복했다. 이 자리에 모인 사람은 윤치호·이능화·최규
동·박한영·정인보 씨 등 모두 14명이다.

10월 3일

(…) 오늘 저녁 정 위당을 방문해 정진태와 함께 상원식당에
가서 함께 술을 마셨다.[16]

정인보가 1920~1930년대 서울에서 교우한 지인들은 적지 않
았다. 벽초 홍명희도 그중의 한 사람이었다. 홍명희는 1888년생
이어서 정인보보다 5세 연하이지만 두 사람은 막역한 친구로 사
귀었다. 그리고 사돈을 맺었다.

정인보가 1912년 겨울 생모와 만주에 갔을 때 그곳에 와 있었
던 홍명희와 만나 인연을 맺은 이후 돈독한 관계가 유지되었다.
홍명희는 뒷날 이때 해후했던 당시의 일을 회상하는 시를 지어
정인보에게 주었다.

아리강에 두터운 얼음 합치자
이고 지며 흰옷 입고 강을 건넸네

천지가 하루 아침에 급변하여
산하는 만고의 슬픔으로 가득 찼지

변경에서 그대를 만났더니
황황히 노모를 수행하였네

황야에서 겨울 추위 극에 달하여
늙으신 몸 지탱하기 힘들까 걱정이었지.[17]

정인보는 홍명희가 1919년 손수 작성한 독립선언서를 배포하다가 옥살이를 하고 출감한 1920년 5월경 함께 대둔산과 내장산 일대를 여행하였다.

정인보는 『동아일보』에 연재한 기행문에서 "14년 전에 홍벽초와 같이 대둔산에서 일삭—朔이나 묵다가 내장으로 가는 길에 정읍에서 하루를 자는데 늦도록 무슨 이야기가 그리 많았던지…." 라고 회상하고 있다.

이무렵 정인보와 홍명희는 최남선의 조선광문회에 출입하면서 안재홍·문일평 등과 함께 어울리고, 최남선이 창간한 『동명東明』에 기고하기도 했다.

정인보의 가족사진 (1942년 3월 28일)

　정인보가 홍명희와 특히 가까웠던 것은 1942년 3월 정인보의 차녀 경완과 홍명희의 차남 기무가 결혼하면서 두 사람은 사돈관계가 되었다. 홍기무는 33세, 정경완은 23세, "그녀는 당시 고등교육을 받은 신여성으로는 드물 만큼 자기주장을 앞세우지 않고 전통적인 가정부인의 미덕을 두루 갖춘 현숙한 여성이어서, 주위 사람들로부터 '정경부인감'이란 칭송을 받던 인물이었다."[18]
　정인보와 홍명희 집안은 각별한 우의를 유지하면서 일제 말기의 어려운 처지를 서로 의지하면서 지냈다. 정인보는 홍명희의 딸들을 위해 가끔 시조를 지어 주었다.

　　　벗님의 귀한 딸이 내 딸에겐 시뉘라네
　　　게다가 한 동네로 봄이 벌써 다섯 번이
　　　내 글씨 굳이 달라니 정情이신 줄 아노라.

내 딸을 언니라니 내가 아니 아제빈가
내 사위 동생이니 사돈 어찌 척분이리
두 집이 두 집 아니니 따져 무삼하리오.[19]

언론인·사학자 천관우는 1930년대 조선의 역사학계에서 정인
보의 역할을 높이 평가했다.

　　3·1운동 이후 한동안 활발히 전개되던 민족운동이 만주사
변(1931~32) 이후로 크게 봉쇄되자, 그 민족의식은 민족정신의
온존 앙양이라는 심층적·내면적인 방향을 잡게 되고, 역사학
은 그러한 면에서도 더욱 활기를 띠게 되었다. 조선 후기 실학
이 체계화되기 시작하고 그와 표리를 이루면서 '조선학' - 오늘
날의 '실학' 으로 논의가 활발해진 것도 이 시기이다. 이 시기
의 민족주의 사학으로 국내에서 두드러진 이들로 정인보·안재
홍·문일평 같은 이들을 들 수 있고, 이때 여순옥에 있던 신채호
의 구고가 국내에서 발표되어 큰 영향을 주고 있었다. 이 가운
데서도 '실학' 내지 '조선학' 이라는 시각에서는 위당의 비중이
가히 독보라고해도 좋을 것이다.[20]

'정송강과 국문학' 연구논문

　정인보의 「국학인물론」에는 송강松江 정철과 단재 신채호가 실
렸다. '정송강과 국문학'이란 제목으로 쓴 정철에 관한 논문은 정

인보의 국문학자로서의 면모를 보여준다. 제목은 정철을 내세웠으나 내용에는 고산孤山 윤선도와 함께 다루었다.

> 우리나라 가곡歌曲으로 보록이 남아 있는 것은 대개 한경漢京 이후요, 그 중에 특출한 명인을 고르면, 몇 분 속에도 정송강 철鐵과 고산 선도先道 두 분을 500년 통틀어 그를 당할 이가 없다.[21]

정인보는 정철과 윤선도를 조선의 국문학상의 두 최고봉으로 평가한다.

> 정철의 「관동별곡」, 「사미인곡」, 「속사미인곡」 들은 일찍부터 김청음·권석주·이동악 제 명가의 감탄함을 받아왔었고, 김서포 같은 이는 '좌해진문장금차삼편左海眞文章今此三篇,이라고 까지 하였거니와, 단가短歌 또는 중체衆體가 구비하여 만나는 대로 신채神采 거기에 맞는다. 고산은 대체 담아淡雅의 일경一經으로 나아가 저 강호연파江湖煙波와 배합되는 데 좋으나, 송강은 호석할 때는 호탕하고 처절할 때는 처절하고, 더욱 그 순박하게 나오는 사기詞氣야 말로 곧 보속薄俗을 돌려놓을 듯한 데가 있다.
>
> 또 묘사하는 솜씨가 서로 다르니, 고산의 어부사시사에 "우는거시 벅구기가 프른거시 버들숩가" 같은 것은 물외 한인의 우유하는 심경을 혼적없이 나타냈고, "하마 밤들거냐 자규子規 소리 붉게 난다" 같은 것은 호남 산수간의 야경을 귀신같이 그

리었다.[22]

정인보는 정철의 「관동별곡」을 분석하여,

명사길 니근 ㅁ료이 취선醉仙을 벗기 시러 바다ㅎ 곁에 두고
해당화로 드러가니
백구야 놀지마라 네 벗인 줄 어찌 아느냐.

일절만 하여도 직서할 것을 한 번 풀어내어 흥취와 서로 얼
리게 하였다. 고산의 단가는 그 체제가 좁으니만큼 이 경계를
나타낼 수 없으며, 단가로도 송강의 "광화문 드리도라 내병조
內兵曹 상직방의 하루밤 다섯경의 스믈 석뎜 타는 소리" 라든지
"행군망교리幸君望校里 적의 내마음 수찬으로 상하번 기초와 근
정문 밧기려니" 라든지 다 절세한 풍치가 있다.
고산은 이에 짜르다. 그러나 고산은 말마다 유자儒者요 송강
은 그렇지 아니하다. 각기 독주하는 바 있어 낮고 못하고 말하
기에 불감하다.[23]

정인보는 두 사람의 시조를 인용 비교한 데 이어 시조에 한문
을 쓴 것과 관련하여 자신의 소견을 피력한다.

본디 우리말의 내려가는 결과 한문의 가는 길이 서로 다르
다. 그러므로 한문을 섞어서 한사漢土의 고사를 이끈 것이 우리
가사로 보아 일가一瑕가 아님은 아니로되, 한문을 그 글자로 섞

은 바에서는 우리말이 상하지 아니하나, 만일 한문으로 된 구
어句語를 그대로 직역하여 우리말에 넣으면, 저 결과 이 결이
맞지 아니하느니만큼 우리말까지 트집이 일어나지 아니할 수
없다.

송강은 이를 깨달은지라 가다가 한문을 그대로 인용할지언
정 직역하기를 꺼리었고, 어쩔 수 없는 경우이면 우리 말씨에
맞추어 넌지시 바꾸었다. 그러므로 송강의 가사에는 그리되는
것에서도 의연히 그 솜씨가 보인다.[24]

정인보의 문학을 연구한 이동영 교수는 정인보가 조선조 500
년에서 정송강과 윤고산을 최고봉으로 꼽고 두 사람의 문장을 비
교 분석한 내용을 열거하면서 그러나 "송강 편에 기운다"고 평가
했다.

고산의 문학은 '온유돈후' 한 것으로 주성적主性的 경향을 띤
데 반해 송강은 선초의 성리학자들이 경계했던 '이정利精이 풍
부했다. 담원은 이 점을 높이 평가한 것이다. 이 외에도 담원은
송강의 절묘한 표현이 압축미, 소박하면서도 지나가는 색향을
머금는 기교, 층을 지어 꺾이는 여운 등을 들어서 높이 평가했
다. 그렇다고 화려한 사장詞章을 지지한 것은 아니다. 원인元人
의 「비파기琵琶記」 가운데 '탄강곡呑康曲' 유명하나 기교가 너무
과하다고 비판하였다.[25]

8장

양명학연론陽明學演論
집필

'논술의 연기緣起'의 일부

정인보의 지적 편력은 다양하게 전개되었다. 정신적 탐구력이 왕성하고 분야도 다양했다. 그의 업적 중의 하나로 꼽히는 『양명학연론』은 연희전문학교 강의 교재로 사용한 것을 신문에 연재하면서 정리한 대논문이다.

『동아일보』 논설위원이 되기 전인 1933년 9월 8일부터 12월 11일까지 60회에 걸쳐 연재한 『양명학연론』은 일반 지식인을 대상으로 양명학원론과 양명학사를 정리하였다. 글은 「논술의 연기」, 「양명학이란 무엇인가」, 「양명본전」, 「대학문 발본 색원론」, 「양명학도 급 제현」, 「조선양명학파」, 「후기」 등 7장으로 구성되었다. "이 글의 근본 내용은 조선혼의 환기에 있다. 한갓 양명학 연구에 그치는 것이 아니라 참된 조선혼인 '우리의 얼'을 고취하여 광복을 꾀하자는 것이다."[1]라는 평이 따른다.

한자가 많고 문장이 난해하지만 중요한 내용을 부분적으로 살펴보자. 「논술의 연기」 항이다.

오호라, 과거 수백 년 간 조선의 역사는 실로 '허와 가'로서의 연출한 자취이리라. 최근 수십 년 래로 풍기 점차 변하게 되매 삼척동자라도 전인前人이 잘못된 것을 지적할 줄 안다. 그러나 전인을 공박하면서 의연히 두루 그 자취를 따르지 아니하는가. 이 말은 누구나 반대하리라.

첫째로 "수백 년 간 조선의 역사가 오직 허와 가의 자취라니 그럴 수가 있나" 하리라. 이 반대 전에 나도 과한 말인 줄 안다. 과한 줄 알면서 어찌 이 말을 하는가. 내가 과하다 함은 사실에 있어서 과하다 함이 아니다. 말이 좀 예경에 벗어나 과격함이 가깝다는 것이다. 그러나 한 걸음 나아가 말하면 뜬 말로 가식하지 아니하고 실을 실로서 표명하는 것이 오히려 과거에 향한 예경이 아닐까. (…)

조선 수백 년 간 학문으로는 오직 유학이요, 유학으로는 오직 정주程朱를 신봉하였으되, 신봉의 폐 대개 두 갈래로 나뉘었으니, 은 그 학설을 받아 자가 편의를 도하려는 사영파私營派이요, -은 그 학설을 배워 중화적전中華嫡傳을 이땅에 드리우자는 존화파尊華派이다. 그러므로 평생을 몰두하여 심성을 강론하되 실심과는 얼러볼 생각이 적었고 일세를 휘동하게 도의를 표방하되 자신밖에는 보이는 무엇이 없었다.

그런즉 세강世降 속쇠함을 따라 그 학은 허학뿐이요, 그 행은 가행뿐이니 실심으로 보아 그 학이 허인지라, 사계私計로 보아 실이요, 진학眞學으로 보아 그 행이 가인지라, 위속으로 보아 실이다. 그러므로 수 백년 간 조선인의 실심 실행은 학문 영역 이외에 구차스럽게 간간 잔존하였을 뿐이요. 온 세상에 가득 찬 것은 오직 가행이요 허학이라.

허면 허인 대로만 그저 있는 것이 아니라, 학이 이미 허인 바에는 이 허를 타고 가로 뛰고 세로 뛰는 일종의 산물이 있었으니, 이는 다른 것이 아니라 원래 인생의 수양이라는 것은 실심의 힘을 빌어서 편협한 자사념自私念을 누른 것이어늘, 학이 이미 허인지라 자사념 만이 세월을 만나 날로 융성하는 데 그동안 실심을 떠난 학문이 이 자사념을 고호顧護 또는 수식하는 데 있어서 교묘한 효능을 내어 사념이 드디어 가행으로 변하게 되었다. (…)

둘째로 "최근 수십 년 내로도 의연히 도로 옛 자취를 따른다니 이것이야 더욱 그럴 리가 있나"하리라. 이것이야 말로 내가 이 글을 초하게 되는 대동기이니 과거는 어떠하였든 그 과거가 지금 우리에게 있어 하등의 악영향을 미치지 아니할진대 과거를 검토할 필요가 없다. 그러나 과거는 항상 당금을 간운하는 세력을 가지게 되므로 이를 한시하지 못하게 되는 것이다.

삼가 고하노니 우리 백숙伯叔이여, 곤제昆弟여, 자매여! 위우威友여, 지금 무엇을 옳다 할 때 과연 실심으로써 옳게 하는 것을 옳다 하는 것인가. 혹 행세로가 아닌가. 무엇을 하려고 할 때 과연 실심으로 해야 하겠다는 것이 있어서 함인가. 혹 남 따라서 외양보이는 것이 아닌가. 무어라 무어라 하여 팔을 뽑고 기운을 내어 스스로 강개하자고 하는 그 속에 과연 악착스러운 내 노릇을 남모르게 도모함이 없는가. (…)

학문에 대한 태도-전부터 이 책장에서만 힘을 얻으려 하던 것이 더 한층 늘어서, 가론 영국, 가론 불란서, 가론 러시아-분연 병진하지만 대개는 공교하다는 자-기다 학자의 연설만에다가 표준을 세워 어떻다, 무어라 함이 대개는 저 『언설言說』로부터의 그대로 옮겨짐이요, 실심에 비추어 하등의 합부合否를 상량한 것이 아니니 지금으로서 고古에 비함에 과연 어떻다 할까. 하고 아니하고, 옳다 하고 그르다함을 떼어놓고 말하면 누구나 자심自心의 발표로 볼 것이냐 그 사람더러 물어 본 대로 저 '말'로서의 합부를 조사할지언정 제 '마음'으로서의 합부를 그윽히 살피어 본 적이 없음을 자인할 줄 안다.[2] (…)

다음은 「양명학이란 무엇인가」에서 정인보가 이 장에서 중요한 부문으로 삼아 표시한 내용이다.

'치양지致良知'라 함은 '치致'는 이룬다는 뜻이니 무엇이든지 이루었다 하면 그 한도를 다한 것이요 '양지'라 함은 '천생으로 가진 앎'이란 뜻이니 사람으로서는 잘난 사람이든지 못난 사람이든지 심지어 극히 고약한 무리일지라도 천생으로 가진 이 '앎'은 누구가 다 같은 것이다. 이 '앎'은 다 같지마는 저버리기도 하며 가리기도 하며 심하면 아주 분통하여 없어지도록 하기도 하므로 이 '앎'이 '앎'답게 이루어지지 못하는 것이라, 그러므로 이를 이루어 놓자 하는 것이니라.
지知는 곧 행行이라 알았다 하자. 알기는 하였으되 행하지는 못하였다 할진대 그 알았음이 참 앎이 아니니 앎이 곧 있을진대 행이 곧 거기 있을지라.[3]

정인보는 「양명본전陽明本傳」에서 양명의 생애를 상세히 기술하였다. 우리나라에서는 처음의 시도였다. 예의 한문체라 해독이 쉽지 않은 글이다.

양명의 성은 왕王씨요, 이름은 수인守仁이요, 자는 백안白安이니 중국 절강 여조현 사람이라. 진대 명필 왕희지의 후예요, 할아버지 천서千敍는 호는 죽헌이라 하고, 아버지 화華는 명 무종 때 남경 이부상서로 있었으니 효자요, 또 직신이다. 양명 어머니, 정씨 양명을 밴지 14식 만에 낳으니, 이 때는 명 헌종 성화 8년 임진 9월 30일 정해라. 우리 성종 3년이요 서기로는 1472년이다. 1세부터 아버지 상서의 경환京宦함을 인하여 북경에 와서 있었는데 천성이 호매하고 의협을 좋아하여 왕용王勇의 난이 있고 진중에 석화상과 유천근의 난이 있음에 가만히 거용궐을 나가 궐외 사람들을 따라다니며 말도 타고 활도 쏘고 관방 비가에 대한 방략을 두루 차방하여 가지고 달이 넘어서 돌아와 장차 조정에 글을 올려 스스로 출정出征함을 청하려 하는 것을 상서-힘써 말렸다-.

17세에 장가들어 남창에 갔더니 결혼하던 날 놀러나가 철주궁이라는 도관에서 도사를 만나 양생의 요결을 듣고 밤늦도록 떠날 줄을 몰랐다. 그 이듬해 부인 제씨와 같이 고향인 여조로 돌아오는 길에 광신에서 누일제 '경'을 찾아가 경이 송유宋儒의 격물학을 말함을 듣고 심히 좋아하여 성인을 꼭 배워 이룰 수 있다 하였다. 약관에 미처 절강 향시에 뽑히니 학문이 이미 높고 병법을 구해함이 더욱 청명하더니 명 효종 홍치 12년 기미에 진사하여 흠착관으로 위령백 왕월의 분묘공사를 감독하는데 진법陳法으로서 인부를 부리니 식자-그 범기 아님을 알더라.

이 때 서북변이 점점 더 우란한지라 복명할 때 변무필사를 올리어 말이 다 명백통절하여 천하-일컬었으나 보문報聞하고 말았다.

보문은 상문上聞되었다고 보함을 이름이니. 가타 부타 비답조차 없는 것이다.

얼마 뒤 형부주사로 강북에 가 옥수를 심결하고, 드디어 구화산 제승을 보고 무상사, 화성사에 들러 이듬해 5월에 복명하였다. 양명이 처음에 승학을 정구하여 주회암의 저서를 편독하더니 하루는 '격물格物'에 대하여 생각하여,

"선유先儒가 이르되 어느 물物이든지 반드시 속과 거죽과 정精함과 조粗함이 있다. 풀 하나 나무 하나에 모두 지리至理가 담기었다 함이 반드시 망언이 아니라."

하고 상서尙書 있는 관서에 대竹가 많으므로 곳 대를 가지고 그 이理를 궁구하여 보았다. 고심으로 궁구할수록 더욱 막연함에, 마침내 병을 얻으니 다시 생각하되, "성현은 팔자가 있나보다."

하고, 이때부터 한편으로 속상俗尙을 좇아 문사文詞에 지력하였으나 지도至道를 통하지 못함이 마음에 결치 아니하여 사우師友를 구하려 하되 또한 만나기 어려워 할 줄 모르더니 하루는, 회암의 송 광종에게 올린 소문疏文에, "공경하의 의意를 붙잡음은 글 읽는 근본이 되고 차례를 좇아 정精함을 이름은 글 읽는 방법이 된다."

함을 보고 다시 또 뉘우쳐 가로되,

"내 잘못이다. 내 전일에 찾기는 비록 멀리하였으나 일찍이 차례를 좇아 정함을 이루지는 못하였으니, 얻음 없음이 마땅하다."

이로부터 용진할 생각을 그치고 순서대로 점점 들어가 나중에 얻음 있기를 바랐으나 갈수록 몰리物理와 내마음이 판연히 둘이 되는 것 같은지라, 답답하여 함이 이미 오래매 옛 병이 다시 발하니, 이때는 성현이 따로 팔자 있음을 더욱 그런가보다 하여 의지 -양생으로 쏠리어 드디어 세상을 버리고 산중으로 들어가고자 하였다.

그러자 과거에 오르고 사환仕宦에 붙들려 결행치 못하고 문사 - 또한 우호의 일사라 태원太原의 교자와 광신의 왕준과 하남의 이몽양·임경명과 고소姑蘇의 고전, 서정명과 산동의 변공 등과 더불어 고시문古詩文의 학으로써 서로 쟁웅하더니, 강북으로 좇아 복명한 뒤에 또 다시 탄식하여 가로되,

"내 어찌 한 있는 정신을 가지고 쓸데 없는 허문을 일삼는가."

이 해 병을 일컫고 서도로 돌아가 양명동에다 정사를 짓고 있었으니 양명의 호는 이로 말미암았다.

양명동에서 구도의 생활을 할 때 처음으로 도인술道引術을 행하였다. 오래 됨에 앞서 아는 영검함이 있어 하루는 친구 왕사흥 등 네 사람이 찾아오는데 바야흐로 현성 오운문을 나오려할 즈음에 벌써 종복을 보내어 마중하게 하고, 오기는 어떻게 오며, 어떠한 일이 있으리라고 까지, 미리 일러 보내니 그 종복이 중로中路에서 만나 마중 보낸 것과 이르는 말을 고하니 모두

크게 놀라 도를 얻었다고 하였다. 다시 얼마 지나더니 깨달아 가로되,

"부질없이 정신을 우롱함이오. 도가 아니라."

하더니, 이로부터 양명이 선학仙學을 버리었고, 그 뒤는 또 중심 정수하기를 오래하여 세상을 떠나 멀리 가고자 하였다. 이 때는 어머니 정씨, 돌아간지 오래요 할머니 금씨와 몇 상서- 생존하였음에, 다른 일은 일체로 번염될 것이 없되 오직 할머니와 아버지 잊히지 아니하여 머뭇거려 결단치 못하더니 또 홀연히 깨우쳐 가로되,

"아니다. 이 념念은 갓날 때에 생긴 것이라 염을 버릴 수 있을진대 이는 종성種性을 단멸함이라"하니 이로부터 양명이 선열禪悅을 버리었다. 이에 다시 세상에 씌울 뜻이 있어 병부주사로 기용함에 미처 사퇴하지 아니하고 나섰더니 무종이 즉위하면서부터 내신 유근이 국병을 전단하여, 위세 불붓듯 하는데 남경 급사 중 대선·박언휘 등의 직간함을 입게 되어 잡아 옥에 내리니 양명이 이를 소구疏救하였다. 근이 척지를 위조하여 양명을 정장하여 기절하였다가 살아나자 다시 귀주 용장역 역장으로 적강하였다.

적행을 떠나 전당까지 이르렀는데 근이 세 사람으로 뒤를 밟게하니 양명이 마침내 기화를 당할 줄 알고, 의복과 필적을 강안에 놓아 스스로 물에 빠진듯이 보이고 몰래 상선에 붙이어 단주에까지 갔더니 태풍을 만나 일일 일야에 복건에 도달한지라 물에 닿자 곧 산으로 들어 밤에 절을 찾아 가지고 가려 하니 들이지 아니하므로 할 수 없이 방황하다가 고묘古廟로 들어가 향

142

안에 의지하여 자니 이는 곧 범의 집이라 밤 깊은 뒤 범이 돌아다니며 크게 어흥 거리었다. 새벽녘에 절 중들이 서로 이르되,

"어젯 손은 고묘에 잤을 것이요, 잣으면 범에게 죽었을 것이라."

행장을 뒤져가려 왔다가 양명이 바야흐로 깊은 잠에서 깸을 보고 놀라 가로되,

"당신은 예삿 사람이 아니구려. 그렇지 아니하고야 탈 없이 있을 수가 있소."

청격하여 절에 이르니, 뜻밖에 철주궁 도사가 그 절에 있다. 양명이 그로부터 행지行止를 상징할 새 양명이 멀리 은둔할 뜻을 말하니 도사 가로되,

"가可치 아니하다. 그대 이로 좇아 자취를 숨길진대 근이 노하여 그대 아버지를 잡아다 놓고, 그대 남북 이역으로 잠피하였다 무함하면 어찌하려노."

양명이 그 말을 옳게 여겨 드디어 무이산으로 들어 광신으로 팽충호를 저어 올라 원상을 지나 용장에 이르니,

"험이원불대흉중險夷原不胸中 하이부문과태공何異浮雲過太空 야정해도삼만리夜靜海濤三萬里 월명비석하천풍月明飛錫下天風."

이란 시를 무이산으로 떠날 때 절 벽에 쓴 것이다. 처음 용장에 이를 때 사처할 곳이 없이 덤불 속에다 초막을 짓고 있다가 다시 암굴로 들어가 거처하였다. 그때 용장 민호民戶는 거의 다 만족이라 한인漢人이 오면 반드시 여러가지 방법으로 충해를 더 하여 죽이더니 양명을 보고 또 해치려고 충신에게 가 공수를 내려보고, 해침이 저희에게 불길타하여 차차 양명에게 붙들게 되고 또 양명의 충신인 애함에 감동하여 양명의 지교指敎이

면 차마 어기지 못하였다.

이 때 양명의 춘추 37이다. 절역험지에 있어 고향이 이미 아득한 데다가 근의 협감함이 갈수록 심한 즉 조석을 자보_{自保}치 못할지라 스스로 해오매, 득실과 영욕 같은 것은 다 초탈한 지 오래언만, 오직 생사에 관한 일념은 종시 가시지 못하는지라 이에 돌 관을 만들어 방처럼 앉고 누우며, 자서_{自誓}하여 가로되,

"내 이제 죽음을 기다릴 뿐 아니냐."

낮이나 밤이나 잠잠히 앉아 마음을 밝히고 생각을 정히 하여 고요하고 전일한 가운데에서 단서를 찾아보려 하더니, 하루 밤 중에 홀연히 '격물치지_{格物致知}'의 본뜻을 크게 깨달아 어찌 유쾌하던지 소리치고 펄펄 뛰어, 자던 사람이 모두 놀랐다. 비로소 알았다.

성인의 도는 내 속에 자족한 것이니, 차차 사물에 가서 리_理를 찾음이 그릇된 것임을 이에 다시 묵기하는 오경의 언의로써 대중하여 봄에 들어맞지 아니하는 것이 없었다.

"양명의 당일 유쾌 곧 그 평생 계속되는 유쾌였을 것이니 양명의 말한 바 '선가 허를 말하였다. 성인이 어찌 '허' 위에 일호의 실을 얹을 수 있으며 불씨_{佛氏} '무'를 말하였다. 성인이 어찌 '무' 위에 일호의 '유_有'를 얹을 수 있으랴마는 선가의 '허'를 말함은 '양생'으로부터 나옴이요, 불씨의 '무'를 말함은 '생사고'를 떠나려 함으로부터 나옴이니 도리어 본체 위에다가 저 약간의 의사를 얹혀 놓았으매, 문득 '허'와 '무'의 본색이 아니라 본체 위에 있어 장애가 되나 성인은 오직 양지의 본색에로 돌려

보낼 뿐이요, 일점의 의사를 붙여두지 아니하였다.

양지의 '허'는 곧 하늘의 '태허太虛'요 양지의 '무'는 곧 태극의 무형이라, 일월과 풍뢰와 산천과 민물民物 무릇 백상과 형색이 있는 것은 모두 태허, 즉 무형 속에 발용하여, 유행하되 일찌기 하늘의 장애되지 못하는 것 같이 성인이 오직 그 양지의 발용대로 순하매 천지만물이 함께 내 양지의 발용, 유행하는 속에 있나니 어느 무엇이 있어 양지 밖에 벗어서 양지의 장애될 수 있으랴.(『전습록』)

한 것을 보면 양명의 용장 일야에 오득한 경계를 상당함직하다. 용장 사인의 귀의함이 점점 더 정성스러워가며 양명의 교도-또한 곧 그들의 본심을 만회하매 사인士人이 양명을 사부로 알고 양명은 사인을 권속으로 여겨 나중은 사인들이 위하여 서원을 만들어 드리고 대부 차입 용장에 왔다가 양명을 학대함을 분개하여 그 차인을 구욕하여 보낸 적도 있었다.

근이 죄사한 뒤 노능지현으로 양이 되었다가 남경 형부지사로 옮기시고, 다시 이부험봉청리사 주사로 고쳤다가 승차하여 문선원외랑, 고공부낭중을 역임하고 남경태박소경을 습수하여 남경홍로사경에 이르렀더니 병부상서 왕경이 양명의 위재가 있음을 아는 지라 드디어 우첨도어사로서 남방을 순무케 하니 남방순무 그 감다운 사람을 얻지못한지 오래라. 남방 도적이 여기 저기서 일어나 사지산은 횡수와 좌계와 통강을, 지중용은 이두를 각각 점거하여, 다 왕이라 일컫고 대수의 진왈능, 낙창의 고결마, 유천의 용복전 등과 연결하여 부현을 들이치는데 복건 태모산적, 담사부의 무리 또 일어나니, 전 순무 문삼이

병을 핑계하고 피하여 갔다.[4](…)

논문은 이어서 「대학간 발본색원론」, 「양명 문도 급 계기한 제현」, 「조선양명학파」, 「후기」 등으로 이어진다. 다음은 「후기」의 일부다.

나는 양명학자다. 그러니까 어떻게든지 양명학을 세워야겠다. 이렇게 생각한다면 그 속에 어떤 것이 잠복하였는가. 나는 양명학자가 아니다. 그러니까 어떻게든지 양명학을 배척하여야 겠다, 이렇게 생각한다면 그 속에 어떤 것이 반호하겠는가. 내 본 마음의 시비대로 분별할 뿐이 아닐진대 이는 다 사심이니 '그러니까'의 4자가 곧 천하 만고의 공의를 탁란하는 원천이라. '그러니까'의 4자가 없을진대 무슨 일에나 본심으로 좇아 조응하는 앞에 일체의 허, 가-없을 것이다. 그러므로 내 양명학을 말하되 누구나 양명학을 좋다고 하는 선입견을 가지고 이에 긍인함은 바라지 아니한다. 반드시 자심으로 좇아 진시眞是, 진비眞非의 분별이 스스로 갈라져야 비로소 허, 가 권을 벗어나는 것이다.

양명학을 가르쳐 태첩하다고 하였었다. 언제 이 학문대로 가나 보았는가. 빨리 들어갈 길이 있을 것 같으면 구태어 돌 것은 무엇인가. 일부러 돈다면 갈 곳에는 성의 없음이 아닌가 양명학을 가르쳐 태간하다고 하였었다. 언제 이 학문대로 해보았는가. 간단함으로 이룰 수가 있을진대 구태어 번거로이 할 것은 무엇인가. 일부러 번거로이 한다면 이루는 데는 성의 없음이 아닌가. 원래 학문의 요要는 자심상 독지체로 좇아 그 념의 부정함이 없게 함에 있나니 실로 간하다. 그러나 태간함은 아니니 이 이상 일호의 가공이 있을진대 이 곧 사위私僞요 실로 첩하다. 그러나 태간함은 아니니 이 이상 일곡一曲의 별로를 찾을진대 이 곧 망사이다. 그러나 간하다 하라, 만섭을 응하여도 귀핍함이 없이 곡당하며, 첩하다 하라, 일생을 계구함으로서 간신히 도달함이 있다 할까. (…)

붓을 던짐에 미처 내 본사本師 이난곡(건방) 선생으로부터 사학斯學의 대의를 받음을 정고正告하고 동호 송고하(진우)의 사학 단장에 대한 고심을 심사하여 또 구원에 영접한 박겸곡(은식) 선생께 이 글을 질정하지 못함을 한함을 부기한다.[5]

정인보의 이 글은 6·25전쟁 후 부산 피난지에서 『사상계』를 발행하던 장준하가 백낙준의 소개로 잡지에 실으며 세상에 알려지게 되었다. 백낙준은 연희전문학교 시절에 신문에 이 글이 실린 것을 기억하고 장준하에게 소개하였다. 서울로 올라온 장준하는 국립중앙도서관으로 찾아가 당시 『동아일보』에 게재된 일자를 알지 못하였으므로 1920년대 중반에서 1930년대 중반까지의 산문을 일일이 뒤져 마침내 논문을 찾아냈다. 그리곤 다음날 아침부터 도서관 개관 시간에 맞추어 낡은 신문에서 논문을 필사했다.

정인보와 백낙준

선생(정인보)의 그 해박한 지식으로 깊이 파헤쳐 풀이한 글인
데 전연 기교를 부리지 않은 심장에서 우러난 그대로를 구술해
놓은 것 같은 생생한 문장인데도 그 문장이 어쩌면 그렇게도
유려한 문체로 흘러 내려간 것인지 원고지를 옮겨 700여 매나
되는 글을 나는 점심밥도 저녁밥도 먹지 않고 그저 그 글에 빨
려 들어가 읽을 수가 있었다. 속 마저 경건해졌었다.

나는 비로소 백낙준 박사가 그 글을 사상계지에 전재할 것을
나에게 권한 뜻을 알게 되었다. 교육에 있어서 실용주의 사상
에 심취한 분으로 특히 전시수도 부산에 와 오래 있다보니 그
고루한 사유적 사고방식이 더욱 짙은 남도 사람들한테서 그것
이 촉발되었을 것도 짐작이 갔다.[6]

장준하는 여러 날에 걸쳐 필사한 이 글을 『사상계』 1953년 6월
호와 7월호에 나누어 게재했다. 6월호에는 58쪽, 7월호에는 53
쪽의 방대한 분량이었다. 월간지에 50쪽이 넘은 논문을 게재하
는 것은 당시나 지금이나 쉽지 않은 일이다. 그러나 장준하는 지
면을 아끼지 않고 이 논문을 모두 실었다. 전후 황폐한 국민의 정
서에 큰 영향을 끼치게 된 것은 당연한 일이다. 서울에서는 1955
년 8월 발행자를 박기서로 하는 『담원국학산고詹園國學散藁』라 이
름 하는 책이 간행되었다. 발행소는 문교사이고 값은 2000원,
국판이다. 연대기 상으로 이 책을 너무 빨리 소개하는 것은 책 제
4편에 「양명학연론」이 그대로 전재되었기 때문이다. 백낙준이
「담원국학신고 서」를 쓴 것으로 보아 그의 추천으로 이 글이 다
시 세상에 햇빛을 보게 된 것 같다.

『양명학연론』은 1972년 7월 삼성문화재단이 삼성문화문고로
발간하여 널리 알려지게 되었다. 홍이섭은 해제에서 "강의 시간
에 교재 이외의 조선사의 변정은 물론, 때로 양명정신을 세술하
시었다. 경사일체經史一體, 문사일체文史一體의 학의 정신을 문학
강의 속에 보려하시었다"[7]라고 기술하였다.

9장

불후의 역저
'조선의 얼' 쓰다

식민사관에 맞서 '얼사관' 정립

정인보는 1935년 1월 1일부터 『동아일보』에 「오천년간 조선의 얼」을 연재하였다. 내외의 비상한 관심 속에 연재된 이 글은 한국고대사, 한국정신사에 큰 기여를 한 대논설이었다. 하지만 1936년 8월 23일 총독부에 의해 신문이 정간되면서 1년 7개월간 연재되던 이 논설도 중단되기에 이르렀다.

정인보는 일제의 억누름이 극심했던 시대에 민족의 얼을 지키고자 고군분투하였다. 먼저 이 글을 쓰게 된 1935년 전후의 시대적 상황을 살펴보자.

조선총독부는 1922년 조선사편찬위원회를 설치한 데 이어 1925년에는 법령으로 총독부 중추원에 조선사편수회를 만들어 본격적으로 한국사 왜곡작업에 나섰다. 1930년에는 경성제대 중심으로 청구학회靑丘學會를 만들고 조선총독부가 이를 후원하여 한국문화의 연구와 조사사업을 벌였다.

조선사편수회는 막대한 물량동원과 사회적·학문적 역량 있는 관변 인사들을 망라하여 하나의 거대한 권력기관으로서 출발하였다. 조선총독이 직접 회의를 주재하고 경무총감이 위원장을 맡아 실무를 관장하면서 일본의 저명한 학계인사와 한국사학자들을 총동원하였다.

사이토 총독은 조선사편수회 설치에 앞서 '교육시책'이란 것을 발표했다. 그것은 "① 먼저 조선 사람들이 자신의 일·역사·전통을 알지 못하게 만듦으로써 민족혼·민족문화를 상실케 하고 ② 그들의 조상과 선인들의 무위 무능과 악행을 들추어내 과장하여 가르침으로써 조선의 청소년들이 그 부조父祖를 경멸하는 것을 하나의 기풍으로 만들고 ③ 그 결과 조선의 청소년들이 자국의 모든 인물과 사적에 관하여 부정적인 지식을 얻어 실망과 허무감에 빠지게 될 것이니 그때에 일본서적·일본인물·일본문화를 소개하면 동화의 효과가 지대할 것이다. 이것이 제국 일본이 조선인을 반半 일본인으로 만드는 길이다"라고 하면서 그 일환으로 조선사편찬 작업을 서두르도록 하였다.

이렇게 한국의 연구를 외국인, 그것도 침략자로서 군림하고 있는 일본인들에 의한 것에 한없이 부끄러운 심정의 한 자각운동으로 나타난 것이 진단학회의 창립이었다.

이보다 앞서 1921년에 이미 조선어연구회(뒤에 조선어학회 → 한글학회)가 창립되어 한글연구와 보급활동을 벌이고 있었던 것도 한 요인으로 작용하였다.

일제가 이른바 '문화정책'의 미명 아래 한국의 역사를 왜곡하고 정신문화적으로 영구지배를 획책하자 뜻있는 학자들이 '학문적 저항'을 기도하면서 진단학회를 발족하기에 이르렀다.

불교전문학교 강사인 이병도와 개성박물관장 고유섭, 이화여전 교수 이희승, 경성사범학교 교유 조윤제 등 소장 학자들은 각기 전공은 달랐지만 수시로 만나 한국사와 문화에 대해 토론하고 연구하는 독서 모임을 가졌다.

일제가 조선사편수회를 만들고 청구학회가 본격적인 활동을 전개하면서 이들은 한국사와 국학연구에 대한 위기의식을 느끼게 되었다. 이런 상황에서 의기투합한 인사들은 1934년 5월 7일 앞에 소개한 4명을 비롯하여 20여 명이 서울 소공동 50번지 푸라다아느 다방 2층에 모였다. 연구단체를 만들자는 논의는 오래 전부터 합의가 된 일인데, 마침 이윤재의 주선으로 한성도서주식회사가 학보 간행을 맡겠다고 나서게 되어 출범을 보게 된 것이다.

당시 발기인으로 이병도·고유섭·김두헌·김상기·김윤경·김태준·김효경·이병기·이상백·이선근·이윤재·이은상·이재욱·이희승·문일평·박문규·백낙준·손진태·송석하·신석호·우호익·조윤제·최현배·홍순혁 등이었으며, 이병도·이윤재·이희승·손진태·조윤제 등을 위원으로 뽑아 실무를 맡도록 하였다. 이들은 발기취지문과 비슷한 취지를 『진단학보震檀學報』제1권에 소개하였다.

근래 조선(문화)을 연구하는 경향과 성숙이 날로 높아가는 상태에 있는 것은 참으로 경하해 견디지 못하는 바이나 그런 경향과 정열이 조선인 자체에서보다 조선인 이외의 인사간에 더 많고 큼을 발견하게 된다.

그 까닭은 우리 스스로 냉정히 캐어 볼 필요가 있지만 어떻든 우리는 그런 연구까지 남에게 밀어 맡기어 오직 그들의 노력과 성과만을 기다리고 힘입기를 바라는 자가 아니다.

비록 우리의 힘이 빈약하고 연구가 졸렬할지라도 자분자진하야 조선문화를 개척·발전·향상시키지 않으면 안될 의무와 사명을 가진 것이다.

어느 사회의 문화든지 그것을 진실하고 정확히 검토 인식하고, 또 이를 향상 발달함에는 그 사회에 생生을 수受 하고, 그 풍속·습관 중에서 자라나고, 그 언어를 말하는 사람의 노력과 성열에 기대함에 더 큰 까닭이다.

당시 한국사와 문화에 대한 연구의 주도권이 일본인 손에 장악되고, 따라서 연구성과의 대부분을 일본인에 의하여 일본어로 발표되었다. 일본인들은 주요 연구자료를 모조리 독점하고 있었을 뿐 아니라 식민주의사관의 기조를 더욱 강화시키고 있었다.

이같은 현실은 당시 한국의 의식 있는 학자들의 민족적인 자존심과 민족의식을 일깨워 주기에 충분한 여건으로 작용하였다. 그리하여 한국문화의 개척·발전·향상을 위하여 노력한다는 취지에서 진단학회가 창립하게 된 것이다.

'진단'의 명칭을 두고 회원들 사이에 많은 토론이 전개되었다. 오래 전부터 우리나라의 별칭으로 불려진 진단은 발해가 국호를 진국震國 또는 진단震旦이라 하였으며, 고려시대에 진단 또는 진역震域이라는 용어가 쓰였다.

서기 985년(성종 4)에 송나라 황제로부터 책봉을 받고 특사를 내린 글에서 "책봉이 진역을 빛나게 하였다"라고 썼으며, 『고려

사』권 123 「백승현전百勝賢傳」에 "마니산 첨성단에 임금이 친히 제사를 올리면 우리나라는 진단震旦의 대국이 될 것"이라는 말이 나온다. 진단震旦은 "동방 아침의 나라"라는 뜻으로 해가 뜨는 동방의 나라라는 의미이며, 진단震檀은 동방 단군의 나라라는 뜻이다. 진단학회의 동우들은 이러한 의미의, '조선'과 같은 뜻으로 '진단'의 뜻을 취하고 학회의 명칭으로 삼은 것이다. 즉 처음부터 민족주의적 정신으로 학회를 결성하고 학보를 발간하게 된 것이다.

'학술적 저항운동'의 진단학보

진단학회는 계간으로 학술지 『진단학보』를 발간하기로 하고, 자금난으로 사무실을 내기가 어려워 경성부 계동 98번지 이병도의 집을 사무실 겸 학보 편집실로 삼아 등록을 마쳤다.

창간호 1,000부를 찍는 데는 한성도서가 비용을 댔지만, 제2호부터는 손을 떼게 되어 사회 명사들을 협찬회원으로 추대하여 회보 발간을 이어갔다. 그러나 '협찬'에도 한도가 있었다. 친일에 기울어졌던 윤치호 같은 사람은 점차 협찬을 거부했다.

『진단학보』는 2~3백 부 발간에 불과했지만 반향은 대단했다. 일본과 중국은 물론 미국·오스트리아에까지 독자가 있었고 개중에는 논전을 걸어오는 사람도 있었다. 그리고 파리의 『아시아학보』등에서도 소개하였다. 국내의 시골학교 교사들이 정기구독을 해오면서 격려를 아끼지 않았다.

진단학회는 『진단학보』를 계간으로 발간한 것은 물론 수시로 강연회·간담회 및 여러 가지 학술토론회를 열어 민족문화 진흥에 이바지 하였다.

지극히 어려운 처지에서 창립하여 역사연구와 민족문화 발전에 심혈을 기울이던 진단학회의 소장 학자들 중에는 이미 일제의 마수에 걸려 민족진영을 이탈한 경우도 적지 않았다. 조선총독부의 조선사편수회는 1932년부터 1938년까지 『조선사』 37책, 『조선사료총간』 20종, 『조선사료집전』 3책을 간행했다. 이러한 각종 사서 발간의 목적은 어디까지나 일본이 한국을 편리하게 영속적으로 통치하기 위한 수단이었다.

총독부는 몇 차례에 걸쳐 관제를 고쳐가면서, 특히 친일파 거두들을 편수회의 고문과 위원으로 끌어들이고 역사학자들을 수사관修史官으로 위촉, 조선역사를 편수토록 한 것은 한국지배의 기본정책인 '동화정책'을 실현하자는 것이었다.

특히 일본 학계의 대표적인 합방론자들인 기다喜田貞吉의 '일한동종론日韓同種論'과 '일한양민족동원론日韓兩民族同源論', '일한일역론日韓一域論', 후쿠다福田德三의 '정체성이론', 이나바稻葉岩吉의 '타율성이론'과 '임나일본부설' 등을 한국사에 끌어들여 독립운동의 부당성과 식민통치의 합리성에 꿰어 맞추도록 했다.

이러한 목적을 위해 마련된 조선사편수회에 한국인으로는 고문에 이완용·박영효·권중현 등 일급 매국노가 끼고, 위원으로 이진호(총독부 학무국장), 유맹(중추원참의), 어윤적(〃), 이능화(총독부 편수관), 이병소(〃) 윤영구(〃), 간사 김동준(중추원서기관) 등이 참여한 데 이어 진단학회의 이병도와 신석호 등도 편수위원이 되었다. 이들 외에 조한직, 구찬서, 권중익, 조중관, 현채, 이종명, 정만조, 이상형, 김대우 등이 편수위원, 수사관, 서기 등으로 참여했다. 최남선은 1930년 8월 제4차 위원회의 때부터 편수위원이 되었다.

이병도와 신석호가 조선사편수위원으로 참여한 것은 1927년이고 진단학회는 1934년에 창립되었으니, 두 사람은 조선사편수회 편수위원으로 활동하면서 진단학회를 창립한 셈이다. 이들은 일제의 한국사 왜곡에 참여하여 학자적 양심의 가책을 느껴서 진단학회의 창립을 주도했던 것이 아닌가 싶다.

조선사편수회의 활동이 활발해지고 그 '성과물'이 일반에 공개되면서 민족진영의 지식인들이 분개하게 되고, 이에 대한 저항심에서 진단학회가 창립되고 정인보의 조선사연구가 본격적으로 진행되었다. 그렇지만 진단학회 내부에서는 조선사편수회 참여파와 순수파 사이에 갈등을 빚게 되고, 1942년 9월 조선어학회 사건으로 회원인 이윤재, 이희승, 이병기 등이 총독부 경찰에 붙잡히면서 진단학회의 활동은 중단되었다. 『진단학보』도 14호를 마지막으로 종간되었다.

1919년 3·1혁명은 한국지식인 사회에 거대한 태풍이 되었다. 1919년 초 만주 길림성에서 김교헌·김규식 등 39명의 망명지사들이 서명한 대한독립선언과 동경유학생들의 2·8독립선언에 이어 천도교·기독교·불교계 민족지도자들의 3·1독립선언은 지식인들이 앞서고, 학생·시민들이 참여하여 일제에 항쟁한 거국적인 민족저항운동이었다.

3·1혁명을 계기로 해외에서는 대한민국임시정부가 수립되어

단절되었던 국가의 법통이 승계되고, 여기에는 각계 지도자와 지식인들이 다수 참여하였으며 민주공화제의 정체를 분명히 하였다. 반면에 국내에서는 부르주아 지식인들이 일제에 협력하면서 이른바 자치론이 전개되었다. 3·1혁명의 열기가 거세지자 일제는 이를 약화시키기 위해 수양운동, 생활개선운동, 농촌계몽운동 등을 적극 장려하고 그 운동의 주동자를 포섭하였다. 자치론자들은 조선독립의 시기상조론을 내세우면서 독립운동 대신 문화운동과 실력양성운동을 전개해야 한다고 주장하였다.

이들은 주로 지주나 자본가들로서 이광수의 「민족개조론」과 최남선의 「일선동조론」을 이론적 지주로 삼았다. 신채호 등 망명 지식인들은 국내의 차지론을 매섭게 비판하고 의열단의 「조선혁명선언」은 이를 박멸의 대상으로 꼽았다.

3·1혁명을 계기로 일제는 무단통치로서는 더 이상 조선 민족을 효과적으로 통치하기 어렵다고 판단하고, 위장된 노선이기는 하지만 문화정치론을 내걸었다. 3개의 민간신문 발행을 허가하고, 더욱 억압적이고 교활한 '문화정치'를 통한 동화정책을 폈다.

1920년대 국내의 부르주아 지식인들은 '민족개량주의'를 표방하면서 생활개선, 브나로드운동 등 체제 내의 변화운동에 만족하고, 주어진 상황에서 활동하는 데 그쳤다.

3·1혁명 이후 나타난 현상의 하나는 사회주의 사상의 유입과 급격한 확산이었다. 1917년 러시아혁명과 더불어 발생한 사회주의는 민족해방운동의 이념으로 인식되면서 한국에서는 민족문제를 계급적·민중적 해방으로 해결하려는 이념체계가 형성되었다. 일제의 식민지 수탈정책이 강화되는 시점과 맞물리면서 사회

주의에 공감한 지식인·청년층이 급속히 증가하였다.

1920년대에 도입된 새로운 사조의 또 하나는 아나키즘이다. 일본의 대정大正 데모크라시 시대에 풍미했던 아나키즘이 재일 유학생들의 항일·반천황제운동으로 수용되고, 국내에 유입되어 진보적 청년, 지식인들의 독립운동사상으로 전개되었다.

1920년대 조선의 사상계는 자본주의 이념과 제국주의 체제를 거부하면서 인간해방, 노동해방을 주장하는 사회주의와 아나키즘이 노동자·농민운동과 연계되어 항일지식인 운동을 주도하였다. 조선총독부와 부르주아 민족주의자들은 사회주의 지식인들과 함께 아나키즘 지식인들을 극심하게 탄압하였다.

세계대공황으로 시작된 1930년대는 일제의 조선통치 수법이 더욱 가혹해지고, 만주침략과 때를 같이하여 파시즘 지배 체제가 강화되면서 조선사회는 친일지식인들이 주도하는 황민화의 광기가 극에 이르렀다. 1927년 민족주의와 사회주의계, 천도교계, 기타 종교단체 지식인들의 통일전선으로 조선민족운동의 대표 단체로 발족했던 신간회가 1931년 해체되면서 국내 지식인들의 항일운동은 사실상 막을 내렸다. 반면에 국가주의 통제가 강화되고 창씨개명, 신사참배, 황국신민서사의 낭독 등 전시체제로 진입하였다.

지식인·언론인·종교인들의 친일행각이 대세를 이루었다. 1931년 일제의 만주침략으로 시작된 중일전쟁 15년간은 조선의 민중과 지식인들에게는 암흑의 계절이었다. 일제는 대동아공영권을 내걸고, 조선의 지식인들은 파스시티 하수인으로 전락하여 청년들을 전장으로 내몰았다.

이같은 상황에서 정인보는 「오천년간 조선의 얼」을 집필하고, 여순감옥에 있는 신채호는 국내신문에 「조선문화사」 등을 연재했다. 정인보·홍명희 등은 정약용 서거 100주년을 맞아 『여유당전서』를 발간하고, 함석헌·김교신 등 기독교인들은 『성서조선』을 통해 항일의 의지를 멈추지 않았다. 1932년부터 7년간 조선총독부가 편찬한 『조선사』 37권은 조선통치를 합리화하려는 일제 식민사관의 표본이었다. 일선동조론, 타율성이론, 정체성이론을 핵심으로 엮었다. 최남선·이병도·신석호 등 사학자들이 여기에 참여하였다. 그러나 민족주의 사학자 정인보·안재홍 등은 끝까지 참여하지 않았다.

선친의 유지, '삼매경'에 빠져 집필

정인보가 이 대작은 쓰는 데는 선친의 가르침도 크게 작용하였다.

나는 국사를 연구하던 사람이 아니다. 어렸을 때부터 내 본생本生 선인先人이 늘 말씀하기를 "너 우리나라 사책史冊 좀 잘 보아 두어라. 남의 것은 공부하면서 내 일은 너무들 모르더라"고 하였건만 다른 노릇에 팔려 많은 세월을 녹였다.

그러다가 어느 해인가 일인들이 『조선고적도보朝鮮古蹟圖譜』라는 '첫책'을 낸 것을 보니 그 속장 이삼엽二三葉을 넘기기 전에 벌써 '분'한 마디가 나타나므로 "이것 그냥 내버려둘 수 없

구나"하였고, 또 어느 해인가 소위 "병합 몇 주년"이라고 경일
[1]인가 매신[2]인가 기념호를 내었는데 소위 '첨선비 砧蟬碑'의 사진
이 소위 몇 해 안 대표적 대사건의 하나로 올랐다.[3]

신문사 측에서 "우리 정신방면에 도움이 될 만한 왕적往蹟을
연재하기로" 요청을 받았는데, 정인보는 오래 전부터 구상하고
연구해온 주제를 택하였다고 한다.

나는 부탁받은 범위를 넘어 한번 5천 년 내려꿰는 대저를 내
어볼 작정을 하고 「5천년간 조선의 얼」이라는 제목을 내걸었다.

정인보의 역저 조선사연구는 이렇게 시작되어 '조선의 얼'을
탐구하는 대장정이 진행되었다.

조선의 얼을 찾아내어 퍼뜨리겠다는 것은 내 마음이지 이 마
음을 맞출 만한 연구는 조금도 가지지 못하였던 나이므로 서론
을 쓰는 동안 앞에 쓸 것을 생각하였고 또 그 앞을 또 앞을 이
렇게 써 내려오는 가운데 점점 고증하는 법문이 실낱만큼이라
도 트이고 사료 다루는 손아귀가 약하나마 자못 잡히는 바 없
지 아니함에 이르러서는 처음 늘어 놓은 것을 돌아보고 스스로
부끄러워 함이 한 두번이 아니었다. 그러므로 이 저술의 초두
는 나로서 국사연구에 대한 걸음발을 타게 한 바요 바로 연구
라고 할 것이 되지 못한다. 다만 내 마음이 '5천년간 조선의 얼'
에 향하여 거의 삼매에 들어갈 듯이 미쳤던 것만은 진실로 그

랬고….[4]

정인보는 식민지의 암담했던 시절에 우리 역사 연구에 몰두하게 된 동기를 다음과 같이 밝혔다.

일본 학자의 조선사에 대한 고증이 저의 총독정책과 얼마나 긴밀한 관계가 있는 것을 더욱 깊이 알아 '언제든지 깡그리 부수어 버리리라' 하였다. 그 뒤 신 단재의 조선사연구초가 들어와 그 안식을 환복하는 일면에 역내에 풋득풋득 돌아다니는 종종의 출판을 퍽 한심하게 여기었으나 모두 한 때의 생각이었을 따름이요. 제법 국사연구에 손을 대어 본 바 아니었다. 갈수록 세고世故 점점 다단한지라. 민족적 정신이 여러 가지로 흐리어지는 데다가 전前으로는 오래 내려오던 선민先民의 방향芳香이 끊인 지 오래요 후後로는 자기를 너무 모르는 분들이 적의 춤에 마주 장고를 처 마음 속의 영토나마 나날이 말리어 들어가는 때라 비리비리한 한인恨人의 고분孤憤을 무엇으로 해칠 것이 없었다.[5]

정인보는 신채호의 역사관에서 많은 영향을 받았다. "…그 뒤 신단재의 『조선사연구초』가 들어와 그 인식을 탄복하는 일면에…."라고 기술한 바 있다. 홍이섭의 연구성과이다.

늘 단재 선생의 인격을 흠모하시며 사안을 찬탄하신데서라든지 선생님의 고대사 서술 자체가 보여주는 것으로 조선의 얼은 그대로 단재사학의 확충 전개이었으며, '조선의 얼'이 근세 현대에 미쳤더라면 조선사에 있어서 단재사학의 기본 이념의 광휘가 있는 전개이었고, 일단의 완료를 보는 날 정신사적으로는 한국사로는 장관이었을 것이, 오늘 거듭 애석하다고 하겠다.[6]

'얼'을 역사의 본체로 인식

정인보의 조선사 연구의 기본은 '서론'인 「오천년간 조선의 얼」에 담겼다고 해도 과언이 아니다. 이 부문은 조선사 연구의 영역뿐만 아니라 그의 역사관, 국기관, 철학이 압축되었다고 할 수 있다.

누구나 어릿어릿한 사람을 보면 얼빠졌다고 하고 멍하니 앉은 사람을 보면 얼이 하나도 없다고 한다. 사람의 고도리는 '얼'이다. '얼'이 빠졌을진대 그 사람은 꺼풀 사람이다. 그리 신기한 말이 아니다. 초동이나 목수牧豎라도 다 아는 것이다.

우리가 무엇을 가지고 보는가. 눈으로 무엇을 가지고 듣는가. 귀로. 무엇을 가지고 맡는가. 코로. 무엇을 가지고 먹는가. 입으로. 무엇을 가지고 다니고 무엇을 들고 쥐는가. 발로. 손으로. 그러나 손이 있으나 쥐지 아니하고 발이 있지만 가지 않는 것은 무엇인가.

또 나가면 사멸이 앞에 있어도 발이 그리로 가고, 쥐다가 손이 떨어질 줄 알면서도 놓지 아니하는 것은 무엇인가. 여기서 '얼'이라는 것을 생각할 것이 아닌가. 그러나 전자 만도 어려운 문제이니 쥐고 싶은 것이 보이거나 손이 어찌 나가지 아니하며 먹고 싶은 것이 저기 있거니 발이 어찌 향하지 아니하랴. 그렇다. 그렇기 때문에 토구討究의 '얼'로 돌아가는 것이다.[7]

정인보는 '얼'이 곧 역사의 대척추라고 인식한다. "얼을 제쳐놓고서 사적의 규명에 전하였다. 할진대 구명도 구명답지 못할 것은 무론이어니와 설사 구명으로서 상당함이 있다할지라도 이 이른바 무위의 구명이라" 하고 "학문이 얼이 아니면 달할 것이 없고 역사가 얼이 아니면 박힐 데가 없다"[8] 하였다.

사람의 존재는 육체로서의 존재를 말하지 않는다. 얼의 존재가 이른바 존재이니 지우智愚와 현불초賢不肖를 따질 것 없이 누구나 얼빠진 사람을 꺼풀 사람이라는데 이론의 여지가 없다. 세상 사람은 대개 불행을 당하여 낙심하고 실의에 빠진다. 어릿거리는 사람이 되고 멍한 사람이 된다. 남이 그를 이르되 "저 사람은 그가 당한 불행으로 인하여 그렇게 되었다."고 하면서 나무라지 않는다. 그러나 그런 것이 아니다.
환경과 조건이 중요하기는 하지만 또 그것이 나를 중하게도 하고 욕되게도 하지만 '얼'만은 빼앗아가지 못한다. 누구나 빼앗아가지 못하기 때문에 얼을 귀하다고 하는 것이다. 이처럼 얼은 남이 빼앗아가지 못하는 것이다. 만일 누가 얼을 잃었다면 그것은 스스로 자실한 것이지 누가 약취해 간 것이 아닐 것

이다.[9]

정인보는 이 글에서 '얼' 빠진 개인의 문제를 통해 민족문제를 제기하려 하였다. 그리고 얼은 남이 빼앗아간 것이 아니라 스스로 잃었듯이 민족도 스스로 주체성을 상실하면서 결국 주권을 잃게 되었음을 일깨운다.

제(자기)가 남이 아닌 것과 남이 제가 아닌 것을 어떻게 아는가. 그것은 무엇을 한다 하면 '저로서' 하고 무엇을 아니한다 하면 '저로서' 아니하여야 제가 저를 가지고 있다고 할 수 있는 것이 아닌가. 그러므로 '저는 저로서'가 바로 '얼'인 것이다. 여기 무슨 오묘함이 있으며 무슨 미묘함이 있으랴.
어떤 사람은 이를 반박하여 제가 남이 아닌 것을 누가 모르는가. 이것을 얼이라 하면 얼빠진 사람은 하나도 없을 것이라고. 그러나 제가 남이 아닌 것을 아는 사람은 누구냐. 알거든 나서라. 알되 뚫어지게 알아야 안다고 할 수 있는 것이 아닌가. 또 반박하기를 사람의 수행은 저를 극복하는 데 있다고 하며 이를 극기라 하고 멸시라 하는 것이니 '저는 저로서'만을 내세우면서 제 멋대로 행동하는 것, 즉 창광망행을 권장하는 것과 같지 않으냐 한다. 이 때 '저로서'의 저는 멋대로 생각하고 행동하는 창광망행의 '저'가 아니라 극기되고 자기를 죽인 멸사된 순수한 '저'를 말하는 것이다.[10]

정인보는 자기의 생각대로. 주관대로 행동하지 못하는 사람을

'얼 빠진' 사람으로 규정한다. 남이 하자는 대로 하는 사람은 사람이 아니라는 것이다. '얼 빠진' 개인사는 주권을 빼앗긴 민족(국가)으로 이어진다. 그가 국학연구에 온 힘을 내고 있음은 바로 '얼'을 찾고자 함이었다. 한 부분을 더 들어보자.

모든 학술이 '얼'을 주제로 삼아야 비로소 참다운 학문이요 어떤 체련도 얼이 종宗이 되어야만 비로소 용장勇壯의 실을 거둘 수 있을 것이다. 우리 5천년간 '얼'의 나타남과 숨음, 그리고 '얼'의 신장과 위축을 연구하여 보면 곧 우리 나라의 성쇠와 융락의 원인을 알 수 있을 것이다. 뿐만 아니라 한 가지 기술이나 한 가지 예술에 이르기까지도 이 얼이 정혼精魂이 되어야만 비로소 생명이 있는 것이니, 오호라! 쌓이고 쌓인 고질이 너무 오래 되어 다른 무엇으로도 고칠 수 없는 상태에 이르렀느니라.

정인보의 '얼사관'은 박은식의 국혼과 신채호의 낭가사상에 이은 조선(한국)의 국맥이다. 박은식과 신채호가 국가 또는 특정제도의 거대담론을 통해 혼과 정신의 계승을 추구한 귀납적이라면 정인보의 경우 개인의 얼을 중심으로 국가·민족으로 확대하려는 연역적 방법이라 하겠다. 그러면서 '역사'의 중요성을 거듭 강조한다.

우리로서 우리의 역사를 귀하다 함은 그 가지나 잎 그리고 그 행묵行墨을 가지고 하는 말이 아니다. 더 나아가 역사의 사적에 가치가 없는 것은 아니로되 단지 그것만으로 귀하다 할 수 없을 것이다. 이 사적의 줄기와 가지가 뻗어나가다가 얼의 섬광이 번쩍이는 것을 볼 수 있으며, 그것이 또 역사의 속으로 계속 이어지는 것을 알 수 있을 것이다. 이것이야말로 역사속에 이어져 오던 얼이 역사의 겉인 사적에 투영된 것이다. 그러므로 사적의 줄기를 규명하려면 얼의 큰 줄기를 찾아야 하는 것이다. 얼을 제쳐놓고 사적의 규명에만 열중하는 것은 무위無爲의 규명일 뿐이다.[11]

정인보의 '얼사관'은 역사를 무대로 전개되었다. 역사의 사적에서 '얼'을 빠뜨리면 아무런 의미도 찾기 어렵다는 인식이다. 유물사관과는 정면으로 배치된다.

'얼 빠진 사람'질타하는 정신사관

우리가 우리의 자기 마음自心에 의지하지 아니하고 일체를 밖에서 외구外求하게 된 원인을 찾아보면 그 가지가 많으나 그 근원은 우리가 우리를 알지 못하고 또 알려고 하지 않은 지가 오랜 까닭이다. 항용 우리는 우리를 생각할 때 '할 수 없어', '원체 그러니까' 하는 말로 단념하고 마니 우리로서 조금이라도 우리를 안다 할 것 같으면 아무리 추락하였다 하더라도 여기까지 미치지 않았을 것이 아닌가. 그러므로 우리가 우리의 과거를 어루만지지 않는다면 모를까 만지기만 한다면 손이 닿기 전에 옛 맥이 뛰는 것을 알 수 있다.

우리로서 어찌 우리를 알려고 하지 않을까. 우리의 얼이 어떠함을 어찌 알려고 하지 않을까. 오호라! 가엾어라. 마음이 죽는 심사心死보다 더 큰 것이 없다고 하며 몸이 죽는 신사身死는 둘째라 한다. 이 말이 결코 남의 말이 아니다.[12]

정인보가 『양명학연론』에서 사대적인 학문을 비판하면서 '국학'의 회복에 나섰다면 『조선사연구』에서는 '민족의 얼'을 찾는 노정이었다. 모름지기 역사는 물질의 역사나 권력의 역사가 아닌 정신의 역사, 그것도 '얼'이 있는 '얼사관'을 탐구했다. 그러면서 논문의 도처에서 '얼'의 의미, 중요성, 그 가치를 제시한다.

누구나 어릿어릿하는 사람을 보면 '얼'이 빠졌다고 하고 '멍'하니 앉은 사람을 보면 '얼'이 하나도 없다고 한다. '얼'이란 이같이 쉬운 것이다. 그런데 '얼' 하나의 있고 없음으로써 그 낭패 웅맹함이 혹 저렇기도 하고, 그 고루 순차함이 혹 이렇기도 하니 '얼'에 대하여 명찰 동조함은 실로 처론하기 어렵다 할 수도 있다. 무릇 '얼'이란 보이는 것이 아니라 한갓 위실爲實에 비추어서 그의 은현 존상함을 찾아 볼 수가 있는 것이니 기왕의 사위 이제 보면 벌써 한연냉풍이로되 거기 비추는 '얼'의 휘연은 인물을 따라 유절하지 아니하였나니 설사 요서의 왕적일지라도 일은 갔으되 자취는 남았을진대 그 '얼'에 대한 감통이 있은 즉 조석이요 지척이라 하거든 하물며 우리의 선인의 금원유장한 상계 그 바이 있을 것이니 요요 5천년 간의 성쇠와 소장을 치더듬고 내리만져서 어떤 때 휘휘함이 있는가, 어떤 때 열렬

168

함이 있는가, 이와 마주쳐 보면 아무리 일원이 오래다 하더라
도 일혈一血의 상수 함은 고금이 있음이 아니니 혹 노래, 혹 무
용, 혹 곡, 혹 슬픔의 그 어름에 홀연한 반고가 있기만 하면 차
마 못 가는 그 '얼'이야 그 자리에 나타날 것이 아니냐?[13]

정인보가 조선사를 집필하면서 서론으로 '얼'을 내 건 데는 새
삼 설명이 필요치 않을 것이다. 일제의 민족문화 말살과 역사왜
곡을 더 이상 방치할 수 없어서 혼자서라도 '역사전쟁'을 시도하
고, 거기 전사가 되었다. 신채호나 박은식이 해외 망명지에서 '자
유롭게' 역사연구를 할 수 있었던 데 비해 정인보는 '철창 없는
감옥'에서 각종 규제를 받아가며 집필할 수밖에 없었다. 하여 그
의 언어는 정제되거나 추상성을 띄게 되는 경우가 적지 않았다.
  그런 속에서도 '조선의 얼'을 찾는 글월에는 직설과 격분이 살
아 있었다.

  5천년간 조선의 얼을 찾아내기란 쉬운 일이 아니다. 그러나
  어렵다 하여 마냥 앉아서 기다릴 수는 없을 것이다. 극히 외람
  된 줄을 알면서도 5천 년 역사를 오가면서 그 척추가 무엇인지
  를 찾고 우리 역사가 왜 비바람을 맞았는가 그 까닭을 알아보
  고, 왜 이 나라가 성하고 쇠했는가 그 이유를 알아보려고 한다.
  언제나 진眞은 살아 남고 가假는 사라지는 법이니 행여나 한 사
  람이라도 포기하지 말지어다. 일체의 책임이 나 한 사람에게
  있다는 사실을 통감하여야 한다.[14]

정인보가 이 글을 연재할 때는 40대 초반이었다. 42~43세 때에 이와 같은 대논문을 쓴 것은 그의 능력과 함께 시대적 상황 탓이 컸다. 일제의 동화정책으로 점점 어려워져가는 시대에 맞서 민족혼을 지키려는 발버둥이었다고 하겠다. 신문사가 폐간되지 않고 정인보의 '조선사'가 끝까지 연재되었다면, 우리 역사연구에 큰 업적이 되었을 것이다.

정인보의 역사인식은 정신사적 역사관이라 할 수 있다. 그는 역사의 본질을 얼에서 찾았다. 세상사는 복잡다단하고 천태만상으로 변화하지만 변화의 본질, 척추가 되는 것은 언제나 얼에 있다고 주장하였다.

> 위당의 '얼' 사관은 물론 역사를 단지 과거의 사실로서만 취급하자는 것은 아니었다. 역사는 흔히 현재의 역사이어야 한다고 하지만, 위당은 얼을 통해서 현재속에 과거를 느끼고 과거속에서 현재를 인식해야 한다고 말하였다. 그는 과거에 역사를 주름잡던 사람들이 타인이 아니라 바로 우리 자신이라고 생각하였다. 우리를 구곡에서 찾으면 고인이 우리가 고인이 아니지만 한 번 그 얼에 들어가 생각해보면 우리의 고인이 곧 우리 자신이라는 것이었다.[15]

정인보의 '얼사관'은 천관우의 지적대로 "그것은 한 마디로 정신사관이요, 그것을 민족에게 찾으면 민족정신사관이다."[16] 이 부문은 정인보가 다음 글에서 정확히 말해준다.

'저는 저로서의 그 얼'은 '7척七尺의 신身'에서 시작하여 "민
족으로부터 크게 전 인류 내지 천지 만물에 이르러 일체"라는
것이요, "누구나 다 있는 그 얼을 누구나 지니지 못할 새, 만회
급무되는 것이요, 누구나 지니지 못하였으되, 본디 누구나 다
있는 것이다. 언제나 고심顧尋할 수 있는 것이로되, 외우 점점
흉용할수록 파란과 일타는 오직 그 얼에 내來할 것이다. 또 그
것을 역사에서 찾으면 편시片時의 심현하는, 그 얼로 천추만사
의 일관되는 대척추 엄연히 나타날 새, 사적이 이에 귀하고 역
사 이에 귀할 것이라 한다."[17]

10장

'조선사연구'에
심혈 기울여

'얼사관'의 조선사 집필

정인보는 스스로 역사연구가가 아니라면서도 역사에 관심이 많았고, 적지 않은 역사 관련 글을 썼다. 대표적인 저술이 『조선사연구』이다. 단군에서 삼국시대 중기까지를 다루었다. 민족주의 계열인 박은식의 『조선통사』와 신채호의 『조선상고사』가 나오고 함석헌의 『성서적 입장으로 본 조선역사』가 1934년 2월부터 『성서조선』에 연재되었다.

1930년대 한국은 일제의 대륙침략으로 병참기지가 되어 경제적 수탈이 강화되고, 정신적·사상적으로는 내선일체론과 황국신민화론 따위의 식민사학이 판을 쳤다. 여기에 마르크스주의 역사학자 백남운 중심의 사회주의역사학이 대두되었다. 백남운과는 연희전문에서 함께 지내면서 절친한 관계를 유지했다. 하지만, 역사관에 있어서는 시종 평행선을 유지하였다.

이 시기에 정인보는 문일평·안재홍과 더불어 민족주의사학의 선봉장 역할을 하였다. 조직을 만들거나 감투를 맡는 데 취미가 없었던 그는 뜻 맞은 동지들과 학문·연구 관련으로 끈끈한 인연을 맺을 수 있었다.

천관우는 정인보가 가장 활발하게 활동을 하고 많은 업적을 남긴 1930년대 한국사학의 몇가지 중요한 특징 내지 경향을 다음과 같이 정리했다.

첫째로, 1930년대에는 이병도를 중심으로 한 진단학회가 탄생하여, 사론史論보다는 사실史實의 엄밀 견고한 실증을 중시하는 사풍이 일어나고, 이리하여 한국사학을 역사과학으로 이끌어 가는 데 많은 공헌을 하기 시작하였다. 오늘날의 한국사학이 실증위주의 사풍史風을 주류로 삼고 있는 것도 여기에 연유하는 면이 크다는 것은 아무도 부인하지 않는 것으로 안다.

둘째로 1930년대의 특징의 하나는 백남운을 중심으로 하여 마르크스사관에 입각한 한국사 연구가 나타나기 시작한 점이다. 흥미 있는 일은 백남운의 이 연구에 있어 그 문헌자료는 연희전문학교를 같은 직장으로 했던 위당에게서 힘 입은 바 많다는 사실이다. (백남운 『조선사회경제사』).

셋째로 1930년대는 민족주의 사학이 더욱 집요하게 추구된 시기이었다. 3·1운동 이후 한 동안 활발히 전개되었던 국내외의 각종 민족운동이 일본의 만주침략 이후로 크게 봉쇄되자, 그 민족의식은 민족정신의 보존·앙양이라는 심층적 내연적인 방향을 잡게 되고, 역사학은 그러한 면에서도 더욱 활기를 띠게 되었다. 조선 후기 '실학'이 체계화되기 시작하고 그와 표리를 이루면서 '조선학'-오늘날의 '국학' 논의가 활발해진 것도 이 시기이며, 여순옥에 있던 신채호의 고대사 구고(투옥 전 집필)가 국내에 반입, 발표되어 큰 영향을 준 것도 이 시기이다. 위당은 바로 이 시기, 이 계열의 역사학을 대표하는 한 분이었다.[1]

정인보는 일제의 조선사 왜곡과 민족말살정책 그리고 마르크스주의사학의 격류 속에서 신채호 사학을 잇는 민족주의사학을 지키고 발전시키는 데 큰 몫을 하였다. 『조선사연구』의 연재는 이를 위한 옹골찬 도전이었다.

정인보의 역사인식에 대해 한 연구자는 네 가지를 들어 설명했다.

첫째, 정인보의 역사인식은 정신사관이라 할 수 있다. 이것은 그의 사상의 핵심이라 할 수 있는 양명학사상을 배경으로 하고 있다. 그러나 1930년대 일제의 폭압적인 정치상황 속에서 국내의 거의 모든 민족운동은 위축되거나 표면화되지 못했던 시대적인 한계성도 함께 고려되어야 한다. 정인보는 식민통치 아래 궤멸되어 가는 민족의 '얼'을 되찾고 이것을 주체적 기반으로 하여 민족을 지키려고 하였다. 따라서 그는 '얼' 중심의 역사인식을 갖게 되었고 이것으로서 전체 역사를 조망하게 되었던 것이다.

둘째, 정인보는 실학파 역사학 및 1910~20년대의 민족주의사학을 계승하여 발전시켰다. 특히 신채호의 영향은 민족주의사학의 '발전기'(1930년대)를 대표하는 인물로서 동시대의 민족주의 사학자들과의 교류—안재홍과 문일평—를 통해서 역사인식의 폭을 넓혀 갔으며, 일정하게 그들에게 영향을 주고 있다.

셋째, 정인보는 역사의 중심에 민족을 놓고 있다. 즉 역사의 주체로 민족을 중시하고 있다는 것이다. 이것은 초기 민족주의사학의 영웅중심사관을 탈피하고 극복한 것이라 하겠다. 결국 정인보는 민족사의 입장에서 우리 역사를 주체적으로 이해하려고 하였고, 그것을 통하여 역사를 체계화하려 했던 것이다.

넷째, 그의 반식민주의사학의 성격을 들 수 있다. 정인보는 식민주의사학자들의 한국사왜곡에 분개하여 역사연구를 시작했던 만큼 반식민주의 사학의 성격을 강하게 드러내고 있다. 이것은 민족주의사학의 공통적 인식에 기반을 두고 있는 것이고, 특히 식민주의 사학의 타율성론을 타파하려한 점에서 그 의의가 있는 것이다.[2]

『조선사연구』의 구성

정인보의 역저 『조선사연구- 오천년간 조선의 얼』의 구조를 살펴보자.

제1 서론

제2 시조단군

제3 고조선의 대간

제4 특수한 상대上代정치
1. 정체와 통솔
2. 군사·재부
3. 풍상

제5 단계고조檀系古朝의 전적

제6 처음 겪은 흥망
1. 진개역秦開役
2. 왕부王否와 요동
3. 위만란
4. 왕준 순국과 '말한' 남도

제7 정신의 정적인 부여왕자
1. 부여 계천의 연기
2. 해모수를 어찌하여 단군이라 하였는가
3. 계도系圖와 판도

부언

△ 고구려 폐업과 영락대왕.[3]

단군 실재성 인정, '홍익인간' 의미부여

정인보는 일제가 단군을 신화로 변조하고 국내의 어용사학자들이 이에 동조한데 반해 "단군은 신이 아니라 인간"이라고 주장하면서 『삼국유사』 기록에 사실 부분이 있다고 설명했다. 즉 『삼국유사』의 「고조선조」에는 중국의 『위서魏書』를 인용한 부분이 모두 사실이라는 것이다. "『위서』에 말하기를 지금으로부터 2천년 전에 단군왕검이 계시어 아사달에 도읍을 정하여 조선이란 나라를 개국하였으니 때가 중국의 요순시대와 같았다", "『고기古記』에 이르기를 옛날 환인의 서자 환웅이 늘 천하에 뜻을 두고 인간 세상을 다스리고자 하였는데 환인은 이러한 뜻을 알고 삼위태백이 인간을 널리 이롭게 할 만하다고 판단하여, 환웅에게 3천명의 무리를 거느리게 하여 태백산 정상에 신단수 아래에 내려보내시었다"는 기록을 중시했다.

정인보는 「시조 단군」 편에서 단군이 신이 아닌 인간임이었음을 분명하게 논술한다.

조선의 시조는 단군이시니 단군은 신이 아니요 인간이시라.

백두산과 송화강을 터전으로 잡고 조선을 만드셨으니 조선 민족의 여러 갈래는 단군으로부터 생기고 조선의 정치와 문화는 모두 단군으로부터 열리었다. 그러니 우리 선조로서 우리 민족에 끼친 흔적과 그림자가 있다면 모두 단군의 뛰어나심을 받들어 이룩된 것이다.

「정인보의 조선사연구」를 쓴 박성수 교수는 "위당의 단군 연구는 단순한 단군의 역사연구가 아니라 단군문화의 연구였다고 할 수 있다"[4]면서 다음 글을 인용한다.

태초에 단군문화라는 민족 고유의 문화가 있었다. 뒤에 불교·도교·유교 등 외래문화가 밖으로부터 들어왔으나 단군문화는 죽지 않고 살아남았다. 단군문화가 흥하면 나리가 흥한다. 그러므로 모름지기 우리는 외래문화에 빠지지 말고 5천 년간 우리를 지켜준 '얼', 단군문화로 돌아가야 할 것이다.[5]

정인보는 우리나라에 외래문화가 들어온 시기가 삼국시대였다고 밝힌다.

고구려는 고국원왕 이후, 신라는 내물왕 이후, 백제는 근초고왕 이후 각각 외래문화가 밀려 들어와서 삼국의 단군 고유문화가 밑으로 가라앉기 시작하였다. 그러나 고유문화가 외래문화에 휘말려 쓸어졌는가 아니면 외래문화를 받아들여 변용하였는가. 만일 변용하였다면 그 결과 단군문화는 어떻게 되었는

가를 살펴보는 것이 중요한 과업이다.[6]

정인보는 단군의 가르침이 곧 단군교의론檀君敎義論이요 홍익
인간이라는 말로 요약되고 있다고 보았다.

> 위당은 단군교의 즉 홍익인간이란 말이 『삼국유사』와 『제왕
> 운기』에 나올 정도였다면 그것이 이미 오랜 역사를 가지고 있
> 어서 이미 오래 전부터 민족 공통의 교의로 정착되어 있다고
> 주장한다.[7]

정인보의 고대사에 대한 인식과 홍익인간에 대한 사적의미 부
여는, 뒷날 대한민국 정부가 수립되면서 '개천절의 노래' 가삿말
을 지을 만큼 관심과 애정이 많았다.
정인보는 고조선을 나라 이름으로 보기보다 지역이름으로 보
았다. 따라서 고조선 안에는 많은 소국들이 있었고 '한'이라는 소
군주가 있었다. 이들 소국들은 정치적으로는 독립해 있었으나 문
화적으로는 하나였다. 고조선의 특징은 바로 이러한 공통된 문화
에 있었던 것이다. 고조선의 모든 나라에서는 다 같이 하늘에 제
사를 지냈다. 즉 제천祭天이 그 문화의 중심이었던 것이다.[8]
정인보의 고대사 연구와 관련하여 역시 고대사 연구가인 천관
우의 소견을 들어보자.

> 위당은 우리 고대사의 가장 중요한 문제를 낙랑과 임나의 문
> 제로 압축하였다. 이에 대한 위당의 고증과 해석이 그대로 통

용될 수 있는 것인지는 논자에 따라 의견이 다를 것이지만, 한국 고대사의 핵심의 하나로 이것을 포착한 것은, 위당의 '얼'의 소산인 동시에 그의 형형한 사안의 소산이라고 할 것이다.

그리고 위당이 던져놓은 이 큰 과제는 아직도 오늘의 연구자들의 무거운 짐으로 남아 있는 것이다.[9]

역사학자 강만길 교수는 정인보의 역사학이 관념적인 얼사관에 한정되고 있으나, 민족독립운동에 이바지하는 역사학이라고 분석했다.

정인보의 얼사관은 두 말할 것 없이 박은식의 국혼, 신채호의 낭가사상 등에서 영향받은 것이지만, 국외의 독립운동 전선에서 계속 활동한 신채호의 사관이 투쟁사관·민중주체사관 등으로 발전해 간 데 비하여 국내의 식민지 치하에서 산 정인보의 민족주의 역사학은 관념적인 얼사관에 한정되고 만 것이라 할 수 있을 것이다.

요컨대, 근대 우리 역사학으로서의 민족주의 사학은, 본래 시민계급 중심의 역사학으로 국민 국가의 성립 발달에 이바지하는 성격의 역사학으로 발전할 것이었으나, 국민국가의 수립에 실패하고 식민지로 전락함으로써 이제 그것은 민족 독립운동의 정신적 기반인 민족혼을 유지하기 위한 방법의 하나로서의 역사학, 다시 말하면 민족 독립운동에 이바지하는 역사학이 되었던 것이다.[10]

'민족독립 기여하는 역사학' 전개

정인보의 조선사연구에는 독특한 부분이 적지 않다. 하지만 여기서 일일이 분석·평가할 겨를이 없다. 해서 그의 역사인식의 한계와, 그럼에도 불구하고 시대적 역할에 대해 전문가들의 견해를 인용하기로 한다.

먼저 '역사인식'의 한계 부분이다.

첫째. '얼' 중심의 역사인식. 즉 '정신사관'의 문제이다. 이것은 그 당시에도 이미 '특수사관'으로 지적된 바 있고, 현재에도 비판의 여지가 많이 있다. 즉 정신사관은 역사를 추상적이고 관념적으로 파악하게 된다는 것이다. 특히 역사의 원동력을 '정신'으로 보기 때문에 구체적이고 현실적인 사회경제적 토대로서의 '물질' 부분을 상대적으로 소홀하게 다루게 되는 경향과 실증성이 취약하게 될 소지가 있게 되는 것이다. 이것은 정신사관이 갖고 있는 공통된 특징이자 한계점이 되며 1930년대 식민지 상황 아래 놓여진 민족주의사학의 한계성이 되기도 한다.[11]

둘째, 1920년대 이후 국내에 일부 전달된 사회과학적 이론과 역사인식을 정인보는 거의 섭취하지 못한 점이다.[12] 그가 비록 민족의 발전적 측면을 고려하지 않은 것은 아니지만 역사의 발전적 법칙을 이론적으로 탐구하지는 못하였다.

셋째로, 역사인식 범위의 문제이다. 3·1운동 이후 국내에서 급격히 성장하는 농민·노동자운동의 역사성을 그의 역사인식

에 포함시키지 못했으며, 농민·노동자의 문제를 제국주의 지배
하의 식민지 민족이 갖는 현실적인 문제로 승화·확대시키지 못
했다. 동시에 1920~1930년대 우리 사회에 첨예하게 드러나는
우리 민족 내부의 계급모순도 인식하지 못했던 것이다. 한편
그 당시 해외에서의 무장투쟁 역시 그의 역사인식에는 거의 영
향을 주지 못했다. 결국 이것은 위당이 민족말살정책이 자행되
고 있던 식민지 상황을 극복해야 하는 과제로서 민족정신의 문
제를 중심에 놓고 있었기 때문에 사회경제적 수탈을 목적으로
한 식민지체제를 구조적으로 파악하지 못했다는 것이 된다.

　식민지시대 우리 민족이 해결해야 할 문제는 크게 민족의 자
주독립과 민중의 해방투쟁 즉 민족모순과 계급모순이었다. 이
렇게 볼 때 정인보에게 있어서 중요한 것은 민족의 독립이었기
때문에 전자를 강조하게 되는 것이다. 그러나 거기에서도 위당
은 한계를 갖고 있다. 민족모순의 해결을 제국주의와 식민지
민족의 역사적이고 구조적인 문제의 해결에서 찾지 못하고 민
족의 정신을 강조하여 민족을 유지하려했던 것이다.[13]

　박성수 교수는 정인보사학의 한계에도 불구하고, 그리고 그의
사학이 해방 후에 우리나라 사학계에 수용되지 않았고, 그의 학
맥이 이어지지 못한 것을 6·25전쟁 와중에 납북사실을 들었다.

　위당의 문장이 너무 어렵다든지 그가 본시 역사학 전공이 아
니었다든지 하는 이유도 있겠지만 가장 큰 원인은 위당이 한국
전쟁 당시 납북되었다는 데 있는 것 같다. 그의 학문이 지금까

지도 민족주의사학이니 유심론사학이니 하는 이름으로 마치 방계 사학처럼 치부되고 있는 것도 그 때문이 아닌가 싶다.

위당은 철저한 민족주의자였지만 역사를 정치이념의 도구로 만들지 않았다. 어떤 정치적 이념으로 포장된 사이비 민족주의자도 배격했던 순수한 한국적민족주의자였던 것이다. 그러기에 위당은 1930년대 일본인들의 일제식민지사학과 조선인들 스스로가 그들의 춤에 맞장구를 친 조선학을 싸잡아 비판했던 것이다.[14]

역사학자인 홍이섭은 "위당사학은 단재사학의 기본이었다. 그 방법을 확충시켰다"고 인식하면서 다음과 같이 평가한다.

지금 『조선사연구』를 다시 읽는다면 고사古史의 문헌 실증적인 이해에 있어 얼마나 새로운 논증을 통해, 고대사회와 문화를 넓혀 보시었는지를 알 수 있을 것이다. 그리고 초점은 '조선반도'가 옛부터 북으로는 한漢민족의 식민지요, 남으로는 일본의 식민지였다는 일인 학자들의 문헌학적 내지 고고학적인 논증을 비판, 시정하자는 일체의 논증을 그에 집중시킨 것이었다. 이 시비는 아직 한국 고대사면에서 제대로 논란의 대상이 안 되고 있으나 단재·위당의 조선상고의 연구는 다시 한 번 논의될 날이 있을 것이다. 즉 낙랑과 임나의 문제는 경경히 어떠한 데에 추종할 바 못됨은 이미 「조선의 얼」에서 논증되었으므로 위당학설에 좌단치 않더라도 위당설을 한 번 신중히 다뤄보아야 한다는 이 말까지 복고적이니 국수적이니 할 것은 없을

것이다.[15]

한국고대사 연구가 이만열 교수는 정인보의 고대사 연구 성과를 다음과 같이 정리했다.

정인보의 고대사 연구는 한사군의 위치가 반도 밖에 있었느냐, 안에 있었느냐 하는 것은 그때에도 중요한 문제였다. 그것은 고조선의 영역과도 관계가 있고 한국 역사의 자주성 문제와도 깊은 관계가 있었기 때문이다. 그리하여 일본인 학자들은 그들의 이른바 실증적인 방법으로 위만 조선의 위치는 말할 것도 없고 한사군의 위치도 반도 안에 설정하기에 바빠 심지어는 진번군을 전남지방에 비정하기도 하였다. 그것을 확증하려고 평양을 중심으로 하여 고고학적인 발굴을 실시하였다. 그들은 처음에 요동지역에서 한사군의 위치를 찾으려고 그곳에 발굴을 계획하다가 무슨 심사에서 인지 갑자기 평양 쪽으로 바꾸었다. 발굴하면서 그들은 근처의 민간인들로부터 출토품을 아주 비싼 값으로 사들였다. 따라서 위조품도 많이 사들일 수밖에 없었다고 한다. 정인보는 한사군 특히 낙랑군이 한반도 밖에 있었다는 주장을 문헌을 가지고 증명하려 했을 뿐만 아니라 일본인이 발굴했다는 유물을 가지고서도 면박하였다.[16]

11장

시조문학의
우듬지가 되다

1920년대부터 300여 수 짓다

정인보는 경력 중에서 '시조작가'라는 호칭에 걸맞은 많은 시조詩調를 지었다. 1920~1930년대 한국문단에는 최남선·이광수·주요한·변영로·정인보·조운·이은상·이병기 등 기라성 같은 문인들이 활약하였다. 이들은 수준 높은 시조작가이기도 했다.

시조는 고려 말기부터 발달하여 온 우리나라 고유한 정형시다. 조선시대를 거쳐 한말 계몽기에는 문명개화를, 그리고 일제 강점기에는 민족의 정한을 담은 애국 시조가 많이 쓰였다. 물론 자연과 산수를 주제로 하는 시조도 많았다. 시조의 명칭은 조선 영조 때 시인 신광수의 『관서악부』에 나오는 "일반으로 시조의 장단을 배排한 것은 장안에 온 이세춘일세一般時調排長短來自長李世春"라고 한 구절을 꼽는다.

정식으로 '시조'가 문학용어로 확정되기는 1928년 최남선이 『시조류취』라는 시조집을 편찬·발간하면서 부터이다. 최남선은 상기 책의 서문에서 "시조는 조선문학의 정화며 조선시가의 본

류"라고 말하였던 것이다.[1]

1920년대에 이르러 시조가 번창한 것은 조선프롤레타리아예술동맹(카프)의 활동 때문이었다. 1926년 카프 문인들에 대항하여 국민문학운동이 전개될 때 '조선주의'의 부흥과 더불어 본격적인 시조부흥운동이 시작되었다.

1920년대 후반기에 와서 시조부흥운동이 일어나게 된 것은 당시의 문단적 상황과 관련된다. 말하자면 카프시인들이 시문학에서의 계급성을 주장한 데 맞서 민족주의계열 작가들은 시조부흥운동을 일으켰던 것이다. 민족주의계열의 작가들은 시조를 민족운동의 정수로 인정하면서 시조부흥운동을 통해서 문학창작의 계급성 구현을 반대하려 했으며 카프작가들은 시조는 봉건시대 양반문인들의 문학이므로 반대, 배격해야 한다고 주장했다.[2]

정인보가 최초로 발표한 시조는 1926년 12월 『계명』에 게재한 「가신 어머님」이다. 이후 수 백 편의 시조를 지었다. 해방 후 1948년 12월 을유문화사에서 펴낸 『담원시조집』에는 292수가 수록되었다. 이 책은 1955년 6월 진문사에서 '신세계문고 5'로 재간되었다.(여기서는 1955년 판을 텍스트로 한다)

백낙준의 「서언」과 양주동의 「서」가 붙은 이 책에 실린 시조의 제목은 다음과 같다.

1. 자모사. 2. 조춘. 3, 유모 강씨의 상행을 보내면서. 4, 척수 허씨만戚嫂許氏挽」. 5, 고곡애古曲哀. 6, 백마강 뱃속에서. 7, 배화여학교반 화사花詞. ① 이화사 ② 연화사 ③ 앵화사 ④ 근화사 ⑤ 도화사 ⑥ 난화사 ⑦ 국화사 8, 연전 앞뜰에서 육상경기를

보고. 9, 박연행. 10, 금강산에서 ① 만폭동 ② 매월당석각 ③ 마아행암 ④ 표훈사 ⑤ 정양사 ⑥ 소광암 ⑦ 내수점 ⑧ 요운동 유첨사 ⑨ 월보암 ⑩ 사선교 ⑪ 곤려봉 ⑫ 마의태자 릉 ⑬ 구룡연 ⑭ 비봉폭 ⑮ 옥류동, 11. 여수옥천동. 12, 여수서 목포까지 13, 사종수 이씨 화갑에. 14, 문호암 애사. 15, 매화 7장. 16, 종수 조씨 60 생신에 17.(삭제). 18, 十二 애哀. 19, 숙초미 태우는 고우故友 송 고하를 우노라. 20, 동구여학교 교실에. 21, 둘째딸 경완 생일에 인절미 대신에 보낸다. 22, 첫 정. 23, 경기여자중학교 교실에. 24, 김용승선생을 울고. 25, 진주 의기 사영송신곡晉州義妓司迎送神曲.[3]

이 책에서 17번 시조는 목차에서 검정 묵으로 칠해지고, 본문 103~109쪽에는 "사정에 의하여 삭제합니다. 낙장이 아니오며 인쇄 후의 조처임을 양찰하시압"이라는 별지를 붙였다. 홍명희의 「담원시조를 읽고」와 「벽초 딸 3형제를 강진리로 보내면서」가 벽초 홍명희의 정치적 이유로 빠졌다.[4]

정인보의 시조는 한국 시조문학의 금자탑을 이룬다. 1920~1930년대 문단에서 활동했던 동지 문인 대부분이 친일로 훼절하면서 그는 민족진영의 외로운 울타리를 지키고 있었다. 한국 시조문학의 지절을 지켜 낸 사람은 정인보와 가람 이병기, 노산 이은상 등이었다.

백낙준은 이 책의 「서언」에서 "위당은 시조 작가로 자처하지 아니할 것이요 또한 그러한 일컬음을 받기도 원하지 아니할 것이다. 그러나 위당은 시조를 짓고 또한 훌륭히 짓는 것이 사실이다"고 전제하면서, 정인보의 시조와 관련하여 한 가지 일화를 전한다.

위당이 시조를 지어 지우간에 나누어 보기를 시작하기는 그 어머님을 여의고 지은 시조일 것이다. 나는 적어도 그 이전 작품을 얻어 읽은 것이 없다. 위당은 자기가 지은 글을 남더러 읽어 달라는 것은 외람한 일이라 생각한다. 자기의 작품을 모아 두는 예가 없고, 나는 내가 좋아하는 글이나 필요한 문서를 모아 두는 버릇이 있어 위당의 시조 몇 편이 전화를 치른 서실의 밑에 남아 있는 것이 있었다.[5]

"고유한 맛과 정조" 양주동의 평가

해방 후 간행된 『담원시조』는 백낙준 등의 노력으로 햇빛을 보게 되었다. 이 책에서 서문을 쓴 양주동의 글은 정인보 시조에 대한 최초의 본격 비평이 아닐까 싶다.

선생의 시조는 섬세한 채 단단하고 깊숙한 채 들날리며 고아하되 사무치고 정서적인 대로 사상적이니, 얼른 말하자면 살과 뼈가 있는 강유를 겸비한 작품이다. 이 어찌 자가의 독특한 경지에서 사도의 엄연한 규범을 보인 귀중한 결정이요 고마운 업적이 아니랴. (…)
위당은 내가 알기에는 가장 정적情的인 분이다. 그의 감정은

만져지는 그의 손길보다도 더욱 다감하다. 이제 집중의 육친과 근척을 추모·상념하는 사辭, 고인과 지우를 회억, 애상하는 기다機多의 문학을 읽어보라. 그 다감·섬세·은근한 '정'이 어느 무정을 눈물 겹게 하지 않으랴. 그러나 단순한 감상이 아니라 언제나 우리의 정서를 순화·고결화하는 높은 감상이매도 그대로 귀한 것이다. 또한 집중 어느 장 어느 구에서나 예리한 섬광 같이 번뜩이고 삼열森烈한 수림 같이 둘려 있는 그 '재才'와 '식識'을 보라. 그의 사용한 독획의 법과 법외의 법은 아는 이라야 알려니와, 심상한 눈으로써도 거의 도처에 허다 야릇한 문장의 묘와 알뜰한 사구辭句의 정을 볼 것이요, 더구나 그 함축성 깊은 고근어古近語의 풍부한 채택에 의하여 아어我語의 정치성과 입체성을 배우는 동시, 아울러 기다의 고실故實, 전통-일언으로 말하면 이른바 우리의 고유한 맛과 정조를 충분히 감득하게 될 것이다. 그리고 그보다 더 중요한 것은 통편 수처에서 혹은 은연히 혹은 단적으로 발산하는 고귀한 '정신'의 그윽한 향내요 뿌리 깊이 박혀 있는 그 우호한 사상적 저류이니, 이 경앙敬仰에 값하는 골똑한 전통성과 일관성은, 설령 그와 시대적 거리를 달리하는 왕래의 군자로서도, 옷깃을 바로하지 아니치 못할 것이다.

혹 집중 제작諸作의 표현과 상想이 대체로 난삽하고, 사뭇 애袞하고, 끝내 고古함을 난하리도 있을 것이라. 천근한 문자에만 익은 이는 이른바 일왕탐정一往探情과 점입가경의 맛을 알기 위하여 모름지기 백편의 풍통으로써 심층의 바다에 참체하라. 허랑한 가락에만 귀를 기울이는 이는 지금까지의 우리의 산하와

조우한 시대를 무엇으로 보고 느끼느뇨.[6]

정인보의 많은 시조 중에서 '임의'로 몇 수를 골라 본다.

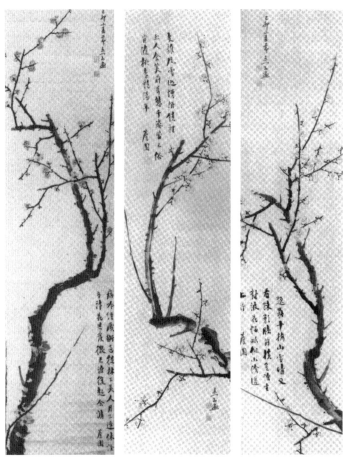

동강의 매화도에 부친 시

자모사

1

가을은 그 가을이 바람불고 잎드는 데
가신님 어이하여 돌아오실 줄 모르는가
살뜰이 기르신 아이 옷품준 줄 모르는가.

3

동창에 해는 뜨나 님 계실 때 아니로다
이 설음 오늘날을 알았드면 저즘미리
먹은맘 다된다기로 압떠날 줄 잇스리.

8

체수는 적으셔도 목소리는 크시더니
이 업서 옴으신 입 주름다다 귀엽더니
굽으신 마른 허리에 부즈런히 뵈더니.

22

풍상도 나름이라 설음이란 다 설음인가
오십년 님의 살림 눈물인들 남을 것가
이저다 꿈이라시고 내키만을 보서라.⁷

조춘早春

1

그럴사 그러한지 솔빗벌서 더푸르다

산꼴에 남은눈이 다신듯이 보이고녀
토담집 고치는 소리 볏발알에 들려라.

2

나는 듯 숨은소리 못듣는다 업슬손가
도드려 터지려고 곳곳마다 움즉이리
나븨야 하마알련만 날개어이 더딘고.

3

일은봄 고은 자취 어대아니 미치리까
내생각 영긔울젠 가던구름 멈으나니
든붓대 무릉타말고 해처본들 어떠리.[8]

배화여학교 반화사
- 이화사 삼첩

1

이백사李白沙 나신곳에 배꽃도 흰저이고
티업는 저얼굴을 늬마음에 비겨볼꼬
홍자紅紫야 번화타마는 드려무삼 하리오.

2

희기야 희다할손 분粉야엇시 맑다릿가
맑고도 고흐시니 어름도곤 엇더하뇨
눈雪에다 향을 언지니 달月세울가 하노라.

3

비바람 격고겪거 눈보라에 진눈깨비
얼면서 직힌마음 맘은얼지 아녔나니
봄거긔 잠겨있는줄 그제누가 알리요.[9]

- 연화사 삼첩

1

군자국 화중군자 뿌리깁허 몃 천련고
비바람 불어친들 지튼정을 어이하리
녯날빛 세로하나니 봉鳳도 울까 하노라.

2

청수에 눕히소사 엄연할사 순화롭다
향내는 지척인데 어이그리 멀으신고
담은 봉 트랴는소리 들리는 듯 하여라.

3

야하다 웃을껏가 무들 무엇 업스시니
만장봉 깍끈 부용 네 얼굴가 내 정신인가
널너리 보람을 뵈여 만수무강 하소서.[10]

- 근화사 삼첩

1

신시神市로 나린 우로雨露 끗전진들 업슬소냐

왕검성 첫봄빗어 피라시니 무궁화를
지금도 너곳대하면 그제런듯 하여라.

2

저뫼는 놉고 놉고 저가람은 예고예고
피고 또 피오시니 번으로써 헤오리까
천만년 무궁한빗을 길이뵌가 하노라.

3

담우숙 유한코나 모여핀양 의초롭다
태평연월이 둥두렷이 도다올세
넷향긔 일시에도니 강산화려하여라.¹¹

- 매화사

1

쇠인양 억센 등건 암향부동 어인꼿고
눈바람 분분한데 봄 소식을 외오가저
어즈버 지사고심志士苦心을 비겨볼까 하노라.

2

담담중 나는 낫빗 천상선자 분명하다
옥란간 어드메뇨 인간연이 무겁던가
연緣조차 의생기나서 언다저혀 하노라.

3

성권듯 정다웁고 고우신채 단정할사
천품이 놉흔전차 우음에도 절조로다
마지못 새이는향내 더욱 그윽하여리.[12]

금강산에서

- 만폭동

1

맑고도 넓은개울 멋폭포를 얼려온고
드러신 아람드리 기우신양 더예롭다
골바람 지낫것마는 숨흔아즉 울려라.

2

숨세로 솟는취와 장안사가 저긔로다
절 동구 접어들어 장텃갓다 허물마오
계산에 물아니드니 잠깐속(俗)돼 엇드리.

7

사벽을 덥흔수목 싸히다못 덩이덩이
고흘사 일홍징담 초록색을 뉘드린고
신나무 처진가지가 반쯤 물에 잠겨라.[13]

매월당 석각

1

그제도 실타섯건 이제드면 엇더시리
반秒내산 삭임우에 다래덤불 것지마소
글씬들 창상잔겁을 보서무엇 하리오.

2

오세五歲에 매치신한 그대로로 천추로다
무단히 늣거우니 뵙는듯도 한저이고
노릉魯陵은 한업스서라 우름끼처 두시니.

3

산올라 우섯다니 산보시면 설터니까
불당에 우섯다니 물 보시면 설더니까
님보신 산과 물이야 그대설타 하리까.[14]

마의태자 릉

1

임해전 등지시고 알천수 건느실제
버리고 간다마소 못 버리어 가노매라
이젯것 산소어름을 릉陵안이라 하더라.

2

불구내弗矩內 오랜왕업 무렬문무 넓히서를

202

흙덩이 옴겨갈손 의야어이 노흘겄가
안흔채 눈감으시니 거룩하도 소이다.

5

태자성 암자터가 두곳잇다 전하더라
한암자 계섯거나 또한암자 쉬잇는고
동궁을 뫼셨던이들 조차몃분 오니라.

6

태자는 해 달이라 천추만세 두렷타만
저네들 누구누구 의義론자취 적막코나
내번맘 내지킴이니 알련무삼 하리오.¹⁵

여수서 목포까지

1

짐먼지 사람법석 어느덧에 머렷는고
물넓고 하늘낫고 섬하나둘 뒤로선다
눈뗑이 뗘저나르니 해오리라 하더라.

2

산그늘 거뭇한데 돗폭마다 해바윈다
용총줄 느처둔가 반이넘어 기우단말
물절로 배멀어가니 저어무삼 하리오.

3

물결도 자란자란 먼산점점 어렴풋다
여긔가 어대쯤고 백야섬이 돋아난다.
압만을 조타지마소 도라다시 보시오.

4

해은즉 안떳는대 섯는돗들 희긋거믓
울두목 저저긔라 천둥소리 은은하다
옛날일 들추려마소 안들춰도 늣거리.

5

나로도 그림갓다 산은어이 휘여나지
그넘어 푸른바다 활시윈양 그엇구나
동청숩 처진가지가 반잠긴듯 하여라.[16]

문호암 文湖巖 **애사**

1

산가치 밋던님을 바람가치 여의다니
이말이 어인말고 생시아냐 꿈이런고
인생을 거품이라자 꺼진새는 언제니.

2

엇그제 갓습뎬다 고하占下하고 갓습뎬다
잠잠간 드섯다기 안깨오고 왔습뎬다

204

그 잠이 존잠아닌줄 생각이나 햇갯소.

3
나보다 다섯해 우진잔키로 일즉부터
상해서 처음보긴 대신여관 우일러니
진영왕 마중하던 날 가치거나 햇것다.

5
붓대에 어린구름 오천년이 뭉울뭉울
날두고 님가시니 향하랴니 데가없다.
벗이란 엇더한줄을 님일코야 알과라.[17]

재간된 『담원시조』에서 삭제된 부분은 홍명희의 딸 3자매를
위하여 쓴 것이었다. 시제는 「벽초 딸 삼형제를 강정리로 보내면
서」였다. 이 부분을 통째로 뺀 것은 홍명희의 월북 관계 때문이
었던 것 같다.

가난에 익은몸이 고된줄을 모르시니
다검은 행주치마 부엌으로 방마루로
산촌은 더바쁘려니 미리눈에 보이네

뉘손녀 누구딸도 어름도곤 더 맑으오
무쇠에 돌끈달아 수와듯이 다길으소
은銀주고 못 살 고생을 조히 한들 어떠리

떠나서 일년일지 쉬 돌아와 몇달일지
간다니 애연하다 낙엽인 양 이리저리
모도아 복 거름되야 만사 여의 하시오.[18]

진주의기 사영송 신곡

1
계실젠 진주기생 떠러지니 나랏넉이
남강물 푸른빗이 그제부터 더지터라
오실제 길뭇지마소 핏줄절로 당긔리.

2
례맛고 문다드니 물너머는 산들이다
이강산 못잇기야 죽어살어 달르릿가
돗단배 어이섯는고 님이신듯 하여라.[19]

정인보의 시조는 해방 후 한때 고등학교 국어 교과서에 실리기
도 했다. 특히 "「매화사 삼첩」은 1949년, 1953년, 1954년, 1956
년 4회에 걸쳐 『고1 국어』의 교재로 쓰였다."[20]

『위당시조연구』를 쓴 오동춘 씨는 "정인보의 시정신은 노자의
도道, 공자의 인仁, 맹자의 인의예지仁義禮智로 거슬러 잡을 수 있
다"면서, 그의 시어詩語에 대해 다음과 같이 분석했다.

위당의 시어는 주로 일상어가 쓰였다. 고어시어도 많이 쓰
여 고시조 같다는 비평을 받는다. 인명시어, 시간 및 공간시어,

'님' 사용 시어, 기타 시어 등 위당의 시어는 나름대로의 개성을 지녀 위당 시조를 돋보이게 했다.[21]

최남선 시조집 비평

정인보는 1927년 3월 초 최남선의 첫 시조집 『백팔번뇌』에 대해 일종의 비평문을 썼다. 제목은 「'백팔번뇌' 비평에 대하여」였으나 사실상 비평이었다. 최남선은 1926년 근대적인 감각과 제재題材로서 시조의 부흥을 꾀한다는 목적으로 이 시조집을 펴냈다. 우리나라 최초의 개인 시조집으로 사회적인 관심을 모았다.

정인보는 이 글에서 시조문학에 대한 인식의 일단을 밝혔다. 그의 비평문은 이것이 유일하다고 하겠다. 따라서 이 글은 여러 측면에서 가치가 있다. 최남선이 아직 훼절하지 않았을 때이다. 주요 대목을 발췌한다.

육당의 시조집이 출판된 뒤로 세상에 돌아다니는 비평을 들으면, 첫째 간회艱晦하다고 한다. 그럴 것이다. 아직 시조에까지 연구가 미치지 아니한 이로서 시조로도 가장 깊은 경계를 가진 육당의 시조를 보면 누구든지 얼른 알기 어렵다고 아니할 수 없다. 그러나 "우리로서는 보기 어렵다"는 말과 "이 글은 간회한 글이라"는 말이 현격한 차이가 있다. 이 글더러 간회하다고 하면 물론 여실지가 아니다.

육당의 시조가 간회한 것이 아니다. 그는 그대로 지경이 있고, 그만큼 엷은 것을 좋아하지 못한다. 글이라는 것이 있을 때까지는 잔상剗想과 용경庸境이 글 노릇을 할 이치가 없고, 이것으로 글 될 수가 없다 할 것 같으면 육당의 시조가 의논을 받을 까닭이 없다. 한번 시속의 의견을 좇아서 누구나 휙 지나보아도 알만한 글만 이 세상에 남기어 보라. 지령은 조예로부터 열리는 것이니 아직 말하지 말고라도, 가다가 엷은 말로 형용 못할 정곡情曲이 있을 때 있을 것이요, 이 정곡을 드러내지 못하여 번민이 있을 때 있을 것이다.

또 어떤 사람은 육당의 시조가 자연한 맛이 없고 너무 공정功程만에 치우쳤다고 한다. 그리하여 공정 없이 일시 우발한 영언永言이 육당의 시조보다 여간 나은 것이 아니라고 하나, 문장의 감고甘苦를 조금이라도 저작하여 본 사람에게는 이 말이 언제든지 서지 못한다. 공정이라는 것은 자연을 향하는 경로이다.

얼마 전에 육당을 만나서 시조를 말하다가, 육당의 말이 암만하여도 쉬운 듯한 선배의 제작을 당할 수가 없다고 하는 것을 보고 육당 모르게 나 혼자 그의 얼굴을 바라보며 속말로 "한층 더 오르는군" 하였다.

육당으로서 하는 이 칭찬은 위에 말한 바 익어 가는 화후火候라 하려니와 시속時俗이 이로써 우열을 말하는 것을 들을 때는 문제가 말하는 이의 본령으로 옮기지 아니할 수가 없다. 그러나 이 두가지 시비가 하상 육당의 시조를 열미하여 보고 말하는 것이 아니라 뿌리 없이 서로 벋어 나가는 것이다. 시비도 하자를 지적할 것 같으면 상음賞音이나 다를 것 없는 좋은 지기라할 수 있건마는 상음은 바라도 말고 들어맞추는 시비도 얻어들을 수가 없다.

유약하면 유약한 대로, 강건하면 강건한대로, 청려하면 청려한대로, 질중하면 질중한대로, 번폐하면 번폐한대로 천생인 바탕은 늘 그대로 있어야 한다. 이것이 근건이 되어야 여기서 가지가 벋는 법이요, 이것이 전인前引 되어야 여기서 도정이 막히지 않는 법이다.

그런데 유약이나 강건이나 청려나 질중이나 번폐나 다 각각 다른 바이 있으나 극처에 이르려는 모두 좋은 곳이 있고, 좋은 곳에 이르러서는 피차의 다를 것이 없다. 그러니 다름으로부터 모인 까닭에 마침내 이렇듯 합하는 것이다.

정평定評이 이같이 어려우니 나의 이 글은 과연 어떠한 미평이 있을지 알 수 없다. 그러나 나를 아는 이 있으면 오직 친우의 1권 신저를 위하여 그에 대한 훼예를 변정하려고 이같이 쓴 것이라고는 아니할 줄 믿는다.[22]

시조문학 연구가인 이태극(이화여대) 교수는 『시조의 사적史的 연구』에서 정인보의 시조에 관해 짧지만 의미 있는 분석을 시도하였다.

위당 정인보는 한학의 조예가 깊고 한국사에 깊은 연구와 한국문학에 관심이 컸던 애국자였음은 주지하는 바이다. 일제말기에도 친일전선을 칭병으로 끝까지 회피하고 애국지조를 변하지 않고 광복을 맞이한 분이다.

그의 애국심도 표면화시키지는 못하고 그의 시조집인 『담원

시조집』에 실은 「자모사 라는 제목 아래에서」 또는 「백마강 뱃
속에서」와 「숙초 밑에 누운 고우 송고하를 우노라」와 「진주 의
기사 영송신고」등에서 단편적인 애국심을 읊어 놓았다. 물론
이러한 작품들을 고이 간직하였다가 해방 후 펴냈기 때문에 일
제를 적으로 말한 고하古下의 말도 그대로 나타냈다.[23]

12장

신채호 회상과
그의 사학 평가

'단재와 사학' 집필

정인보는 상하이 시절 동제사를 함께하는 등 단재 신채호와 각별한 사이였다. 부인의 상을 당해 급거 귀국하면서 신채호와는 더 이상 만날 수 없게 되었다. 국내에 있을 적부터 신채호의 성망은 잘 알고 있었기에 상하이에서는 누구보다 더 가까울 수 있었다. 신채호가 1880년생이고, 정인보가 1893년생이라 13년의 세차가 있었으나 사제이면서 벗의 관계였다.

정인보는 한말에 활동한 언론인들의 언론사상을 일제치하의 언론에서 계승하였다. 그는 사학자이면서 언론인이었던 단재 신채호를 특별히 높이 평가했고, 다산 정약용에 관한 연구 논문과 많은 논설을 쓰고 강연을 했다. 언론을 통해서 민족의식을 전파하려 했던 정인보에게 단재와 다산은 이상적인 인물이었던 것이다.[1]

신채호는 임시정부 수립때 의정원의원이었으나 이승만을 국무총리로 추대할 수 없다는 이유로 그의 '위임통치론'을 들어 신랄하게 비판하고, 임정을 떠나 베이징에서 무장독립론을 폈다. 의열단장 김원봉의 요청으로 「조선혁명선언」을 쓰고, 잡지 『천고』를 발행하는 한편 『조선상고사』 등을 집필했다. 신채호는 이 책에서 일제의 식민주의 역사학이 주장하는 타율성·사대적 조선사 인식을 비판하고 민족사의 독자적 발전론을 전개하였다.

그는 민중의 투쟁론을 제시하면서 역사를 "아我와 비아非我의 투쟁의 기록"이라 정의하고, 민족과 국가의 주체성을 강조하면서 역사발전의 주체를 민중이라고 설명하였다. 정인보는 1936년 2월 신문에 「단재와 사학」을 발표했다.

신채호의 글이 국내에 소개되면서 정인보는 크게 영향을 받았다. 특히 그가 사학에서 역사의 본질을 '얼', 즉 민족정신이라 하여 '얼사관'을 정립하게 된 것은 상당 부분이 신채호의 민족사관의 영향이라 해도 지나치지 않을 것이다. 정인보의 '단재관'이다.

무창혁명[2]한 지 3년 되던 해 상해에서 단재를 만났다. 단재가 북만을 거쳐 그리로 왔다던 것, 노자는 아관[3]이 보냈다던 것들이 생각나고 단재가 휴래한 책용이 둘이던지 셋이던지 백지에 베낀 동사강목이 꺼내는대로 연방 나오던 것을 본 것은 아직도 눈에 선하다. 모여 앉아 이야기들을 하다가 사론史論이 나면 모두 단재에게로 향하였다.

그때 단재는 늘 중국옷을 입었다. 회색 두루마기가 발등을 덮은 대로 고개는 항상 기우등하던 게였다. 언제나 얼굴에 난핍한 빛이 띠어 누르스름 부은 듯도 하고 기운은 초췌憔悴하고 걸어다닐 때면 늘 복부를 부등키기에 왜 그러냐고 물으니까 냉통이 때때로 심하다고. 이러면서도 조선역사를 말할 때에는 두 눈이 곁에 있는 사람을 쏘고 담변談辯이 칼날 같았다.[4]

정인보가 신채호에 대해 상하이에서의 만남과 인상, 그의 사학 등에 대해 상세히 쓴 것은 단재가 1936 2월 중국 뤼순감옥에서 56세를 일기로 옥사한 소식을 듣고서였다. 신채호에 관해 이만큼 기억하는 기록도 흔치 않다. 단재 연구에도 좋은 참고가 된다.

가끔 한 두 권 책자를 들고 법조계[5] 백이부로 뒷 공원 풀밭으로 거닐며 혼자 웅얼웅얼하다가 또 무엇을 생각하다가 그 중에도 한 손은 여전히 복부를 부둥켜 놓지 못하였다. 멀리 오는 것만 보아도 단재는 누구나 알았다. 그동안 어느덧 23년이 지나고 단재는 벌써 고인이 되었다.[6]

신채호는 후년에 아나키즘에 매료되고, 이를 독립운동의 이념적 바탕으로 삼아 활동하였다. 1924년 최남선이 『시대일보』를 창간하면서 신채호를 주필로 초청했으나 본인의 거부로 성사되지 못했다. 정인보의 추천이 있었던 것 같다. 신채호는 1925년 1월 3일부터 10월 16일까지 『동아일보』에 「조선사연구초」를 연재했다. 이것도 신채호를 남달리 존경했던 정인보의 역할이 있었을 것이다.

신채호는 1936년 2월 21일 뤼순감옥에서 돌연 뇌일혈로 사망했다. 10년 징역 선고를 받고 8년 복역 끝에 옥사한 것이다. 정인보는 부음을 듣고 『동아일보』 2월 26일과 28일 두 차례 「단재의 사학」을 썼다.

　단재의 사학은 세상이 다 아는 바와 같이 명실상부한 거벽이
다. 처음 보필報筆을 잡았을 때부터 부추한 전사前史에다가 강
속한 침 ○○(벽자)을 계속하여 새로이 생색이 돌며 전도사호하
던 척추가 차차 바로서기 시작하였다. 그 뒤 연하여 유리로 방
랑으로 만고풍상이라는 말도 단재에게는 너무나 형용답지 못
한 마는 조선역사를 연구함에 있어서는 일향 부지런하였다.[7]

정인보는 신채호의 사학이 세 가지 특점이 있다고 분석했다.

　첫째, 고증하는 데 다른 사람이 늘 보던 책 속에서도 형안이
한 번 쏘이기만 하면 이것저것을 비교하는 가운데 뜻아니한 발
견과 변파辯破가 있다. 혹 공허를 걸어가는 듯 하다가도 한 곳
을 짚은 뒤에 보면 뚜렷한 사실이 나온다. 우리도 늘 보는 것인
데 거기에 이런 것이 있던가 찾아보면 환한 것인데 어찌 그대
로 지났던가. 여기에 단재의 천분을 거듭 놀라지 않을 수 없다.
　둘째, 분운복잡한 과거 내외의 기록을 정리하며 나가는데 마
치 엉킨 실을 풀 제 어떠한 매듭 한 군데를 끌르면 홱 풀리는
것 같이 매야 일처一處의 요要를 제거하여 만서萬緖의 착錯을 해
解하는 영완이 있다. 자기도 그 사론 중 '조선사의 열쇠' 란 말
을 쓴 일이 있었거니와 과거나 현재 기다의 사가가 대개는 그
사실을 그 기록에서 찾아보려 하는 것이 거의 통례언마는 단재
는 눈을 상하사방으로 굴려 이끄덩이가 어디에 얽히었나,

이 문을 열려면 그대로 밀어야 할까, 아니 그러면 막 차서 깨뜨려야 할까, 아니다. 열쇠가 있으리라, 이렇게 얼마를 지난 뒤에 천천히 한 매듭을 푼다. 이 매듭이 풀린 다음에는 가리산이 없던 꼬덩이가 일시에 확 풀리게 된다. 이 점에 있어서는 더욱 그 독보함을 인정하지 아니할 수 없다.

셋째, 여러 천년 동안 구불텅거리며 내려오는 성쇠변천의 소자所自를 그 실제로 좇아 고색하되 어떤 때는 문헌 미미 속에서 오래 두고 핍과한 것을 들추어 대관절의 약동하는 것을 보이기에 특징이 있다. 문헌이야 그 문헌을 통속하여 마지 아니하지만 '심미법화전 심오전법화心迷法華轉 心悟轉法華'라는 말과 같이 내 안광은 언제나 내 안광이기 때문에 아무리 변환백출翻幻百出한 속에서라도 그 너머의 진眞을 바라봄이 이상히 예리하여 조금도 현란감을 받지 아니하여 도리어 진을 가린 변환을 가지고 진을 드러내는 방증을 삼기도 하였다.[8]

신채호의 사학·사관을 세 가지로 분석한 정인보는 다음과 같이 덧붙임을 잊지 않는다.

이만하면 단재의 사필이 조선사의 대저를 남길만 한데 게다가 그 유리방랑의 반생은 대개 고조선 발상의 유허와 전벌戰伐의 고지와 천종왕래의 황역荒域에서 보내니만큼 이르는 곳마다 도적圖籍을 가지고 혹 산천을 묻기도 하고 혹 습속을 살피니 고사古史와 비교도 하고 혹 금석의 단훼한 잔편과 초지의 멸몰한 여흔을 찾아다니면서 궁수 또 광채하여 이네 금고비금의 감격을 증화함을 고사하고 전인미발의 사료를 얻은 것이 점점 쌓일뿐더러 이왕 홀로서 고현을 품고도 그 연부를 처정치 못하던 것이 목결신경하는 가운데 드디어 확립함을 보고는 스스로 환희를 느끼기도 하였을 것이다.[9]

잔억殘憶의 수편數片

정인보는 「단재와 사학」으로도 못다한 아쉬움이 남았던 것인지 같은 해 4월호 『신동아』에 「잔억의 수편」을 기고했다. 선학에 대한 경외의 뜻이 물씬 담긴다.

단재는 사학 이외에 불학佛學이 특별히 깊어 유마·능엄 등 제경을 오해悟解하는 정도가 당세 백의 간에 최고할 줄 안다. 더욱이 유마를 좋아하여 항상 지우들에게 한 번 보라고 권하였으며, 또 마명馬鳴의 「대승기신론」을 깊이 연구하여 내가 기승론을 열독한 것이 아마 단재 권고를 받은 뒤인 듯 하다.

시조에 대하여 간혹 기탁함이 있었다. 하나 이는 상해 있을 때는 보지 못한 바요, 한시에 있어서는 자못 영롱, 태탕한 경계가 있어서 비록 솔이한 저작이라도 사치辭致가 다른 사람과 달랐다. 언제던가 영남학생 1인이 자기 친교라고 고향 형각에 편제할 시문을 구하여 겸곡[10] 이하 약 이인이 각각 구증한 바 있었는데 단재는 수지 쪽에 적은 7율七律 일수를 내어 주면서 폐여라 마음에 맞지 아니한다 하나 선연僊然한 풍화가 홀로 뛰어나 좌상이 일시에 기경起敬하였다. 10년 전만 하여도 그 전수全首가 생각나더니, 지금 생각하여 보니까 "녹무춘안우귀항 홍삼상추청노불사綠蕪春晏牛歸巷 紅蔘秋晴鷺不沙"의 일련만이 기잔記殘되었을 뿐이다.

그때는 이 시만 알았다. 그뒤 상해서 고 나철 선생을 도제悼祭한 사언문四言文 일 편을 보니까 그야말로 웅기·연아의 치를 다하여 우리 네의 조예로는 도저히 그 온오를 엿보기 어려울 만한 대가임을 놀랬다. 심상한 서찰이라도 일종의 필의가 있었으며, 가끔 과체행 시를 장난삼아 지어놓고 혼자 웃고 보다가 찢어 버리고 마는데 그런 것까지도 붓이 가고 신채가 돌지 아니하는 것은 없었다. 오직 서자가 극히 졸하여 어떤 때 보면 천자千字 짜리의 습자 같기도 한 것은 천재의 일이異다. 이왕 연천淵泉이 이랬다고 한다.[11]

정인보는 1930년대 후반에 이미 조선의 대표적인 문필가로 자리매김되었다. 변영만·홍명희와 더불어 민족주의 계열의 대표 문필가로서 존경을 받았다. 연세대학 국문과 교수를 지낸 이가원의 회상이다.

나는 10여 세 때부터 서울의 변영만·정인보·홍명희라는 세 문학가가 있다는 얘기를 들었다. 그 뒤 1939년 봄에 나는 처음 서울에 왔다. 약관 23세의 청년인 나는 그 세 어른을 위에서 열거한 순으로 찾아뵙게 되었다.

그에 앞서 이 세 분과 이름이 막상막하이던 최남선·이광수는 이에 이르러서 이미 뜻 지닌 청년 후배에게 신망을 잃어버렸고, 그 아류에 속하는 선비들은 혹은 지나치게 고루하여 진부한 옛 껍질에서 벗어나지 못하는가 하면, 스스로 개화파라 일컫는 경조부박한 시류는 얄미웁기 짝이 없었다.

혹은 이 세 분을 일러 경성삼재京城三才라 하기도 하였다. 그중 위당과 변옹은 특히 고문가古文家로 이름이 높았으므로 더우기 쌍벽적인 존재였던 것이다.

위당은 몹시 맑고 연약한 한편 역시 내강內剛하였고, 그의 아호인 위당의 위爲는 일을 부지런히 한다는 의미이다. 위는 애당초 어미 원숭이를 상형한 글자로서, 원숭이는 조금도 쉴 사이 없이 무엇을 조직하기 때문에 하염이 있다는 뜻을 지닌 것이다.[12]

몇 사람의 기록에 따르면 정인보는 몸이 몹시 허약했던 것 같다. 가난한 살림에 영양실조와 과도한 연구가 겹쳐서 나타난 현상일 것이었다. 그러나 강직하고 강골이어서 학구에 끊임이 없었고 많은 분량의 저술을 남겼다. 20~30대에 연마하고 축적된 연구는 30대 후반부터 각종 저술로 나타나게 되었다.

13장

김태준의
이데올로기성 비판

'귀족출신'이라며 인신공격

정인보의 글은 어렵다는 평을 받는다. 어려운 한자에 사전에도 없는 벽자를 많이 쓰고 고어古語도 심심찮게 나온다. 마르크스주의 국문학자 천태산인天台山人 김태준은 "정인보의 글이 어려워 필자와 신문사 교정자와 총독부 검열자 세 사람 만이 읽을 것"이라고 혹평했다.

김태준은 또 정인보의 '출신성분'을 들어 비판하면서 "정인보 씨도 거룩한 양반출신이다. (…) 나의 관찰이 가히 틀리지 않았다고 보는 한에서는 씨는 엄연한 자부심이라고 하기 보담도 피의 자랑과 오만이 씨의 덕망에 만일의 누를 이루고 있지 않는가 생각한다"[1]라고 인신공격을 했다.

정인보는 김태준이 비판한 대로 '귀족출신'이지만, 이미 몰락한 양반가의 자손이었다. 그는 양반 행세를 하거나 귀족적인 삶을 살지 않았다. 평생 월세와 전세를 면치 못한 서민의 생활이었다. 김태준의 계급주의적 평가와 실제와는 너무 거리가 멀었다.

김태준은 『조선의 얼』에 대해서 "조선민족을 선민적選民的으로 높이려고 하고 통일한 5천년간의 민족혼을 환가하려는 데서 오는 것으로 역사 그 자체를 위하여 또는 독자를 위하여 죄악을 고한 것"[2]이라고 혹평했다.

김태준의 비판 중에 타당한 부분은 정인보의 글이 어렵다는 점이다. 그러나 백낙준은 이것도 인정하려 하지 않았다.

> 위당은 옛날 선비들에게 뒤지지 아니하는 글들을 많이 남겨두었다. 그의 글을 찾아 읽으려는 지사도 있겠지마는, 그의 글에는 한문 벽자僻字가 많고 고어가 섞여 있어 해독하기 난하다고 평하는 이도 있다. 난해 난독은 작자의 책임이 아니다. 이제 민지民智가 항상 발전되고 민족적 요청이 절실한 오늘 그의 글을 찾지 아니할 수 없다. 그의 글은 사상적 생명이요, 인격의 반영이요, 구상의 방법이다.
>
> 그가 육경六經을 통하고 한국학에 능숙하다 하여 복고주의나 반동주의를 주장한 것은 아니었다. 오직 우리 민족의 질병이 되어 있는 허·위·공·가를 철저히 절근하고 진과 실과 행에 환원하기를 절원하는 호소였다.[3]

정인보를 이데올로기의 차원에서 비판한 김태준도 정인보가 "문헌학적으로 공이 크다"라고 부분적으로 인정했다. "씨의 문헌학적 공헌은 크다. 하나 논리의 비약은 그 공헌보다 더 크다. 그러나 씨는 한 문헌학자로서는 씨의 부단한 노력이 계속되는 날 그 성공이 있을 것이다."[4]라고 기대했다.

국문학자 양주동은 정인보의 글이 어렵다는 점을 인정하면서도 읽을수록 글맛을 풍기는 이유를 헤아려야 한다고 지적하였다.

> 위당의 글이 대체로 난삽하고 사뭇 애哀하고 고古하다 하나 천근淺近한 문자에만 길들여진 사람들로서는 위당의 그 깊고 깊은 정과 들어갈수록 아름다운 맛을 알기 어려울 것이다. 그러니 모름지기 수백 번 낭송하여 그 깊은 바닷속으로 가라앉아 보아야 위당의 큰 뜻을 새겨서 알 수 있으리라.
>   거짓으로 가득한 허랑虛浪한 가락에 귀를 기울이는 사람들로서는 감히 무엇을 보고 우리의 산하山河를 말할 수 있으며 우리가 겪고 있는 시대를 느끼고 알 수 있으리요.[5]

양주동의 지적은 정인보의 시조와 관련한 내용이지만, 전반적으로 타당한 내용을 담고 있다. 시조를 다루는 장에서 다시 살펴보기로 한다.

학문에는 비판이 따라야 한다. 높은 곳에 바람이 세차듯이 높은 경지에 이르는 학자에게는 그만큼 세찬 비판이 따른다. 김태준의 정인보 비판은 야멸찼다. 그러나 그의 비판에는 이데올로기성이 짙게 배임으로써 스스로 한계를 지닌다. 다시 김태준의 글이다.

> 이 점은 씨[6]와 동시의 비교적 가장 위대한 두 선배 육당 최남선 씨와 춘원 이광수 씨에 비하여 접한 기분이 썩 다르다. 사실 이 분들의 유명한 「두로 (해독불가 글자)이 고무신 단군론, 화랑

론」 등이 정씨의 그것과 동일한 것 같으면서도 정씨의 것은 철저히 봉건귀족적 묵수주의요 육당 춘원은 봉건타파의 자유주의적 진보적 문화인이었다. 그도 당연한 일이다. 육당은 구주의 중세기 상인에 해당한 중인의 출신이요 춘원은 기호인의 식민지와도 같은 평안도 토인의 자제인 것이 다르기 때문이다. 그리하야 육당 춘원-제씨 만은 봉건 타파의 기치를 세우고 일시는 용감하게 싸워서 조선의 신문화운동사상의 한 존재가 결코 미약한 것도 아니요, 내가 까닭없이 과소평가 하려는 것도 아니다.

하나 우리는 정씨에게서 물려준 문화적 유산이 무엇인가를 정당하게 결산함이 없이 그저 정씨의 앞에 맹목적 경의를 표시하기를 주저한다. 또 우리는 생활의 길을 위하야 성상 앞에 마음에 없는 기도를 드리는 교수들처럼 누가 무서워서 무조건으로 경건한 태도만을 가질 수도 없는 것이다. 이에 우리는 선배에 대하야 정당한 비판을 가하여야 하고 또 그에 의하야정당한 평가와 또는 존경을 가하여야 할 것이다.[7]

'심한 정신주의적인데 빠져' 비판 따라

김태준은 정인보를 '봉건적'이라 규정하고 비판했다. 주로 그의 출신 성분을 이유로 그의 생애와 업적을 부정적으로 보는 것은 심한 편견이라 할 것이다. 그 자체가 봉건적이라 할 수 있다.

김태준은 앞의 글에서 정인보를 네 가지 측면에서 비판한다.

첫째, 정인보는 '양반의 후예'로서 계급적으로 부르조아 보수주의자이다.

둘째, 정인보는 언문諺文보다 한문을 중시한 전근대적인 인물·전형적인 한학자로 학문이 '비과학적인 체계'이며, 아울러 그는 '한글맞춤법통일안'에 반대하였다.

셋째, 정인보의 「5천년간 조선의 얼」과 그의 '얼사관'은 조선 민족을 선민적으로 높이고, 5천년 간의 민족혼을 환기하려는 의도를 가진 논의이다.

넷째, 정인보의 역사학, 국학 등의 학문 방법론은 비과학적이다.

이러한 김태준의 「정인보론」이 거칠고 논증이 부족하긴 하지만, 정인보의 '평가'를 제대로 복원하고 하나의 거울이 될 수 있다는 점에서 의의가 있다고 생각한다.[8]

김태준은 마치 정인보가 한글맞춤법통일안에 반대한 것으로 말했지만, 오히려 그는 이 사업을 후원하였다. 김태준은 정인보가 한학자여서 한글 보급에 반대한 것처럼 쓴 것은 전혀 사실과 부합되지 않았다.

최재목(영남대) 교수는 또 다른 시각에서 정인보의 학문연구를 '일본 학술과의 유사성'으로 분석했다.

다만, 정인보의 저술에서 확연히 드러나진 않지만, 그의 학술의 외관에서 보여지는 일본 학술과의 유사성은 몇 가지 지적할 수 있다. 즉, 그의 양명학-국학-사학을 통한 '민족'의 정립,

좌파에 '대항하는 민족주의적' 성격은, 일본의 이른바 '미토학파水戶學派 – 고쿠가쿠파國學派–요우메이가쿠파(양명학파)'의 내적 연관에서 나타나는 '요우메이카쿠(양명학)–부시토武士道–고쿠가쿠(국학)'와 대비된다. 그리고 일본 근대기에 '요우메이카쿠(양명학)–부시도(무사도)–고쿠가쿠(국학)'가 칸트 등의 서구 학술과 결합하여 일본제국주의·국민국가의 권력을 뒷받침하는 데 기여한다. 바로 이 점은, 마치 정인보가 단군–세종대왕–이순신–정약용–신채호라는 인물을 통해 공통적으로 발견해 낸 근대적 의미의 '민족·국가·국학'과 흥미롭게도 유사한 대비를 이루고 있다.[9]

김태준이 유별나게 정인보를 비판한 것은 자신들의 유물사관주의적 입장에 동조하지 않으면서 민족주의적 노선을 고수하고, 특히 「오천년간 조선의 얼」 등 일련의 글에 세간의 관심이 집중한 데서 나타났다. 김태준의 비판은 갈수록 심해졌다.

이처럼 씨로 하여금 사가史家까지 겸하게 하는 것은 조선사회라는 특수환경의 소편이다. 이 땅에서는 문인만능이 되지 않으면 안 된다. 한 문사가 명성이 있으면 먼저 신문사 주역이 되고 물산장려위원도 되고 무엇…도 되고 하게 된다.
결국 씨와 같은 분은 깨끗이 봉건존숭 □□하야 옛 나라 옛 시절을 회고하면서 두루막이(이것이 조선산 금포제) 입고 고무신(이원료는 외국산이다) 신고 □□한 한문 한시나 짓고 한학연구에나 정진함이 어떨까 한다.[10]

정인보는 김태준의 비판에 침묵으로 일관했다. 그는 심성적으로 남과 시비하는 것을 좋아하지 않았다. 그리고 묵묵히 자신의 연구활동에만 집중하였다.

김태준의 거칠은 정인보 비판에 대해 뒷날 이황직 교수의 반론은 보다 실증적이다.

위당이야 말로 이건창의 『당의통략黨議通略』을 계승하여 조선조의 당파싸움에 대해 처절한 반성을 수행했다. 나아가 스승들이 국권상실 전후 읽은 『명이대방록』을 바탕으로, 『양명학연론』에서도 '원군原君'을 강조하였다. 이러한 개혁주의적 성격은 청년 위당이 상해 동제사에서 활동하던 1911년, 1913년의 모습에서 쉽게 찾을 수 있다. (그 성격은 복벽주의이기보다는 유교개혁주의에 가깝다) 하지만 김태준은 위당의 이러한 면모에 대해서는 전혀 언급하지 않고, 오직 그가 '양반 출신이므로 봉건'이라는 주장을 되풀이 하고 있다. 물론 위당은 개혁적이면서도 동시에 보수적인 면모도 갖고 있다. 그러나 그것을 모두 아우르는 것은 역시 심학적 전통으로서, 진실됨과 애틋함의 마음에서 우러나오는 행위에 대해서는 정치적 좌우, 신분상의 차이에 관계없이 높게 평가하였다.[11]

최영성 교수는 정인보의 양명학과 얼사관을 다음과 같이 평가한다.

정인보의 역사 인식은 식민지 시대에 식민사관에 매몰되지 않도록 하기 위한 민족혼의 유지를 최대 목적으로 부각시키는 데 성공하였다. 평가할 수 있다. 「오천년간 조선의 얼」이 지니는 의의는 무엇보다도 신채호를 이어 한국사의 정신적 이해의 새로운 기점을 세운 것이라 할 수 있다. 그러나 그의 사학은 심한 정신주의적인 데 빠져 있었다. 그리하여 민족사의 위치를 세계사와 연결시키는 문제 등으로 그 영역을 확대하는 데 있어서는 전혀 인식을 갖지 못했던 것이다. 이 점은 그가 근대적 교육을 받지 못했던 데도 한 원인이 있을 것이다. (…) 그러나(이청원)의 혹평에도 불구하고 광복 후 「오천년간 조선의 얼」이 『조선사연구』라는 이름으로 간행되자 많은 사람들의 관심 속에서 두루 읽혀졌다.[12]

마르크스주의 국문학자 김태준의 정인보에 대한 신랄한 비판과는 달리 역시 마르크스주의 경제학자인 백남운과는 각별한 관계를 유지했다. 백남운이 1895년생이어서 두 살 연상이지만, 그리고 마르크스주의 경제학자이어서 이념적으로는 대척점에서 있었지만, 두 사람은 이런 소이小異를 버리고 끈끈한 우정과 학문적 교우를 유지했다.

백남운이 일본 유학을 마치고 연희전문에 재직하면서 『조선사회경제사』와 『조선봉건사회 경제사』를 펴낼 때 정인보의 도움이 적지 않았다. 특히 그의 '자본주의 맹아론萌芽論'에 크게 영향을 주었다.

연희전문 시절 백남운은 동경에서 닦은 마르크스주의 이론의 기초 위에서 보다 수준 높은 경제사의 이론을 심화시켜 이를 조선역사에 적응시킨 경제사를 집필하려고 하고 있었는데 한학에 밝은 위당을 만난 것은 참으로 다행한 일이 아닐 수 없었다. 실제 백남운은 위당으로부터 고대사나 고려사 연구를 진행함에 있어 부딪히는 난해하는 한문해석에 도움을 받고, 위당이 집중적으로 발굴해낸 다산을 비롯한 실학파들의 저작을 바탕으로 해서 우리나라의 자본주의 발생연구를 입증할 증거를 확보했던 것 같다.[13]

「연보를 통해 본 정인보와 백남운」을 쓴 조동걸 교수는 두 사람의 돈독했던 관계를 다음과 같이 정리했다.

서로의 사관과 사회철학은 달라도 깊은 우정을 나누면서 식민지하의 학자로서 서로 학문을 돕고 격려하면서 살아간 겨레의 스승이었다. 8·15 후 분단의 비극이 없었다면 위당은 국학대학을 빛나게 키우고 동암(백남운)은 조선학술원을 멋지게 발전시키면서, 우리 민족과 세계사에 공헌하는 값있고 더욱 품위있는 만년을 기록했을 것이다. 여기에 생각이 미치면 가슴이 젖어오는데 그것은 두 분이 남긴 공리공명이 아닌 실학의 자취 때문일 것이다.[14]

14장

'얼'의 매운향기로
각종 저술

수준 높은 '글쟁이'

김영(인하대 국문학) 교수는 정인보의 생애를 다섯 시기로 나누었다.

제1기(1~17세: 1893~1909)는 성장기로 정규교육보다 외숙 서병수와 정인표·이건승 등의 훈도로 학문과 전통적인 유학을 익혔다.

제2기(18~30세: 1910~1922)는 수학수련기로 18세에 강화 양명학과 이건방의 제자가 되어 양명학과 정약용의 학문에 관심을 갖게 되고, 국치 이후에는 만주와 상해를 다니면서 독립운동을 하던 동지들과 사귀며 민족주의적인 성향을 갖게 되던 시기.

제3기(31~45세: 1923~1937)는 교단·저술기로 연희전문학교의 전임으로 있으면서 여러 매체와 출판물에 국학방면의 글을 연재하고, 다산의 저작을 비롯한 우리나라 고서에 대한 해제와

교감 출판 작업을 하는 등 국학자로서 우리 고전과 역사에 대해 집필하고, 문인으로서 시조와 여행기, 각종의 한문 산문을 짓던 시기.

제4기(46~51세: 1938~1945)는 은둔기로 일제의 횡포가 심해지자 연전 교수직을 사임하고 두문불출하고 지내다가 1940년 창동으로 은거하여 자리를 보전하고 드러누운 뒤, 일체의 사회 활동을 중지하고 양심적 지식인으로 일제 말까지 꼿꼿한 처신을 하던 시기.

제5기(53~58세: 1945~1950)는 광복 후 활동기로, 익산에서 서울로 올라와 해방된 조국에서 전조선문필가협회장, 국학대학장, 감찰위원장 등의 사회활동을 하면서 일제강점기에 쓴 글들을 출판하고 국학연구를 다시 시작하던 시기이다. 6·25 전쟁 중에 납북되어 뜻을 펴지 못한 채 비통한 말년을 보내었다.[1]

정인보는 일생동안 많은 글을 썼다. 수준 높은 '글쟁이'였다. 연희전문 교수와 『동아일보』 논설위원으로 활동하는 시기에 특히 많은 글을 썼다. 주요 저술과 편찬 기록을 살펴본다.

1924년(32세), 『동아일보』에 「오 겸곡노인」 등의 산문을 9회에 기고.

1926년(34세), 「제 경제 이장문李丈文」, 순종 타계로 『동아일보』에 사설 3편.

1927년(35세), 『동아일보』에 사설 2편, 시조 16수.

1929년(37세), 『성호사설』교열 간행.

1930년(38세), 『조선문학원류초고』, 『조선어문연구』.

1931년(39세), 『조선고전해제』(동아일보에 17회 연재). 『근세조선학술 변천에 대하야』(『청년』, 1931년 2, 3월호 연재), 이충무공에 대한 논설 집필.

1933년(41세), 각종 논설집필 『관동해산록』, (조선일보 30회 연재), 『양명학연론』(동아일보, 66회 연재), 『김추사 전집 1 서序』 집필.

1934년(42세), 『남유기신南遊寄信』(동아일보 연재), 다산에 관한 논설문 발표, 『여유당전서』간행.

1937년(45세), 『훈민정음』 영인에 관여.

1938년(46세), 「훈민정음 운해」 해제, 각종 묘비문 작성 해제.

1939년(47세), 「제 난곡 선생문」

1940년~1945년, 시골로 은둔-이 시기에는 공개된 지면에 발표를 금하고, 각종 묘비문·서문·산문만 집필.

1945년(53세), 임시정부 요인 「봉영사」, 「광복선열의 영령 앞에」 집필.

1946년(54세), 「성재 이공 환국 벌써 한 돌」과 「우당 이공의 난 그림에 부쳐」.

1949년(57세), 「백범 김구 선생 만련」 집필.

정인보의 학문과 저술에 관해서는 다양한 평가가 따랐다. 다음은 이가원이 『담원문록』을 평한 내용이지만, 정인보의 학문과 저술 일반에 관한 평이 담긴다.

위당은 언제나 그의 가정의 학을 받아 학문에는 왕수인을 조술하고, 문학에는 소식蘇軾을 스승으로 삼아왔으며, 또 우리나라의 문인 중에서는 특히 신위申緯의 시와 이건방의 문을 배웠었고, 사상적인 면에 있어서는 특히 이익·안정복·홍대용·박지원·정약용 등의 실학파 학자를 숭배하여 자못 발명한 바 있었다.

그러므로 더러는 그를 가르켜 이조 실학파의 주류를 점유한 학자인 듯 논평을 하였으나, 실은 이조 실학파의 주류는 이미 정약용에 이르러 끝난 듯싶고, 다만 실학연구가로서는 그를 첫째로 손꼽지 않을 수 없겠는데, 이에 대한 전문적인 저서를 남기지 못하고 겨우 단편적인 산고散稿가 이 책중에 수록되어 있음이 크게 유감스러운 일이 아닐 수 없다.[2]

'조선문학원류초본' 등 민족문학사에 기여

정인보는 특히 1930년대 초, 그의 나이 38~41세 사이에 가장 왕성한 연구활동과 저술을 남겼다. 그의 일련의 저술은 민족문학사에 크게 기여하였다. 1930년의 『조선고전해제』, 1932년의 『근세조선학술 변천에 대하야』라는 거작을 각각 집필하였다. 그리고 1933년(41세)에 『양명학연론』과

30대의 정인보

『관동해산록』을 신문에 연재하였다.

또 이 시기에 이충무공에 대한 논설문을 연재하므로서 초인적인 필력을 보여주고, 『여유당전서』간행을 주도하였다. 이어서 「지나문학논총」, 「남유기신南遊寄信」, 「동도잡지東都雜誌」도 썼다. 『조선문학원류초본』을 소개한다.

이 논설문은 1. 서론, 2, 조선문학사상의 원두. 3, 삼국시대의 문학, ① 시대의 개관. ② 고구려의 문예 ③ 신라의 문예 ④ 화랑도와 문학. 4, 백제의 문예 등으로 구성되어서 제목대로 '조선문학의 원류源流'를 개괄하고 있다. 예의 한문과 고어가 뒤섞여서 읽어내기가 쉽지 않은 글이다. 몇 대목을 소개한다.

이제 우리 조선의 문학을 삼가 토구討究코자 하매 저같이 여러 가지 난관과 절조가 있으나 동방고국으로 언제든지 붙들고 있는 민족 서승緒承의 대간이 매암 있을지언정 아주 그치지 아니하여 굴칩하면 굴칩한 대로 잠복하면 잠복한 대로 꾸준한 계속이 있음과 함께 어떻게든지 그의 영상됨이 있어 역대의 치란, 족류의 성쇠, 문화의 소장이 자연한 이 연사軟沙 위에 파류波流의 회선, 추탕推盪한 자취를 가장 진실하게 머물러 일부의 전영하는 사승史乘이 됨직한 것이 아직도 심상히 아는 어느 속에 있나니 이를 믿어 누구나 붓대를 놓지 못할 것이며 또 선배의 서술이 비록 참진하여 이제 왕적을 삭구하기 어려움이 마치 황원폐허로 방황할 같으나 일서일련—鋤—?에 뜻 아니한 거둠이 있어 기로既露한 것을 미루어 아직도 한없는 개장盖藏이 있음과 성격의 정도대로 얼마까지든지 나타날 여망이 있음을 우리로 하여금 자신케 하니 이를 비겨 누구나 수집을 게을리 못할 것이며 또 전인前人의 술작이 이두나 정음을 쓴 이외는 대개 한토漢土의 문자로서 구대로 구사한 것이므로 순수한 조선문의 영역이 말못되게 협소한 듯하나 조선의 분향芬香이 없이 오직 한토의 기취氣臭를 함유한 작품은 애초에 말할 것이 아니요, 어떠한 말馬을 탔던지 동서 남북에 내맘대로 치빙馳騁하였다 할 것 같으면 구태여 과거의 려황驪黃을 물어 무엇하리오?

이를 알아 누구나 법위를 국축局促케 하지 아니할 것이라. 이만한 버렁이 있고 이만한 되어가는 발견이 있고 또 이만한 불단하는 주류가 있는 것을 이제 또 등한히 지내어 마침내 당연할 것 같으면 손실이 다만 고문학연구 일사一事에 한하고 말배 아니요, 더욱이 고려 이후로는 전래하는 술작術作이 아직도 많고 정음 분포한 뒤는 일견으로 가사의 채록, 석전釋典의 번역, 한시의 이해 등 여러 종류가 관서官書도 있고 일면으로는 민간의 금영과 간출하는 소설과 성행하여 초기이나마 정음문학의 광휘를 내었고 한자로 적힌 것으로도 가유의 호견이 있는대로 이제까지 이르기에 간사刊寫한 시문이 오거五車에 지나게 되었으나 허여진 구슬이 꿰이지 못하매 마침내 보전되지 못함과 같이 이도 신택 종관함을 지나지 않고는 길이 드리우지 못할 것이니, 있거니 많거니 하고 그대로 있을 수 없는 바이라. 그런즉 고근을 물을 것 없이 조선문학의 원류를 신색함에는 금일 있어 어렵다고만 칭탁할 수 없을 뿐 아니라 얼마쯤 고장庫藏이 있다고 자경할 수도 없도다. (…)[3]

정인보의 글은 앞에서 소개한대로 대단히 난해하다. 해서 쉽게 접근하기가 어렵다. 특히 한글세대들에게는 한자투성이인 데다 고어가 섞이고 더러는 벽자도 끼어 있어서 읽어내는 데 고역이 따른다. 그러면서도 거의 글에는 민족적 결기가 배이고 특히 시조 문학에서는 매운 향기가 흐른다. 기타 산문이나 각종 추도문 등도 다르지 않다.

난해한 글 결기 넘치는 문장

여기서는 정인보가 남긴 유문 중에서 중요하다가 생각하는 글을 골라 소개한다. 내용 중에는 상당히 긴 글도 있어서 요약하거나 발췌한다. 한문의 경우 정양완 교수의 번역, 텍스트는 『담원문록』이다.

수당 민영달을 슬퍼하는 글
예전에 공이 한창 날릴 때
나와는 서로 지업志業이 달랐었다.
속으로 서로 좋아하기는
늙고 쇠한 무렵이었소
공의 회포야 트이고 시원스럽지만
나야 우활하고 털털하였소
그러나 오직 눈물만은
똑같이 옛날을 추모해서였소

갑자기 세상이 뒤엎이고

상감마져 세상을 이승을 뜨고 마셨도다

세월도 시듯하니

서러운 건 목숨이 붙었다는 것

서러운 가운데도 당신이 계실 땐

슬픔에 오히려 위로되더니

이제 공마저 또 여의게 되니

무슨 마음으로 이 천지에 살아가리오?

타고난 어진 성품 앎이 있으리니

돌아가 가신 상감 모시리라

하늘나란 그래도 좀 즐거울 테지

이승에야 어찌 비기리오?

새로 무은(쌓은) 무덤에는

가을 풀만 우거 졌구려

술 붓고 한번 목 놓아 울며

이로써 서러움 아룀이라.[4]

'영인본 훈민정음' 서

『훈민정음』 한 편은 세종이 만드신 28자모와 그것을 표기한
법칙이다. 먼 옛날 이 땅의 문자는 상고할 수가 없지만, 신라
때에는 한자를 빌어, 음과 뜻을 뒤섞어서 우리말을 표기하였는
데, 이것을 향찰鄕札이라 하였으며, 설총이 이문吏文의 구두법
을 정하여 이두라 일컬었다. 그러나 번잡하고 중용을 얻지 못
하여 글자라고 논할 것이 못되었다.

세종이 사랑으로 다스리게 되자, 백성들이 시름에 찬 채 뜻을 펴지 못함을 딱하게 여기어, 이에 이것(훈민정음)을 만들어 뭇 사람의 의사를 통하게 하였다. 이 때에 문학하는 어진 선비 정인지·성삼문·신숙주 등이 궁리를 다하여 어진 임금을 도왔으며, 세자(뒤의 문종) 이하 수양·안평 여러 대군들이 다 이 일을 도와 대개 오랜 세월이 흐른 뒤에야 비로서 완성되었다.

대체로 사람이란 나면서부터 마음에 앎이 있어, 사물에 접하여 느끼어 움직이게 되는데, 그 바야흐로 움직이게 될 때에는 속에서 물결치고 메아리쳐서 이어 소리가 되어 밖으로 나오게 되니, 언어란 바로 이것일 따름이다. 그러므로 사람에게 있어서 언어란 뒤섞여 얼크러지고 어수선하게 변하여 마침내는 이루 다 셀 수 없을 정도에 이르렀지만, 그 근원을 따져볼 것 같으면, 모양을 명명하여 일을 가르키고, 실정을 보여서 그 형세를 표현함이 모두 마음의 앎이 느끼는 데에 근원한다.

마치 거문고의 사물이 뜻을 표현할 때 산의 높음과 물의 얽음을 나타냄과 같아서 속마음을 통하여 뜻을 전달하게 되니, 아무리 풍속이야 다르고 소리가 나타내는 바는 구별이 없을 수 없겠지만, 그 구역 안에서 같은 끼리는 소리가 밝히면 서로 알게 된다. (…)

박승빈 씨 댁에 정음 인본印本이 소장되어 있는데 지금으로는 가장 오래된 것일 것이다. 조선어학연구회의 동인들이 이것을 영인할 계획을 세워 서序를 구하기에, 이에 이와 같이 그 요점을 간추려 성실하게 말하였다. 정음학은 그 소리를 따라, 소리에 맞기를 구하는 데 있으며, 두루 살피지 않고서는 그 참을

증거할 수 없으며, 지극히 쉽지 않고서는 대중에게 통할 수 없다는 것을 밝혀둔다.[5]

'김추사 전집金秋史全集 서'

추사 김공이 이미 돌아가신 뒤에, 사우士友들이 여러 차례 그 문집을 간행하였으니 『완당집』, 『완당속편』이 그것인데, 이미 따로따로 간행된 데다가 차례도 없고 빠진 것도 많아서 공의 종현손인 익환翊煥이 여러 해를 두고 전고全藁를 모아 중간하기를 계획하여 보普에게 서문을 부탁했다.

대개 공의 집안은 대대로 귀했고, 그 벼슬 또한 일찍이 높았건만, 시운이 막히어 남북으로 귀양살이 하다가 일생을 마치었다.

처음에는 자신이 뛰어났다고 생각하였겠지만, 홀로 우두커니 할 일 없어, 초서·예서 쓰기를 좋아했으며, 글 짓는 데는 경적 고의古義를 참고하여 증거로 삼았다. 금석물을 변별하고 서화를 평하고 종이·비단·붓·먹의 진짜 가짜와 좋고 나쁨에 대해 정통하지 않음이 없었다. 나이도 늙어가고 세상도 오래 겪을수록 삼교(유불선)의 본지에 깨달음이 깊어져서, 지난날 께적지근하게 가슴 속에 있던 것들이 깡그리 싹 쓸리어 없어졌다. 궁달을 한가지로 여겼고 생사를 똑같이 여겨서 담담하여 이 궁리 저 궁리로 마음 씀이 없었다. 비록 취미 생활은 전과 다름없었으나, 하려고 해서 하는 게 아니라 유연히 자적함이었으니, 오로지 애써 전공하는 사람에 비긴다면, 동떨어지게 다르다 할 것이다.

이게 공이 돌아간 지도 장차 여든 해가 된다. 세상 일은 많이 변했다. 말하는 이는 오히려 공이 중히 여겨질 만함을 알고는 있으나, 그 까닭을 더듬어 보건대 대개 공의 서예 때문이고, 조금 낫다는 이도 공의 고거考據가 청나라 옹방강翁方綱·완원阮元의 맥을 이었다는 데 불과하다. 그러나 공의 글씨가 한위육조漢魏六朝의 얼키설키 뒤얽힘과 곡절유심을 법받음을 세상 사람은 예스럽다 여길 뿐이지, 공의 남모르게 추구하고 슬며시 얼림이 절로 그 조예가 있어서 이며, 설사 글 솜씨가 있어 그 극치에 이르렀다 하더라도 성령을 운행하고 뜻을 붙임이 초연함은 손가락이나 팔뚝으로 능히 도달할 수 있는 바가 아님은 알지 못한다. (…)

약관이 연경 사신으로 가는 그 아버지를 따라 가서 옹방강·완원과 사귀었고, 뒤이어 왕래가 몹시 잦았으므로 세상에서는 그러러니 하여, 마침내는 여기서부터 얻었다고 여기지만, 그가 일찌감치 전수받음이 가정 사우師友로부터였지, 이를 가린 뒤에 얻은 것이 아님을 알지 못한다.

대개 공은 본원과 깊이 계합되었는 데도 한갓 서예나 고거학으로서 중히 여긴다면 역시 깊이 알았다고 할 수 없을 것이다. 글씨나 학문에 대해서도 역시 다만 남 덩달아 중히 여기지만, 그의 참을 이해하는 자가 몇이나 될는지!

아! 선비가 옛 것을 밝히고 외롭게 전수하여 이미 박학을 거쳐 그 조예가 깊어졌는 데도 드러나지 않아 세상에 알려지지 않는다면, 실로 한이 없을 수 없을 것이다. 그러나 실로 무지한 사람의 입에 유전되어 참으로 알아주기를 기피할 수 없다면, 차라리 끝내 인멸되어 능히 그 그윽한 아름다움을 지킴 만도 못할 것이다. 시끌시끌한 뭇 입에 외람되이 모독됨을 받지 않는 게 낫거늘, 더군다나 어중이떠중이 비판하는 견해를 어울려서, "역시 밖에서 영향을 받은 것이지, 자주적인 것이 아니라"고 생각한다면, 어찌 족히 더불어 공을 논할 수 있을 것인가.

이 문집을 읽는 세상의 독자가 인보의 말을 따라 풀어나간다면 또한 나의 느꺼운 바를 알게 될 것이리라.[6]

서대곡으로 도산 안창호 선생을 애도하다

첫째

선생은 일찍부터 성난 사자였으니

그 열변 설산의 눈도 사태 나게 할 듯

준재가 이글이글 불을 토할 때

그 몸이 죽어 감이야 어찌 알리오?

딱하게도 창 휘둘렀으나 그 햇빛 돌리진 못했고

정위 새 입에 문 돌 애달파도 메우려는 바단 넓기만

바다가 넓다 함은 남들이 보는 눈

매서운 정위 새에겐 손바닥만큼 밖엔.

셋째

꽃 다운 난초 빈 골에 피어도

뛰어난 그 향기 천지간의 으뜸이라

백두산 천지물로 갈리어

한라산 구름에 그 잎 나부껴라

고목사회 같이 늙은 스님도 같고

가을 이무기인 양 뼈만 울근불근했지
하늘은 풍상으로 그대를 괴롭혀서
침 침향·단향으로 만들려 함이었으리.

넷째
밤 깊어 나막신 소리도 그치고
방을 환히 비치는 건 싸늘한 등불 뿐
발치엔 아내도 자식도 없고
침상 곁엔 손님만 두엇
교육도 좋아라 하더니 일편단심 처량하고
곧은 선비 자취 장엄도 해라
종이 울자 사람은 벌써 갔구나
하늘의 별 갑자기 깜박거리네.

다섯째
인정은 딱하게도 여러 갈래니
번뇌하다가는 지조 있고 길하기 드물어라
희니 누르니 왜 그리도 빗쭉 빗쭉
황종黃琮이며 호옥琥玉이 옥이긴 마찬가지
설핏한 눈썹으로 모든 이를 덮두드려
휘후하고 원만하여 수재·인걸 감쌌었다.
맑은 달빛 서로 곤궁을 형제에게 보내노니
영원토록 그 해맑음 함께 하기를.

일곱째

초목인양 모조리 떨어져 버렸으니

바람 따라 휩쓸려 마침내 어느 지경까지 가려는가?

한 선비 싸우다가 늙마에 이르러

시체 덮은 홑이불 말가죽에 비기리라

구슬프게 산새소리 메아리치고

어둠침침 물가의 구름도 건너

살아서는 내 의지 되더니

남북 어디에고 그대 넋 뿐.

여덟째

외로운 구름인 양 아득아득 스러지니

그 무덤 어디메에 부칠 것인지?

살아서 이 백성 사랑했거니

죽어선들 어찌 여럿이 모이길 마다하리오?

학생들은 그 앞을 지나면서도

나지막한 그 무덤에 절할 줄을 모르건만

"바라건대 너흰 힘써 공부해라!

나도 너희 아비 뻘이니라."[7]

답답함을 잊으려고

아침에 흐려

비가 이내 쏟아지더니

낮 기온은 또

찌는 듯 해라

듣자니 남쪽 사람은 오히려

가뭄을 애달파 한다던데

바람과 우레는 날고 춤추는

장단만 칠 줄 알 뿐

북녘에는 분명

별 꼴이 다 있어

윗논 아랫논엔

벼며 기장이 뜨고

읍이며 도시 사람들도

대부분 서러워하니

산과 바닷가 도린 곁이야

어찌 이루 말하리오?

햇발이 발을 뚫자

무늬가 아른아른하니

누워서 쳐다보네 푸른 하늘과

흘러가는 구름을. [8]

보재 이상설 공 이미 돌아갔으므로…

첫째

광무라 9년(1905) 겨울

동짓달 열여드레

상소 바치고 대궐 문에서 울부짖은 이 누구런가?

참관인 신 이상설이었다네

'요약要約'(을사늑약)에 다행히도 옥새 찍지 않으셨다니
어서 파기하소서 오적신의 결약을
인준해도 망하고 안 해도 망하지만
똑같이 망할 바에야 사직 따라 순국하길 결심하소서
인준 않으신 다면 순국자 이을 것이고
인준 않으면 망해도 아주 멸망하진 않으리다
죽기로 한다면 군신 의리 저승에서도 따르려니와
살기로 한다면 군신 관계 영원히 그만입니다
상감과는 지척 인데 천자天子의 병풍에 가려지고
섬돌 아래 칼날로 만사는 글러버렸네
허둥지둥 거리에서 울부짖기를
"백성들과 국토가 순간을 다툽니다.
민(민영환)·조(조병세)·홍(홍만식)·이(이상철)·김(김봉학)은 별 다르던가?
조선인 그 누구의 피가 끓지 않으리오?
아! 나라가 망함은 참혹도 하니
형이여! 누이여! 내 말 들으소
죽은 이나 산 이나 국망은 쓰리기 같고
산 이나 죽은 이나 뜨거운 가슴은 맵기 같아라"
말과 울음이 온통 뒤범벅 되어
데굴데굴 뒹구니 머리는 흙투성이
"흙에 뒹굴지 말라고 말하지 마오
나는 나라와 함께 죽으리."

셋째

여러 강국 두루 돌아다니며

여러 사람을 만나면서 그 뜻 더욱 굳건해졌네

런던은 신사풍채 엄정하였고

파리는 백성기상 뛰어났었네

정미한 골지만 딸 뿐

하찮은 겉꾸밈은 내버렸다네

신전이 웅성깊은 로마를 찾아보고

놀라운 독일엔 경의 표했네

미국은 역사가 바로 근세 인데

시설은 어이 그리도 성대한가?

가히 알겠도다 듣본 것 이외에도

인재육성 자연 뛰어남을

저들 나라의 장점만 따

우뚝한 내 나라 터전 조성하자는 것 뿐.

다섯째

지난날 압록강 가에 있을 때

쓸쓸한 바람소리 그 여운 들리는 듯

찢어진 천자의 깃발도 더위 잡을 듯 하며

그의 모습도 그려낼 듯

슬프다 이승과 저승이 갈려 물을 길 없고

넋 나가 하늘을 쳐다봐도 보이지 않네

나라를 잃자 파란은 잦아들 질 않고

물결에 휩쓸린 채 급히도 소용돌이칠 뿐
길이 그리노라 이공이 계셨더라면
한 치 아교로도 탁함을 맑힐 수 있었으려만
이 마음은 대소를 가릴 것 없고
고금도 또한 살필 것 없네
여의죽如意竹엔 눈물이 젖고
아스라한 사신의 깃발 하늘가에 아물거리네.[9]

오래된 벼루를 슬퍼하다
추운 밤이라 오는 이도 없고
짧은 등잔결이 그윽한 고요를 비출 뿐
먹을 갈면서 긴 밤도 지새우니
조용하여 그저 내멋에 맡길 뿐
모르겠네 그 무슨 뜻이기에
한 번 갈다간 세 번이나 한숨 짓는지?
말 없는 이 아강미석壺江美石은
우리 집에 예로부터 전해오던 것
매끄럽도 깔끄럽도 않아서 내 마음에 꼭 드니
한스럽긴 먼 데서 온 오래된 먹은 없고
만나느니 모두가 시원찮은 시쳇먹뿐
그 격조는 서로 맞질 않건만도
짓밟혀도 돌벼루는 끝내 말이 없네
재주는 간직해도 펼 길 없으니
부질없이 농화濃華(윤기나는 진한 먹) 그립기만

차라리 엷은 용당(蓉堂) 먹을 쓸지언정

검기만한 고매원(古梅園) 먹(일본에서 생산되는 먹)판 짝짓지 않

으리

엷은 것이나마 만나기 어려우니

슬프다! 이 벼루를 어찌할거나!

벼룻집에 넣어 둔 채 열흘 훨씬 넘었으나

그래도 내가 털고 닦게 해주어

힘쓸지어다 굳은 절개 간직하여

갈아도 닳지 않은 덕 그대게서 보노라.[10]

민충정공 서대가(犀帶歌)

일품재상 허리띠엔

무소뿔 꽃무늬 띠쇠

이 물건이 나왔다네

민공의 댁에서

충신은 나라 위해 죽어

집은 견딜 수 없었으니

아내와 어린 자식

어쩌면 좋은가?

뭔고 들고 헤어진 치마 입고

지싯지싯 걷는데

전당포 문앞에서

들어가기 짐짓 더디어라

박군은 의리의 사나이

까닭 묻곤 울어 버려
울며 값은 곱으로 드리고
이 때 들고 돌아왔네
그 옛날 공께서
휴척 지신으로 둘렀던 것
어떻게 하면 너로 하여금
민덕을 두르게 할 것인가?[11]

송진우가 일본에서 보낸 엽서에 회답
둘째
하늘 끝에 벗 그리워
정운시停雲詩(벗을 그리워하는 시) 느꺼운데
엽서에 눈이 번쩍
그대게선 줄 알았다오
혜초런가 난초런가
그대의 마음
맑은 향내
코 끝에 자욱.

넷째
반평생 신고 끝에
그대 역시 이젠 귀밑 머리
허여졌을 것 걱정함은
노파심이런가?

푸르른 물결 위 외론 배
도리어 쓸쓸한데
하늘 가득 별들만 툭 트인
그대 흉금 비쳐주리.

일곱째
무성한 꽃다운 풀들
부질없이 무더기 이루고
미인의 푸른 소매
멀리서 서성대니
손에 든 책 떨어지고
등화가 질 때
그때야말로 한 올 맑은 꿈이
올 때 아니랴?[12]

민세를 맞아 저녁 드는데 고하하고 추강이 왔다
마주보는 눈썹 언저리도 아름다워
술잔이야 넘치건 말건
그윽한 회포야 다시
입을 열 것도 없고
어찌하여 이 셋이
한세상에 태어났단 말인가?
관자의 제칠법에
밝은 달까지 돌아오네

서로 돌아보니 늙어가는 나이
낯선 이 같아라
뉘라서 말했던고 이끼 슬어야
비로소 오랜 고대高臺라고?
아니며 아이 모두를
반기운 손이라 기뻐하니
부디 많이 드시고
천천히들 가시구려.¹³

고하와 함께 문호암을 찾아가…
1
술을 빌어 회포 풀자니
회포는 더욱 끝이 없는데
강남이라 강북은
바라보면 의구해라
고마움 야속함 슬픔 기쁨 뒤얽힌 속
예서제서 불빛만 켜지고
고금이라 흥망 속에
동그머니 걸린 건 외로운 달 뿐
이야기 맛들이니 모조리 잊었노라
그대가 나 아님 조차도
가을은 깊고 마침 밤은 길어
바로 일 년인 듯
빈 물가에 엄청난

생각들이 굽히니
어떻게하면 앞서거니 뒤서거니
기린 타고 함께 달려들 볼꼬!

2
경세가로 대가이며
역사 식견 으뜸인데
힘든 때 동리(일본 도쿄)에서
참고 견뎌 힘껏 공부
달빛 아래 서로 만나
어찌 차마 헤어지랴?
가을 들어 함께
바람 쏘인 적 거의 없었네
줄로 선 나무는 뒤로만 달아나고
통통배는 쏜살같아
서西로 가는 큰 강을
쟁기질 하듯 저어 가네
검은 머리 희도록 나라 위해 바치자는
서로의 기약 원대하니
도자기 잔에 아름다운 술을 부어다오
찬합에 수북한 안주 권합네.[14]

밤에 고하가 불러 아픈데 겨우 갔었다
쪽지 접은 청첩으로

날 부르니 웬일인가?

가을이라 회포는 구슬퍼

흥 없이 누웠는데

둥근 전등 환히 밝으며

창도 갓 닫을 무렵

모시옷 소매가 썰렁하니

나뭇잎도 시들려고

손많고 검던 머린 희어지건만

김단金丹 공부 더디어 애달프나

잔은 철철 야박한

세정을 타지는 않는구나

나처럼 병으로 신음하는

남녘으로 떠나는 손

꿈길에 부강芙江이라

몇째 다리에 이르렀나?¹⁵

호암 문일평에게 보내는 편지

(…) 만약에 우리나라 옛 역사를 전공한다면 대개 과거에 있
었던 국내외 문헌은 더욱이 그 중용을 잃은 것이 많았고. 국내
의 문헌 가운데 『삼국사기』·『삼국유사』 같은 것들은 모두가 옛
날에 지어져서, 그 정수는 이미 흩어진 떼라 정精은 새것을 부
러워하는 데로 옮아가고, 그 옛 것은 잊었기 때문에, 남의 견지
에서 기술한 것은 믿고, 우리 견지에서 기술한 것은 배척하여,
심하면 주主와 객客, 저와 나를 구분하지 못하여, 남이 나를 침

범함을 '토討'라 하고, 내가 남을 침을 '구寇'라 하여, 백 번을 싸워 나의 강토를 되찾은 것을 '침기봉장侵基封場(그 경계를 침범했다)'이라 하니 이런 일은 동서고금에 없던 바로 그러므로 지구상에 역사를 지닌 민족은 모두가 그 스스로 너무 낮잡아보는 것이 걱정이오

국외의 문헌으로는, 이 땅과 가장 가깝고 교류가 가장 오래고 기적記籍이 가장 풍부하기로는 한인漢人 것보다 더한 것이 없다. 한인이란 또한 스스로 은총을 믿고 교만하기로 으뜸가는 자라, 그 역사를 쓸 때, 싸움에는 이긴 것만 쓰지 그 진 것은 가려서, 적은 마치 늘 굽죈 듯이 하고, 땅에 대해서는 얻은 것만 기록하고 잃은 것은 생략하여 이웃 나라는 마치 늘 오그라든 듯이 한다오. 진실로 남에게 화和를 구하고서도 와서 붙좇았다고 쓰고, 서로 통상하고 사고 팔고서는 조공이라 하며, 해마다 보내는 폐백으로 토벌을 늦추어주기를 바라면서 상급으로 주었다고 하오. (…)

내 생각으로는 지금 우리 역사를 전공하는 자는 우리나라와 외국의 문헌을 처리함에 있어서 마땅히 자기를 억누르고 남을 따르면 안 되고, 기운 내어 맞서기를 마치 대로 거칠게 엮은 수레를 타고 나무와 풀이 우거진 속에 들어가서는, 왼손에 지팡이를 쥐고 헤치고 오른손에 날이 선 칼로 물억새며 갈대를 쳐 없애듯이 하여야 하오. 그러면 고라니가 뛰고 토끼가 깡총대고 뱀은 얽히고 여우는 날뛰고 범과 승냥이는 번갈아 가로 뛰는 것을 찌르고 때려눕히고를 어수선하게 한참 하노라면 발에는 못이 박히고 손은 고달프고 지쳐서 일어나지 못할 듯 하겠지

만, 그래도 오히려 다시 일어나 다시 스스로를 다그쳐서 일곱 번, 여덟 번, 아홉 번, 그리고 열 번 하고도 그치지를 않은 뒤에라야 여기에 언덕 하나, 저기에 골짜기 하나가 차츰 드러날 것이오.[16] (…)

정지용 군이 그가 지은 금강산 시를 보여주기에

옥류동

대체 어떠하던가?

돌 틈에 부딪히며 골을 넘으니

숲 그림잔 빗겼고

흰 돌은 누워 명주인 듯

물은 바로 구슬 같으니

구슬이 갑 위를 달리건만

깁은 때묻질 않는구나

끙끙대며 기이 한 글로 바꾸는

정지용은

산에 올라 홀로 앉았더니

산 내려와 벌렁 눕는구나

까마 아득학 델 따라가서는

이르러 가서도 오히려 긴가 민가?

어디메 용 아드님

가을밤에 읊조리는가?

싸늘한 달 숲은 뚫고 나와

돌문에 이르자

온 산이 이를 따라

소리내는 듯

무심해야지 강탈하려 들면

경계가 널 따를 것인가?

그대에게 권하노니 붉은 신나무

꺾질 말게나.¹⁷

15장

명승지 기행문의
전범 남겨

금강산 찾아 '관동해산록' 쓰다

정인보는 흔히 국문학자·사학자·언론인·시조문인 등으로 알려지고, 이 분야에 걸출한 업적을 남겼다. 그런데 기행문 작가로서도 훌륭한 몇 편의 작품을 썼다. 대표적으로는 금강산 지역을 여행한 「관동해산록關東海山錄」과 남도지방의 기행문 「남유기신南遊寄信」이다.

정인보는 1933년 8월 초부터 두 달 동안 금강산 일대를 여행하고, 이것을 「관동해산록」이란 제목으로 『조선일보』 1933년 8월 3일~9월 7일치에 연재하였다. 먼저 「관동해산록」을 살펴본다. 옛적부터 금강산 일대를 찾고 쓴 기행문이 수백 수천 편이지만, 정인보의 작품이 가히 일품이다.

철원서 단발령까지 오는 일로一路

철원에서부터는 벌써 풍기가 상량하여 고산에 오른 것 같다. 계연溪淵바닥에 잡퇴雜堆한 암석이 끊이지 않아 물소리 점점 들

금강산에서의 모습. 뒷줄 왼쪽부터 이건방, 정인보, 이희종, 성완혁.
앞줄의 오른쪽은 석전스님이다. (1934년)

리는데 지세 연해 금부산金附山 쪽으로 높이 올라감을 따라 준
애 승봉의 과자過者는 내자來者의 밑에 들고 내자의 뒤로는 아
직까지 운표雲表에 청첨靑尖이 멸몰하던 것이 이것이 다시 과자
가 되면 또 다시 전상을 중복하여 도상행인道上行人으로 하여금
스스로 반공半空에 걷는 것 같은 느낌을 가지게 한다.

돌로 이은 집들이 좌우 촌락에서 나타나는 것도 한 경景이려
니와 길 옆으로 경사한 석전石田의 햇볕 가리는 삼장蔘帳이 또
한 심산의 향미를 풍기는 것 같다.

옛 말에 신선은 비대한 이가 없고 모두청구淸癯하더더니 이
근처 산이야말로 단록短麓 수만秀巒을 가릴 것 없이 둥긋하게
된 것이 없고 모두 볼이 쪼그러지고 배가 푹 들어간 데다가 청
황색의 세초단목細草短木이 밀몽한 대로 골창이 생겨 마치 거모
去毛하지 아니한 파리한 녹용같이 되었다. 길은 더욱 더욱더욱

올라가고 물소리는 더 요란하다. 창도서 통구 나루를 건너 화계를 지나면 울창한 대령이 있으니 이 이른바 단발령이다.

지금은 도로도 옛 자취 거의 다 변하여 영로嶺路의 구흔을 겨우 지점하고 말게 되었다. 그거나 영척嶺脊에 오르면 벼란간 일대의 명광이 사람의 눈을 부시게 하여 금이라면 빛이 희고 옥이라면 발[망芒]이 뻗치고 그림은 째그러져 이 비용飛聳에 비할 수 없고 불은 수선스러워 이 청엄의 유가 아니라 무엇으로나 비응飛凝할 수 없는 촉립한 군봉이 공제共際에 첩렵한 것은 예도 응당 같으려니, 이때 마침 석양이 비치어 햇발이 삼면에 바의[황晃]건만 저 일대 봉만의 독특히 회조廻照 하는 명광은 석양 아래도 스스로 자별함을 가져 일휘日暉의 산관을 도저히 섞어놓을 수 없는 것도 다른 곳에서 보지 못하던 것이요, 어느 산이고 높으면 높을 뿐이지 그 반거盤據한 곳은 땅 위라 공중에 부출한 것 같이 보이는 법은 없는데, 단발령에서 바라보이는 금강의 일면은 그 밑둥을 전혀 땅에 박지 아니한 듯이 솟아 떠 있는 것으로 보이고 바람도 없이 자연한 삽취颯吹가 불어와 영두에 있는 유객까지 표표한 저기로 권상捲上할 듯한 것은 누구나 보고서야 수긍할 줄 안다. 이 일대 봉만은 모두 금강대간의 서면西面이다.

오르고 또 올라서 엥간 높다 하왔더니
금강산 만장군봉 단발령이 평지로다
갈 길이 어드메이뇨 구름 아찔하여라.

재 너머 도는 서기瑞氣한 하늘이 훤하고야
햇볕이 바의건만 이와 저와 갈리와라
운포에 늘어선 봉을 금강이라 하더라.

저 봉을 보오시오 아까보다 더 높으오
솟고 또 솟아올라 벽공으로 치달으니
산풍에 나는 구름도 따라 펄펄하여라.

천상 백운이 변한다니 비슷 어이
밝은 달 화신으로 작란삼아 저리 된가
뉘라서 그림이라뇨 옥도 무색하여라.

어떤 이 잘 아는 체 깎아 셋다 우순 말이
마음껏 한다 한들 그 얼마나 신기할꼬
인의人意의 못 미칠 곳에 산 얼굴을 보시오.

저 가는 저 나그네 항여 응얼[침음沈吟]마실 것이
형용야 해본다자 저를 어이 옮기오리
재 너머 금강일면을 바랐다만 하옵소.¹

만폭동

우거진 숲속으로 물 부서뜨리는 소리가 여기저기서 훤동하
더니 대천이 앞에 보이자 혹 다리로 건느기도 하고 혹 옆으로
끼고 가기도 하니, 가다가 어둑한 숲을 만나면 도로 물 소리만

들린다. 이 내는 곧 동금강천東金剛川의 상류이다. 멀리 날듯이 솟은 전와殿瓦들이 보이며 점점 지껄이는 소리가 가까웁게 들린다.

장안사에서 하룻밤 쉬어볼까 하다가 동행 노숙인 석전 화상石顚和尚의 바삐 가자는 데 끌려 세우細雨를 맞어가면서 곧 만폭동으로 향하였다. 이 날은 명산을 처음 접어드는 날이라 7월 15일을 기념삼아 부기하여 둔다. 남은 혹 기상이라지만 나는 자고 났다 하고, 혹 식사를 필하였다지만 밥 먹었다 하는 이 종류의 상상常常히 기록하는 월일月日이 아니다.

물은 내려오고 나는 올라가 암석에 걸쳐놓은 목강을 이리저리 넘는데 집더미 같이 유착한 돌들이 제멋대로 산포하여 "물은 내려오거라. 나는 여기서 움직이지 아니하겠다." 어떤 돌은 "에라 좀 넉넉히 지내자." 이러한 듯이 천태만상의 분별이 어지러움을 따라 흘러오는 계수는 눈덩이를 막 풍기기도 하고 잠간 곱게 흘러 기의綺毅의 문紋을 내이기도 한다. 나는 연해 "이것이 만폭동이구려." 석전은 "아뇨."

삼불암 못 미쳐 암세 수용이 별안간 기변하더니 좌우 석벽이 놀라웁게 침침해지며 일도 운랑雲浪이 유록색인 담면을 탕격하여 내리 닫는다. 이것을 명연담이라 부른다. "여기는 만폭동 초입이겠죠?" 석전은 "아뇨." 여기서 또 암벽을 연회하여 영산교라 쓴 일강日杠을 건너 얼마 가지 아니하면 삼불암이 보인다. 이 삼불상은 고려 고덕古德 나옹懶翁의 조 성한 것이니 상호相好의 자엄을 겸한 것으로든지 의문衣紋의 비동하는 것으로든지 예부터 고수의 수품殊品이라는 것이요 암후에 또 고각古刻 53

불상이 있으나 이는 나옹 동시 인인 금동金同 거사의 각성으로 노고는 갑절이나 들었을 것으로 되 전면 삼불상의 수법에 비겨 고하의 판별이 현수懸殊하다 한다. 보슬거리는 비는 어느덧 걷은지 오래다.

표훈사 앞에서 을축 대사²에 표실한 함홍업의 구소舊所를 뛰엄돌로 건너 사루寺樓를 건지나 낭무를 끼고서 다시 계로로 내려와 으슥한 교암 아래로 드니 이것을 금강문이라 한다. 금강문서 적은 산목을 넘을 때 왼녘으로 회발한 암봉을 바라다가 다넘어 전면으로 창암한 벽만의 고용함을 보니 저는 청학대요 이는 향로봉이라.

청학은 능허봉 남록의 원지遠枝요 향로는 중향남지衆香南枝의 서절西折한 기봉이다. 여기 와서는 동천洞天이 상량하여 지고 어슷이 놓인 반석이 좌우전후를 왼통 받치게 되었는데 들어온 곳은 벌써 임곡에 휩싸여 보이지 아니하고, 우友로 하늘에 닿을 것 같은 애벽이 둥글게 돌아 앞에 솟은 향로봉과 취색을 연하고, 좌벽은 청학의 용을 한 산광을 배부背負하고 있는데 풍楓·백栢·해송海松·곡櫷(떡갈나무)·송松의 중목衆木이 누적 충첩하여 사면을 돌아볼 때, 멀지 아니할 저 속이언만 침묵하여 끝이 없는 것 같다.

간간이 풍수 해송의 긴 가지가 밖으로 나와 자라 한 가지에 방출이 많으며 그게 겨우 축 처진 것도 있다. 장안사 지나면서부터 계용이 점점 유수하여 한 굽이 돌아들면 온 데도 없고 갈 곳도 가려 길이 아마 그쳤나보다 하다가 다시 또 일곡이 생기는 이 길에 적이 일어온 것이나 이번 보는 동천은 앞은 더 준장하고 숲이 더 심민하여 과경過境과도 대일 수 없다.

반석이 이미 어슷한 데다가 추축 한가함이 마치 파도 같이 되어 이만 하여도 계류의 물살이 질 것인데, 게다가 안고 서고 눕고 기대인 기석이 물목마다 흩어져 있다.

오는데 모를 일파 옥수玉水가 내리쏟치는 외에 여기서 갈리고 저기서 모여 평포平鋪하면 잔살이 지고 사전斜轉하면 딴 결을 내고 빠졌다. 되솟으면 수척水脊이 솟고 돌틈을 방사하면 분류가 되는 것이 또한 석세石勢의 한 영상인데 반석이 어슷한 것이 우벽 쪽으로 기운지라 분류는 이리로 모여 옥설玉雪이 일제히 부서지며 풍송楓松의 길이 드리운 가지가 물바람에 너울거린다. 분류의 내리쫓는 밑은 길고 넓은 징담澄潭을 이루어 아슬아슬하게 고운 초록색이 임벽에 가까운 편은 점점 더 진하여 보인다.

물은 모두 눈덩이 같은데 어느 것이고 모두 갓 때려 다듬은 것 같이 선명하여 풍풍우우風風雨雨의 백겁을 모르는 것 같다. 동천에 드는 빛이 돌빛인지 임곡으로부터 나는 용념蘢蒅의 서휘瑞輝인지, 나는 여기가 어디냐고 석전에게 다시 묻지 아니하였더니라.³(…)

건느자 넓은 개울 몇 폭포를 얼려 온고
드러선 아람드리 기우[경傾]신양 더 예[고古]롭다
골바람 지났건마는 숲은 아즉 울려라.

숲 새로 솟는 취와翠瓦 장안사가 저기로다

절 동구 접어들어 장터같다 허물 마오
계산溪山엔 물 아니드니 잠간 속俗돼 어떠리.

둘붙인 나무다리 물소리에 날거울 듯
명연 담 뿜는 눈[설雪]발 오든 비는 어대간고
분명히 막힌 앞길이 어느 곁에 열려라.

한구비 돌아드니 향로봉이 푸르렀다.
청학은 어대 가고 대臺만 홀로 높았는가
암벽이 좌우로 벌려 나래 편 듯 하여라.

돌인가 옥이런가 흰들 저리 흰할손가
너레기 펼친 채로 만곡수萬斛水가 내리 달아
곳곳이 나는 눈발이 높자 낮자 하여라.

사벽四壁을 덮은 수목 쌓이다못 덩이덩이
고울사 일홍징담一泓澄潭 초록색을 뉘 들인고
신나무 처진 가지가 반쯤 물에 잠겨라.

숲새로 볕이 새니 금광金光이 일렁인다
일렁여 나가다가 되오르긴 무삼일고
이따금 어리운 올이 넓어 점점 머러라.

이 좋은 이 수석에 바둑판야 우활하다

명구名區에 운사韻事로서 두음직도 아니한가
두어라 고인古人 유적을 헐어 무삼하리오.

옥녀의 늦은 세수 갓 허염즉 하다마는
비취병 구지 달고 누를 피여 숨으신고
앞길야 머다할진정 안 머물고 어이리.

그제도 싫다섯건 이제드면 어떠시리
반半내산 삭임우에 다래덤불 걷지 마소
글씬들 창상잔겁滄桑殘劫을 보셔 무엇하리오.

오세五歲에 맺히신 정 그대로로 천추千秋로다
무단無端이 느끼우니 뵙는듯도 한저이고
노릉魯陵은 한없으셔라 우름끼쳐 두시니.
산 올라 우셨다니 산 보시면 설더니까
물 당해 우셨다니 물 보시면 설더니까
님 보신 산과 물이야 그대 설다하리까.

바람은 없다마는 잎새 절로 흔들리고
냇물은 흐르련만 겨울 아니 움즉인다
백룡이 허위고 들어 잠깐 들석 하더라.⁴ (⋯)

표훈사表訓寺
마하연 표훈사가 다 각기 별경이니 수석까지도 번거롭다는 듯 한 유원幽遠은 마하연의 경境이요, 고대高臺 단루로써 수석의 승관을 돋은 독특한 표모는 표훈사의 경이다. 그러므로 마하연의 추녀는 높건만 나직한 듯 하고 표훈사의 주초는 유착하건만 떠 있는 것 같다. 비유하면 마하연은 서화담徐花潭의 분향 독서하는 것이요 표훈사는 곧 인가도安可度의 그림이다. 이 절도 신라 문무왕 때 이룩한 것이라 전한다.

처음에 의상이 오대산에서 이리로 올 때 제자인 신림申琳·능인能仁·표훈表訓 세 사람이 따라와서 각기 한 암자 씩 만들어 세 암자가 있더니 신림·능인·두 암자는 없어진 지 오래고 표훈의 유구만이 이제껏 남았다 한다.[『운석외사転石外史』 참조]. 계상 수각이 이른바 능파루요, 그 앞에 놓였던 다리가 함영교라 한다.

반야보전도 의연히 있고, 농암農巖의 "야숙동료夜宿東寮 침석지하枕石之下 수성여뢰水 如雷 몽중夢中 열약의구급탄悅若의舟急灘 부지재만산중不知在萬山中"이라고 하던 동료도 그대로 옛집이다.

만폭동 어귀에서 왼편으로 쳐다보이던 청학대 남북의 향배를 바꾸어 앉았건만 또 왼편으로 보인다.

능파루 시원코나 사방 모다 물소리라
다리는 없을망정 냇 경치야 더 늘었다
예 앉아 달까지 봄야 바란다나 하리오.

드높은 석대 우에 날개치는 취루채전翠樓彩殿
사산四山은 낮잠 들고 세내 홀로 바쁘고나

물소리 마져 없던들 고요[정靜]조차 모르리.

소리란 물소리뿐 새짐승도 괴괴하다
누동로 가는 연기 불향佛香 얼려 피어나니
구름이 법 듣는드시 지나 천천하더라.

원영종元英宗이 영녕 공주 위하여 시사施舍한 은루동 조로鳥爐
가 지금껏 전한다.

법기法記를 나승羅僧이라 고증 삼아 뉘 망녕고
화암의 그냥한 말 항상 실제 아니거니
이 몸강 이 불상 가져 우리란들 어떠리.[5] (…)

마의태자 릉

비로봉에서 좀 내려와 구성동으로 흘러가는 계류를 좌로 보
면서 우로 통한 산경山徑이 있으니 그리로 가면 비로정간을 넘
어 외금강으로 빠지게 된다. 이 산경 초입에 우로 보이는 고분
이 곧 신라 마의태자의 능이니 태자의 고절은 이미 말한 바 있
거니와 언제 돌아가 언제 여기 묻히신지 역사가 황잔하여 짐색
할 길이 없으나 산중 사람들은 그 시始를 모를 만큼 오래 두고
숭봉하여 이 어름을 능안이라 불렀고 심매꾼들이 이 능의 잡초
를 매고 이 능에 정제를 올리면 영우靈祐가 있다고 서로 전하여
왔다고 한다.

태자의 성이 전하거니 능을 전함이 당연하며 개골산에 종신

한 태자로서 태자를 애모하는 유민이 이에 봉폄奉窆하고 아들 손자 대대로 받들어오던 것이 또한 짐작할 수 있는 사실이다. 태자의 휘諱 전치 아니하였다가 김경헌이 개성 유수로 있을 때 김씨 고묘古墓의 지편誌片을 얻으니 다행히 경순왕 왕자의 묘요 지문誌文에서 백씨 이하 제형을 열록한지라 비로소 태자의 휘 '일鎰'이신 줄을 알게 되었던 것이다.

능전에 석비가 있어 태자의 위까지는 기록하였으되 재상 김유림을 유씨로 알고 쓴 것은 착오이요 석질이 너무 곱지 못하여 얼마 아니하여 모호하여질 것이 걱정이나 이 석비나마 산하에 사는 김씨 태자의 후예로 빈궁 속에서 추선追先의 성誠을 다한 것이라는 말을 들을 때 그 석비를 다시 한 번 보았다.

임해전 등지시고 알천수 건느실제
버리고 간다마소 못 버리어 가노매라
이젯것 산소어름 능陵 안이라 하더라.

불거리拂矩內 오랜 왕업 무얼 문무 넓히서를
흙덩이 옴겨 갈손 의義야 어이 놓을 것가
안은 포[포抱]채 눈 감으시니 거룩하도 소이다.

고교古敎의 도장이던 봉래 풍악 이 산중에
마의 초식으로 일생을 마초시니
성골의 빛난 보람을 막[종終]이 보이시니라.

붕이라 비로차나毘盧遮那 어떤 마마 마의태자
묻히사 여기시니 같이 높아 천고千古로다
심매꾼 영구드림이 대제大祭인 줄 압내다.

태자는 일월日月이라 천추만세 두렸타만
저네들 누구누구 의론 자최 적막코나
내 번[본本]맘 내 지킴이니 알련 무상하리오.

태자성에 두 암자 고지故址를 전하는 데 일 암은 궁료들이 태
자를 따라와 있었다 한다. 이들도 역사에 빛낼 만한 고절을 가
졌다 할 것인데 이제 한 사람도 성명을 전치 못한다. 끝 두 편
은 이를 읊음이다.

　여기 지나 얼마 가면 길이 우로 꺾이며 원간 산척을 넘은 소
구小口가 있다. 중중한 석채를 내려서는 좀 평지인 듯 하더니
또 석채를 내려가게 되고 또 내려가 또 내려가 얼마를 내려가
는지 모른다. 은사들 금사들 올라올 적 생각을 하면 이러함도
당연한 일이다. 얼마 뒤는 적이 평로平路이라 '인제는 험한 곳
을 지나왔는가.' 누구든지 이렇게 생각할 수 있다. 동류東流하
여 오는 계수를 건너 길이 다시 산에로 오르게 되는데 얼마 올
라가다가 좀 강 파른 마루를 올라서면 암굴이 있으니 들여다
보면 약 6, 7간 넘어 개두가 있다.

　두문을 지나서는 절벽인데 여기는 철제를 달았다. 한 철제가
다한 뒤는 조금 앞에 또 철제가 있다. 이 길은 최근에 만든 길
이라는데 이 두 문을 이름하여 비사문이라 부른다. 비사문은

석가에서 이루는 호법사천護法四天 중 한 천天이니 비사를 따로 떼어 문명門名을 삼은 것은 하전何典을 거한 것인지 알 수 없다. 여기서 조금 내려가면 왼편 나무 사이로 구룡연 대폭의 상신上身이 은은하게 보인다.[6] (…)

신계사

신계사는 옥류동 하류에 있는 명찰이니 신라 법흥왕 때 창기한 것이와 전하나 그는 꼭 그런지 모르되 고탑비 나대羅代 유물과 방사함을 징하여도 오랜 절임을 알 수 있다. 중간에 잔폐하였던 것을 선조 때 감사 황 공〔근중謹中〕이 이를 이룩하였나니(『고성읍지』, 『동국명산기』), 황 공은 곧 신익헌의 외조시라 나와 신계神溪와도 세호世好가 있는 것 같다. 그 뒤 관행의 번우함이 어찌 심하였던지 역촌 사람들이 몰래 절에다 불을 놓아 도로 폐허이다가 얼마 뒤 또 다시 되었다 한다. 혹 '신계新戒'라고도 하고 혹 '신계新溪'라고도 하는데 '신'의 훈이 '새'요 '새'는 동이라 금강동계金剛東溪에 있는 절이므로 이렇게 부른 것인 듯하다.

전설로는 매년 물이 불 때 해어海魚가 계류로 오르되 신계물은 감히 오르지 못함으로 신타 하여 신神이라 하여 신계라 하였다 하니 말재기로도 엔간히 졸한 구변이다.

큰 절에 오기 전 먼저 보광암이라는 암자로 들었는데 숲이 깊고 산이 그윽함은 물론이요. 뜰 앞에 수림이 어리우고 그 아래 방지方池가 있어 그리 넓지는 아니하나 가시연〔검茨〕자욱한 옆으로 장포가 성하여 호수같은 의사가 있다. 때때로 다니는 붕어가 거무스럼한 것, 누른 것, 붉은 것, 은빛 나는 것, 훨씬 큰 것, 작은 것 각색인데 사람을 보고도 천천히 앞으로 와 일제히 고요하다가 꼬리부터 잠깐 움직여 하나둘씩 돌아서고, 어떤 때는 가는 길을 물결에 맡겨 조금도 운산함이 없다가 급히 구불텅하여 그윽한 속으로 들어가버리기도 한다.

머리를 물밖으로 향하여 두다가 무엇을 보았는지 도로 물밑으로 향하면 여몄다 펼쳤다 하는 꼬리만 보인다. 가시연 덮힌 밑으로 딱 딱 따닥 딱 잠간 요란하더니 한 떼가 연이어 나온다. 앞서고 뒤서고 나란하다 층 지나 천천히 또 힘없이 앞으로 향하더니 틈 없는 장포 속으로 소리도 없이 들어가는데 장포 줄기가 때때로 여기저기서 움직인다. (…)

여기서 큰 절까지 가는 데는 평활한 대로요 또 광야라 백전栢田 적멸 불사의不思議의 촉촉한 군봉이 절 앞을 반쯤 씻으나 원조遠眺요 내안內案이 아니다. 새로 지은 채루 앞으로 들어서니 아직도 이륙할 것이 많아 좀 섬서한 듯 훤출한 도장에 동료東寮 서당西堂이 면세를 이루고 불전 올라가는 층대 고모古貌가 창연하니 이 아니 고탑과 동갑이런가.

양봉래 일찍 이 골안에 살아 초당 유지 있었다 하나 지금은 유지까지도 어느 곳인지 지점하는 사람이 없다. 내 이번 길이 산행으로 처음이라 금강 명승을 고루 보지 못하여 영원동도 어귀만, 은성대·중내원은 다 초입만, 발연은 석전이 절터 뒷난을 가리킴만 보았는데 명구의 자랑할 만한 경개와 및 거기 머물러 있는 고사의 유영을 한각할 수 없으므로 혹 문헌을 의거하고 혹 오설誤說을 참집하여 대강 부기함이 있으나 내 몸소 천력踐歷한 곳이라도 기억에 남은 것도 있고 상막한 것도 있어 가장 섬밀한 모사에는 유감이 많고 설사 섬밀히 하였다할지라도 정작 그려야 할 것은 붓 끝에 들어오지 아니한다. 사문을 나와 장차 해금강으로 가려 하는데 온천 동구 너머로 만물상의 기붕이 빗미주룩이 보인다.[7]

해금강

고성 고읍에서 동으로 약 5리 남짓하게 가면 세 모래 톱이 있어 디디면 빠드득 빠드득 소리 나니 이 곧 울모래[명사鳴沙]의 한 줄기이다. 모랫가에는 풀린 나머지 산들이 드문드문 있고 산마다 솔 밭이라 모래는 희고 솔은 푸르다. 편한 모래톱으로 접어드니 검푸른 한빛으로 앞이 망망하게 터지고 휑한 대지의 무지개 등같이 굽어내린 것이 참으로 천말天末을 바라는 듯 싶다.

모래가 거의 다하게 되며 여기서 쿵 쿵 저기서 철석하는 소리와 산끝이 일어나다가 되내려가고 충충충 달겨들다가 힘없이 물러나 검푸른 넓은 날에 눈덩이가 풍기었다 뭉치었다 한다. 쿵 쿵 크게 울리는 소리가 더 무시무시할 때는 철석 소리가 더 이어나고 바라보아 먼 데는 술렁술렁하는 것이 그대로 편하게 넓어 수점표범이 까닥않고 가는데, 조그만 가옥도 없이 청동을 가려는 듯 모래 끝난지 얼마 되지 아니하여 검푸른 속에 송도라는 섬이 있으니 비로봉서 동쪽으로 보이던 괴물 같은 청흔青痕이 이것이다. 고려 고종 때 동진국 놈들이 이 섬을 포위하고 전함을 살랐다 전하나니(『여지승람』) 고려 때는 이 어름에 주사舟師의 시설이 있었던 것이다.

바닷속에 바위 일곱이 있어 칠성봉이라 부르는데 바위마다

기괴하고 간간 적은 솔이 나서 바다 경치를 돕는다. 해문海門 남쪽으로 모래톱에 솔밭이 해안을 선 두르며 내려가되 곡절이 여러 번 변할 뿐더러 그 안에 평호平湖가 숨어 있기도 하고 기봉이 솟아 있기도 하여 일망무제한 대해에 다닥치기 전 호산의 아름다운 자태를 남김 없이 다 부리려 한 것 같다. 해문에서 모랫가를 밟아 북으로 가면 암벽이 나오고 길이 끊이어 여기서는 배를 타고 돌아 볼 수밖에 없는데 바람이 안 이는 때라도 파도가 몹시 심하여 가까이 들기는 어렵고 멀직하게 돌아바라보면 암벽이 지나가고 암봉이 나오고, 암봉으로도 새록새록이 별별 형태가 많아 나직나직한 채로 중향봉 보다도 기교하고 곱게 새겨진 까닭에 만물상에 비하여도 아찔하게 묘한 것이 오히려 지날 것 같다.

무놀이 높이 일면 봉신峰身이 혹 날락들락하는 것도 있다. 바닷물로도 거울 같이 맑은 물인데 다시 없이 교巧하고 묘한 군봉을 이 물로 밤낮 두고 씻어 비취빛 같이 푸른 것이나 황옥빛 같이 누른 것이나 모두 일종의 광기가 돈다. 이 군봉이 뒤로는 육지를 연한지라 해문에서 모랫가를 버리고 좀들어와 밭 사이 적은 길로 동네를 지나 돌아내려 가면 군봉 후면을 볼 수가 있다. 나직나직하게 삐죽뾰죽한 너머로 대해를 보는 것이 이미 생각으로도 만들 수 없는 경이요 나직한 대로 중향 만물을 겨루게 된 것이 또한 기사奇事 중에도 기사이다.

이 군봉 일대가 중엽까지도 명승으로 지목되지를 아니하였더니 영조 34년 무인에 고원성 남택하의 아우자제 도발道撥이 어찌 산수의 벽이 있던지 경내 이름난 곳마다 아니 가본 데가 없고 한 곳의 좋은 것을 보면 반드시 그보다 더 좋은 데가 없나 하여 험하고 먼 것을 교계하지 아니하였다. 그러다가 칠성봉이 기괴함을 보고 다시 모랫길 남쪽 암벽 너머에 별경이 있으리라 하고 수탐하여 이 군봉의 전경을 찾고 이름지어 해금강이라 하였다.(『고성읍지』 참조)

금강산 구성동과 및 쌍봉폭의 전고로 이나은을 아니 쓸 수 없는 것과 같이 해금강을 말할 때 남도발南道撥을 잊을 수 없는 것이다. 나은은 수학의 성명이 그때 이미 성전盛傳하였고 그 저작이 또한 명산에 짝하여 전할만 하되 남씨의 해산 종적이 운사韻士임 하건마는 그의 문채文采를 정색할 수 없으니 혹 강호에 호고好古하는 이 그 유저를 수색하기를 그 가 해금강 찾듯이 할 이 있을까?[8] (⋯)

「남유기신」은 1934년 여름 정인보가 안재홍·박한영·윤석오와 남쪽 지방을 여행하면서 쓴 기행문을 『동아일보』에 연재했다.

제1신부터 43신까지 이어졌다. 서간체 문학의 대표적 작품으로 꼽힌다. 자연 경관뿐만 아니라 당시의 인심과 세사를 두루 살필 수 있다. 몇 편을 소개한다.

남유기신南游寄信

제1신

X형, 청주 와보니 여기도 큰 비가 갓 지났다 합니다. 화양동 가는 자동차를 물으니 시간 정해 놓고 다닌 것은 없고 삯으로 얻어야 간다 하기에 동행인 석전(박한영), 민세(안재홍), 윤석오

세 분과 의논하고 이왕이니 타고 달려보자 하여 석전은 왼쪽에, 민세는 가운데, 나는 민세 옆에, 윤군은 운전대 옆에 차례로 올라앉아 화양동을 향하고 떠났습니다. 오후 점 반 채 못된 때.

"하늘이 꼬물꼬물한다. 비나 또 만나지 않을까?" 민세와 이렇게 이야기하다가 민세가 '화양동' 하는 바람에 깜짝 놀래어 눈을 뜨니 어느덧 미원米院. 미원은 쌀원이라고 부르는 데 이 다음이 청천靑川, 또 이 다음이 화양동이라 합니다. 갈수록 개울벌이 넓어집니다. 산은 범산凡山이나 점점 높아갑니다. 자동차가 한 구비를 돌면서부터는 넓은 개울에 여기저기 여울이 지며 깍지 끼듯한 두 산山 날이 먼 앞길을 가리었는데 왼쪽은 높고 오른쪽은 저윽이 쳐져 그 너머로 열푸른 먼 산도 보이고 세모진 토산土山 서너 봉은 바로 내다보입니다. 얼마 더 지나서는 먼 산이 왼쪽 높은 산이 바싹 붙더니 점점 감추어집니다. 얼마 아니 가니까 큰 촌락이 있고 오래된 기와집, 허술한 솟을대문이 보입니다. 여기가 청천이라 합니다.

삯 자동차로 화양동 들어가는 이것도 세사世事이니 쌔그랭이가 안 붙을 수 있겠습니까? 청천서 5리쯤 나와 삼간통 가량 되는 개울가에 닿았더니 더 못간다고 하지요, "여보, 그럴테면 왜 화양동까지 간댔소?" "아니되오. 건너갑시다." 암만 하기로니 못간다는 편이 지겠습니까? 비는 곧 올 것 같고 인가는 멀고 어쩔 수가 없더니 피차 다투는 동안에 오고가는 사람이 있어 행장은 짐군 얻어 지우고 네 사람이 천천히 걸어 떠났습니다. 개울소리가 산을 따라 높아가면서 구비구비 좋은 데도 많습니다. 자동차의 쌩그랭이가 아니었던들 이 경치를 휙 지내고 말았을

것입니다.[9]

제2신

산기슭 바위 엉더리에 한참인 딸기도 좋고요, 숲새에 지려 붉은 단풍도 좋고요, 틈틈히 포기 큰 철쭉나무를 보니 꽃 필 때는 이 어름이 모두 꽃밭일 것 같습니다. 아까는 넓은 개울을 오른편으로 놓고 지났더니 지금은 왼편으로 끼고 올라갑니다. 벼루가 험하지 아니하고 강물 개울물이 달라 그렇지 배치된 것은 대략 단양 오순봉 어름 같습니다. 이렇게 얼마 가더니 산이 돌고 개울이 꺾이는데 개울 버렁이 거의 강과 같고 행인 건느는 배가 보입니다.

거울 같은 수면에 서슴지 않고 젓는 삿대. 저 사공은 아까운 줄도 모르는지, 옷자락이 날리랴 말랴 하는 즈음 온 개울이 어느덧 순인결 같습니다. 뱃속에서 보이는 버렁은 물에서 보는 것보다 멉니다. 이 물은 어디서 오며 가기는 어디로 가노. 으슥하면 으례히 갑갑한 것인데 물 내려가는 데가 보이지 아니할수록 끝없는 강호江湖 맛이 나는 것도 별일이라 하려니와 물가 풀 냄새가 바람 따라서 오고갈 제 큰 숲속 그윽한 기운이 도는 것도 이상스럽다 하였습니다. 개울 이름은 감으내요 현천玄川이라고 쓴다 합니다.

검은 돌이 희어 가고 물소리 점점 요란하고 산빛이 행인의 마음을 기껍게 합니다. 그러나 이 산은 오히려 거풀이라 다시 돌아들면 한 산의 안팎이언만 아까 보고 좋다던 밧산의 류가 아니니 임벽의 기장함이 내금강 표훈사 동구를 연상케 합니다.

이 돌아드는 데서 건너는 물이 곧 화양동 아래 개울입니다. 이리 놓고 저리 끼고 배로 건너고 업혀건너 여러 가지로 변한 것은 행인의 일이지 물은 언제나 이 개울의 한 줄기입니다. 개울을 건너서니 낮았다 높았다 펄펄 날아 돌아다니는 밀 잠자리한 떼 축축한 개울가에 꼬마둥이로 자란 눈버들을 어르는 것 같습니다.

삼벽은 솔나무로 입히었는데 솔마다 아래는 성기다가 올라가서 다박다박 엉기었고 틈틈이 드러나는 바위가 어떤 것은 우람스럽게 고대한데 화양동이라고 새긴 것이 아직도 뚜렷합니다. 산빛 물 빛 돌빛이 어울려 환하여지는 즈음이라 하는데 끼었던 운음雲陰도 일반一半이나 엷어 사이사이 청공靑空이 드러납니다.[10]

제3신

짧은 편지나마 세 번째 쓰건만 아직도 서울 떠난 그날이라 7월 14일 해가 반척 쯤은 남았습니다. 화양동이라고 새긴 그쪽만 보면 더 말할 것 없는 기관인데 상대한 다른 산이 마저 그와 같았더면 더 좋았을 것을 물과 돌은 나무랄 것 없이 좋습니다. 좀 올라가면 돌들이 물을 피하려는 듯이 이리저리 물러서고 수면이 저윽이 넓은 데도 있으나 또 다시 올라가면 돌이 도로 물과 싸워 조금도 지지 아니합니다.

더 올라가면 유착한 놈, 우람한 놈, 긴 놈, 모진 놈, 둥근 놈, 갖가지 별별 돌들이 온 개울에 희어져 물소리 어찌 들레이는지 동행끼리 떠드는 이야기가 서로 들리지 아니합니다.

더 올라오니 이 쪽 저쪽의 임야가 이제는 얼 맞게 유원합니다. 보 막은 밑으로 개울을 건너 보 안에 고인 물을 전면으로 바라보니 물 위에 둘린 창벽이 물 밑으로 나리비추어 거울 속 같습니다. 화양동 마을 초입에 검박한 옛 집 한 채가 있으니 이 집은 기와로 이었건만 초당草堂이라 부른다 합니다.

우암尤菴 당시에는 모옥茅屋이던 것 같습니다. 오른편으로는 담도 없는 공청이 두어채나 길 옆에 있는데 한 채에는 진흥회라고 쓴 목패가 붙었습니다. 이것을 지나면 다 무너진 여러 층 댓돌 저 위로 삼문三門이 보입니다.

이 집이 무슨 집인지 아시겠습니까?

무에니 무에니 산중 고사를 들추지 말고 이쪽 삼문만 바라보던 눈을 한 번 돌려 저쪽을 바라 볼 것입니다. 물소리 정히 높은 구비에 암벽을 터를 삼고 소송 두어 주株로 영취를 돕게 한 한 정자가 있으니 이를 암세제라 합니다. 화양동으로 가장 미목될 만한 건물입니다. 구경은 내일로 미루고 채운암으로 올라 갑니다.[11]

제4신

채운암이란 아담한 암자입니다. 산곡이나 전후좌우가 다 수목이라 화양동 촌락에서 얼마 올라오지 아니하는 곳이언마는 인간이 어렴풋합니다. 집은 작아도 어찌 정갈스러운지 유리같이 어른거리는 누마루에 틈 하나 아니 벌었습니다. 화양일동은 우암 이후 기다 명인의 노력을 쌓아 거의 명토화明土化한 곳이라 석각한 것은 신종·의종의 필적이요 족자한 것은 신종 생모의 관음상 상이요 발문·영시 어느 것이나 다 명조明朝에 향한 혈성이니 이 암자에서 보관하는 문헌만 하여도 적지 아니합니다. 암주의 내어놓는 고지古紙 뭉치를 등하에 돌려가면서 보고 여기가 과연 어딘가 이상스런 생각이 나더니 덮어치우고 각기 누워 잠을 청하려 할 제 풍경소리 가깝게 들리면 물소리도 가깝고 풍경소리 멀어지면 물소리 또 한 번 멀어지더니 풍경은 한참 소리가 없고 물소리만 그윽히 들리는데 물의 곡절이 소리를 따라 들리는 것 같습니다. (…)

"여보 민세, 좋지 않소?" "그래도 수석은 우리 수석이구려." 그러다가 무슨 마음이 던지 "우리 수석" 또 한 번을 뇌고 피차 말이 끊겼는데 석전 노사老師는 벌써 코곤 지 오래다.

윤고산 「어부사시조」에 "하마 밤들거냐 자규子規 소리 맑게 난다"한 것이 심상한 말 같으되 이를 생각하여 보면 실로 시가詩家의 묘경이니 묘경은 참이라야 열리는 것이라 밤든 뒤 자규소리를 누구나 들어보면 이 말이 얼마나 참된지 알 것이요, 참되다 할진 대 이 곧 묘경임을 알 것입니다.

오늘밤 이 암자에서 해맑은 자규소리를 들으니 완연히 고산의 시조입니다. 여기서 들리는 새소리는 대개 자규소리요 가끔 찍찍하는 소리도 나고 더 먼 곳으로는 흐르를 딱딱 이렇게 들리는 소리도 있는데 어떠한 새짐승의 소리인지 물어보아도 잘들 알지 못합니다.[12]

제5신
자고 나서 암누재를 들러 그 뒤 환장암이라는 집에 가보니

법당만 남았는데 뜰앞에 오얏 장미 언제 심은 것인지 알 수 없으나 길 넘은 대명홍大明紅은 누구나 우암(송시열)을 생각합니다. 그러나 예도 옛 적 원주인을 찾으면 고운(최치원)일까 합니다. 환장암에서 바라보이는 높은 봉이 낙영산 주봉인데 그 옆 바위너덜에 고운대가 있다 합니다. 전하되 이는 곧 고운의 암서 구지라 하여 석난으로 그 자리를 표하여 아직껏 남아있다 합니다.

단양8경이라고 무슨 담 무슨 대 하는 것이 다 석각이 있으나 이는 호사자의 일이라 분서코자 하지 아니하거니와 단양 절경인 '파곶巴串'으로 올라가는 길 옆에 와룡암의 정류와 학소대의 창벽이 다 주승합니다.

와룡암에서는 이야기 하나가 있습니다. 일행중 민세 가장 운승韻勝한지라 바위 기슭에 앉아서 구비치면서 흘러가는 물을 굽어보다가 무엇을 얻었는지 회중 만년필을 꺼내어 두어 줄 쓰랴 말랴 할 때 댁각 하더니 만녀필 뚜껑이 급류로 떨어졌지요. 내려갈 수는 없고 가만히 있기는 너무나 무정하고, 왔다 갔다 할 뿐이었습니다. 뚜껑 없는 만년필이 하도 딱하기에 치분갑齒粉匣 속 누빈 종이를 맞게 말아 밥풀로 붙여 놓고 위까지 막아 붙였으나 흰 장식이 있어야지요. 새 양말에 꽂혀 있는 철사를 빼어서 장식까지 만들고 보니 뚜껑으로는 우스우나 웃음거리로는 상당하였습니다.

이따금 쿵쿵 소리가 나기에 동행하는 채운 암주더러 여기 어디 물방아가 있느냐고 물었더니 이것도 물에서 나는 소리라고 합니다. 학소대라는 것은 총루한 바위로 된 기봉인데 그 옆으

로 골이 지고 그 골로부터 흘러내려오는 물이 대하臺下에 미쳐
서는 비스듬하게 놓인 너럭 바위로 두 층을 꺾이어 내려 개울
로 쏟칩니다.

제14신

아침이나 먹고는 그냥 나서려 하였더니 비가 점점 소리 냅니
다. 명산 고사古寺에서 비 만나 묵는 것도 또한 운사韻事라 더운
방에 향 피워 놓고 앉으니 참으로 세상 바깥 같습니다. 민세는
더 유벽한 곳을 찾아 암자 옆 소각小閣 속으로 들어가 오래 아
니 오기에 나도 쫓아가보니 이 집은 곧 원종元宗 왕비 구씨 현
당이라 양전위비兩殿位牌 아직껏 계신데, 좌우로 파초 선을 갈
라 세운 것이 있고 뒤에 친 선조 어필 병풍이 비록 판각본이나
신채神彩가 오히려 환발합니다.

낮 지난 뒤 비가 뜸하는 것을 보고 다시 복천암으로 가니 거
기서 또 상환암으로 가는데 바위 너덜 우로 돌아 쌓아 길을 통
한 것이 잠간 금강산로를 생각하게 됩니다. 조금 가면 번듯한
잔디밭 우에 부도浮圖 둘이 있으니 새긴 글자가 완하여 잘 알
수 없는데 석상상인石霜上人의 말을 듣고 자세히 더듬어보니 하
나는 '학조등곡지탑學祖燈谷之搭'이요 하나는 '수암화상탑秀岩和
尙搭'입니다. 지금은 그래도 잔획을 변별할 수 있으나 조금 더
지나가면 석각 가지고는 증거할 흔적이 없을 것 같습니다. 복
천서 들어오는 길로 말하면 먼저 학조탑을 보게 되고 이 탑을
지나서 수암탑을 보게 됩니다.

국초國初 불가의 위걸임은 말할 것도 없고 이 둘이 다 정음학

正音學의 명석이라 그 고심한 자취 아직껏 학자의 율부律符로 남았거니와 정음으로써 문장을 자저自著한 것으로 신미信眉의 '영가집발永嘉集跋'과 학조의 '오대산어첩서후五臺山御牒書後' 같은 것이 다 간결 전중하여 읽으매 고선 고대의 사기詞氣를 접하는 듯 하니 이를 생각하고 공산 속 일편 석탑을 돌매 어떠한 일종의 방향芳香이 그윽한 속에 풍기는 것 같습니다.

바위 아래로 돌고 골 속으로 내려가다가 다시 석벽 뿌다구리를 사기며 올라가는데 다리는 벌써 가쁘고 암자는 향방을 알 수가 없습니다. 그러나 가다가 혹 폭포도 있고 혹 바위 속으로 깊이 울리는 물소리도 들려 이런 것을 만날 때는 일체를 잊어버리게 됩니다. 바위 사이로 몇 구비를 올라가다가 앞이 탁 막이더니 옆에 있는 층대로 좇아 올라서 보니 곧 상환암 암자 앞 뜰입니다. 이것만 보아도 상환上歡이란 얼마나 높으며 또 얼마나 유절한가 생각할 수 있지 아니합니까? 바위 틈에 달리어 있는 수간 소암小菴을 뒤로 부터 왼쪽으로 앞까지 모두 바위로 휩쌌는데 바위라도 예사 바위의 수가 아니라 모두 깎아지른 기봉이요 앞뒤의 상거相距가 얼마 되지 아니하여 음람한 돌기운이 곧 사람을 침습케 하니 오래 머물기가 어렵습니다. 그러나 절경은 절경입니다.[13]

16장

훼절의 시대
시골 은거,
지조지켜

사직하고 서울 떠나 은거생활

역사학자 조동걸 교수는 정인보의 생애를 여섯 단계로 나누어 정리했다.

제1기: 성장기, 1~17세(1893~1909)

제2기: 수학수련기, 18~30세(1910~1922)

제3기: 교단저술기, 31~45세(1923~1937)

제4기: 은둔기(수모기), 46~53세(1938~1945)

제5기: 광복활동기, 53~58세(1945~1950)

제6기: 재북기, -[1]

정인보는 제4기, 은둔기에 접어들었다. 이 시기 이후 그는 은둔과 해방기여서 더 이상 학문과 언론활동을 하기 어려웠다. 그의 학문이나 연세에 비해 안타깝기 그지없는 일이다. 국가적으로 유능한 역량이 더 이상 발휘되지 못하고 묻히게 되어 손실이 컸다.

은거방언隱居放言이란 말이 있다. 세상을 피해 숨어 살면서 자신의 몸을 깨끗이 하고 자신의 생각을 글로 담아 표현하는 것을 말한다. 정인보에게 꼭 들어맞는 말이다.

민족사적으로는 일제의 폭압이 날로 심해지고 개인사적으로는 자신에 대한 회유, 압박이 가시화되자 정인보는 14년 동안 봉직해오던 연희전문학교를 홀연히 떠났다. 총독부는 조선어 사용을 금하고 조선역사도 가르치지 못하게 하였다. 1937년 봄이었다. 더 이상 학교에 머물 이유가 없었다. 나이 45세, 한참 일할 나이였다. 논설위원도 신문사의 폐간으로 이미 끝난 상태였다. 『동아일보』는 1936년 8월 24일 일본 선수단으로 올림픽에 참가한 손기정 선수의 사진에서 일장기를 지우고 신문에 실었다가 무기정간되었다. 이보다 앞서 여운형이 발행하던 『조선중앙일보』가 8월 13일치 신문에서 일장기를 지웠다가 폐간되었다.

일제는 1931년 9월 18일 유조구柳條溝 사건을 일으켜 만주를 침략하면서 조선을 병참기지화하였다. 따라서 억압과 착취가 더욱 심해졌다. 1935년 총독부는 각급 학교에 신사참배를 강요하고, 1936년 조선사상법 보호관찰령을 공포하여 반일 민족주의자들을 이중삼중으로 옭아맸다. 사상범관찰령은 반일 인사들을 재판 절차 없이 구금하기 위해 제정한 악법 중의 악법이었다.

총독부는 1937년 6월부터 이듬해 3월에 걸쳐 수양동우회에 관련된 180여 명의 종교인·지식인들을 검거했다. 그동안 국내에서 참정권청원운동, 자치론 등을 주장하며 타협노선을 걷던 부르주아 민족주의자들이 대거 구속되고, 이들은 전향서를 내고 풀려나 친일 부역자가 되었다. 이광수·주요한 등이 포함되었다.

1937년 7월 7일 북경 교외 노구교에서 일본군이 계획적인 군사행동을 도발함으로써 발발한 중일전쟁으로 조선은 더욱 암울한 수탈·공포의 사회가 되었다. 일제는 전시체제를 강화하는 한편 조선인의 민족의식과 저항을 잠재우고 전쟁협력을 강요하는 황민화 정책을 강화했다. 내선일체, 일시동인을 내세우고 〈황국신민서사〉를 만들어 모든 학교, 관공서에서 암송토록했다. 1938년에는 학교에서 조선어 교육을 완전 폐지하고 일어를 전용케 하면서 창씨개명을 강요하는 등 세계식민지 역사상 유례가 없는 민족말살정책을 자행했다. 이 시기 총독부 산하 친일 어용단체는 다음과 같다.

① 방송선전협의회: 이른바 내선일체론을 총동원하여, 사회교화와 전쟁수행을 선전하였다. 권상로·한규복 등이 꼽힌다.

② 조선문예회: 총독정책을 지원하고 사회교화를 목적으로 문예와 문학, 연예, 연극, 영화, 라디오가 총동원되었다. 최남선·이광수가 주역.

③ 시국강연반: 총독부 학무국이 중심이 되어 전시동원, 학병징용 지원을 위해 전국을 순회하면서 강연을 했다. 종교계, 언론계, 기업인, 여성대표가 참여했다. 최린, 장덕수, 방응모 , 김성수, 양주삼, 이돈화, 현상윤 등의 이름이 나온다.

④ 애국금차회: 금비녀와 금가락지를 뽑아서 국방비로 헌납하자는 여성단체였다. 김활란, 송금선, 모윤숙 등이 중심이 되었다.

⑤ 국민정신총동원조선연맹(국민총력조선연맹으로 개칭): 59개 친일단체 및 친일인사 개인이 발기, 사회지도층 인사 대부분이 참여했다. 이들은 △ 황국정신 헌양 △ 내선일체 완성 △ 비상시 국민생활혁신 △ 전시경제정책 협력 △ 근로보국 △ 상업보국 △ 총후보국 △ 방공방첩을 내세웠다.

⑥ 사상범보호관찰령 계도: 총독부가 조선사상범 예방구금령을 공포하자 이의 타당성을 선전홍보했다. 이에 따라 반일 민족주의자들이 영장없이 체포 구금되고 옥고를 치렀다. 뒷날 박정희의 긴급조치 제1호(영장없이 체포)는 여기서 비롯되었다.

⑦ 대의당: 일본 중의원 출신인 박춘금이 반일인사 처단, 전쟁지원 등을 목표로 창당되고, 수많은 사회명사들이 가담했다.

이같은 상황에서 정인보는 더 이상 학교에 머물 수가 없었다. 선비는 진퇴를 분명히 한다고 배웠다. 나아갈 때와 물러날 때를 아는 것이 선비의 덕목이다. 정인보는 병을 이유로 사직을 한 채 집안에 칩거했다. 14년여 동안 연희전문 교수와 신문사 논설위원으로 활동하면서 범인이 100년에도 다하기 어려운 일을 해냈다. 후학을 가르치고, 남들이 쓰기 어려운 사설과 논설을 쓰고, 역사적인 각종 저서를 남겼다. 학자로서의 저술과 언론인으로서의 활동은 하나 같이 지사적인 굳건한 풍모와 품격을 보여주었다.

일제의 폭압에 동지들 지조꺾여

일제의 압력과 회유로 이제껏 버티던 동지들이 하나 둘씩 친일 대열에 합류했다. 전향하는 지도층 인사들이 속출했다. 장덕수도 변절하고 연희전문 교수를 함께한 백낙준도 조선임전보국단 발기인, 조선장로교신도 애국기기성회 부회장 등으로 활동했다. 일제의 전향제는 주로 공산주의자들에 초점을 두었으나 민족주의자들에게도 적용하였다. 일제 사법당국의 공식문서에 등장하는 '전향'의 기준은 다음과 같았다.

①　비합법운동에서 합법운동으로 전환.

②　일본의 특수성을 인정하고 인터내셔널리즘에서 내셔널리즘을 기초로 한 사회주의로의 전환.

③　마르크시즘에 근본적 세계관의 차이를 느끼고 유물변증법적 세계관에서 정신 생활을 기조로 하는 종교세계로의 전환.

④　일본의 특수성을 인식하고 그 전술의 변경을 제정하기에 이른 전환.

⑤　아직 정확하게 다른 세계관을 가지지 않았지만 공산주의에 불만을 느끼고 종래의 운동에서 이탈한 경우.[2]

일제의 사상전향제는 당초 자국의 공산주의자들을 대상으로 하였으나 1930년대 중반부터는 한국의 민족주의자들을 포함시켰다. 특히 1941년 2월에 실시한 '조선사상범 예방구금령'은 비전향자들을 사회로부터 격리·수용시키기 위해 마련하였다. 이때 예방구금의 대상자인 비전향자를 다음과 같이 규정했다.

① 사상 및 언동에서 하등의 반성이 없는 자.
② 객관적 정세에 대하여 눈치를 살피는 기회주의적 태도로 서 실천행동을 하지는 않지만 과격의 사상을 포기하지 않 는 자.
③ 가정사정, 기타 일신상의 사유로 실천행동을 하지는 않지 만 과거의 사상을 포기하지 않는 자.
④ 병, 기타의 사유로 실천행동을 하기는 어렵지만 과거의 사상을 포기하지 않은 자.
⑤ 과거의 사상이 동요되거나 또는 스스로 과거의 사상을 포 기하였다고 표명하지만 근저에 계급의식을 가진 자로 확 대하였다.[3]

전향자들이 속출했다. 문인·교육자·언론인·종교인·사회운동 가 등 사회지도층 인사들이었다. 개중에는 사회주의자들도 없지 않았으나 민족진영의 인사들이 중심이 되었다. 정인보와 가깝게 지냈던 지우·동지들도 대부분 전향했다. 이들은 "학도여, 학병에 나서라"고 전국을 돌며 강연을 하거나 신문에 기고했다.

정인보는 사면초가의 외로움 속에서 귀향을 결심한다. 그리고 솔가하여 시골로 내려갔다. 다행히 그곳에는 혹한 속의 송백과도 같이 푸른 절개를 지키는 벗들이 있었다.

정인보는 1940년 가을께 솔가하여 경기도 양주군 노해면 창동

733번지로 이사했다. 1년여 전에 홍명희가 내려와 있었다. 그 이전부터 독립운동가들의 변론을 도맡아 온 변호사 가인 김병로가 거주하고 있었다. 정인보는 사돈 관계이기도 한 홍명희의 소개로 이곳을 택했던 것 같다. 김병로의 증언을 통해 이들의 '창동시대'를 알아본다.

> 내가 창동에 안착한 뒤를 이어 송진우·정인보·홍명희 등이 그곳에 안주하게 되었고, 그 외 청년동지들도 그곳에 정주한 사람이 있었으며, 경성에서 심방하는 손님들은 거개가 경찰의 요시찰에 있는 분이었으나, 나의 거주하는 곳은 주위에 인가가 희소할 뿐 아니라, 정원이 넓고 심수深邃하기 때문에 고담탁론도 외인에게 들리지 아니하였으므로 우리에게는 지리地利를 얻었다고 할 만하였던 것이다.
> 그러나 경무 당국은 내가 창동에 거주하게 된 후로 양주경찰서에 고등계를 설치하고, 창동주재소에 고등계 형사를 상주하게 되었으므로, 우리도 거기에 대비하는 경계심을 게을리 하지 아니하였었다.[4]

이른바 '불령선인'들이 거주하는 창동 관내의 양주경찰서에 고등계가 설치되고 고등계 형사가 상주할 만큼 일제의 억압과 감시의 손길은 한적한 시골마을에까지 뻗쳤다. 이들의 생계가 어려웠던 것은 말할 나위가 없다.

정인보는 창동의 누옥에서 은거생활에 들어갔다. 서울을 떠나면서 객이나 친구들의 발길도 끊어졌다. 그 대신 시간이 많아서 그동안 밀렸던 글을 쓰고 허약해진 건강을 돌보았다.

위당은 이런 판국에 더 이상 교편을 잡을 수가 없었다. 이에 병을 핑계 삼아서 휴직을 한 채 두문불출하게 되었다. 얼마 후인 1939년에는 스승인 난곡 이건방마저 별세하여 마음을 의지할 곳조차 아스라져 버렸다. 병이 아니면서도 누워 있기란 여간 고통스러운 것이 아니었고, 더구나 생활의 위협마저 느끼게 되었다.[5]

시조 쓰며 울연한 마음 달래

참선비는 궁달에 연연하지 않는다고 한다. 정인보는 대가족을 거느린 가장이면서도 생활에는 초연하였다. 다행히 부인이 어려움 속에서 가정을 꾸려나갔다. 정인보가 많은 저술을 남기고 궁핍 속에서도 끝까지 지조를 지킬 수 있었던 데는 부인의 생활력과 내조에 힘입은 바 적지 않았다.

시국은 갈수록 어려워져 갔다. 일제는 1938년 2월 조선육군특별지원병령에 이어 1938년 7월 국민정신총동원조선연맹을 창립하여 조선의 지식인들을 황민화정책에 동원하였다. 그리고 마침내 1941년 12월 일제는 태평양 전쟁을 도발하기에 이르렀다. 사상 통제는 더욱 강화되고, 전쟁을 위한 물자와 식량 수탈은 조선민족을 공포와 굶주림으로 몰아넣었다. 식량 배급이나 심지어 기차표 구입 때조차 〈황국신민서사〉를 외우도록 했다.

1939년 5월에 난곡 이건승이 사망하고, 1940년 5월에는 호암 문일평이 눈을 감았다. 잇따른 스승과 친구의 죽음은 정인보에게 정신적으로 큰 충격을 안겨주었다. 「제난곡선생문祭蘭谷先生文」과 「문호암묘기文湖巖描墓記」를 지어 스승과 동지의 영전에 바치고 스스로 정신을 추스렸다.

정인보는 시골의 한적한 마을에까지 뻗친 일경의 감시망으로 외출을 삼가며 책을 읽고 글을 썼다. 특히 이 시기에 많은 시조를 지었다. 울연한 마음을 달래기 위해서였을 것이다. 이 무렵에 쓴 것으로 예상되는 글 중에 「십이애十二哀」란 시조가 있다. 12명의 지인을 생각하면서 쓴 시조다. 아마 형편이 나았으면 옛 선비들처럼 12폭 병풍에 시조를 지어 사랑방에 펼쳐놓았을지 모른다.

십이애

1

불살리 날렷단들 님의 '안'을 가실것가

못감은 눈이남어 오늘우리 보시려니

구름이 북에서오니 새로늣겨 합네다.

　　　　　　　　 -고 보제 이상설 선생을 생각하고

2

골목도 눈에선다 동막東幕 길이 어느겐고

감추신 님의한을 풀이되어 우긋탄말

'사신이' 돌아오시니 가슴막혀 합내다.

　　　　　　　　 -고 안당 민영달선생을 생각하고

3

굴원은 몃재랏다 '속'공부로 절개놉하

계오서 이제려면 온 '의지'가 되실 것을

우음띈 님의신색이 눈물될 줄 알리오.

　　　　　　　　　-고 백암 박은식선생을 생각하고

4

박히고 박힌설음 금강석도 똘을 낫다

황포강 여월적이 어제런대 삼십삼년

'넉'응당 오섯스련만 바라아득 하고녀.

　　　　　　　　　-고 아관 신규식선생을 생각하고

5

풍상을 '맛'이라고 '날'모르고 '이땅' '이네'

설멍킨 학이려니 성이라면 범이러니

이소식 님못드리고 어이살가 합내다.

　　　　　　　　　-고 백은 유진태선생을 생각하고

6

뻘망정 일을하자 유언아즉 새로워라

온몸이 정성되여 머리센줄 모르서를

심의고 꼿못보시니 아니울고 어이리.

　　　　　　　　　-고 남강 이승훈선생을 생각하고

7

무타산 한구븨에 굽고말려 그냥무처

적히신 그 일생이 적막할손 광휘로다

아오놈 외오우는줄 구버엿버 하소서

                    -고 족형 학산선생(인표)을 생각하고

8

다존듯 하신속에 숨어깁흔 한쪽마음

술이니 '글'글씨니 바둑두어 '수'놉흐니

내게만 비최던얼굴 두굿그려 합내다.

                    -고 치제 이범세선생을 생각하고

9

풍란화 매운향내 당신에야 견줄손가

이날에 님계시면 '별'도아니 더빗날가

불토佛土가 이외업스니 혼하 '도라'오소서.

                    -고 용운당 (한용운)대사를 생각하고

10

보자신 오늘일을 오늘되니 못보서라

땅속이 깁다한들 님의 '한'과 엇더하리

내아니 목석木石이온가 남어혼자 보고녀.

                    -고 송거 이희종선생을 생각하고

296

11

존의도 '예'껏이면 버리고야 마시던님

강산이 도라오니 님은발서 추초秋草로다

'고유'할 아들잇슨들 이늣김을 어이료.

-고 우당 유창환선생을 생각하고

12

자기를 엇지간고 만리뿐가 도산검수刀山劍水

옥玉도곤 귀한선비 계서고만 흙이라니

안 '헤저' 다시온단들 뉘라 권줄 알리요.

-고 김찬기군의 서보逝報를 듣고[6]

전북 익산군으로 이사

정인보는 1945년 경기도 양주에서 다시 전라북도 익산군 황화면 중기리 윤석오의 집으로 옮겼다. 일제의 마지막 발악을 피해 더욱 먼 시골로 거처를 옮긴 것이다. 오랜 지기 윤석오가 정인보의 어려운 처지를 알고 자기 집으로 부른 것이다.

하루 중 날이 밝기 직전이 가장 캄캄하듯이, 패망을 앞두고 일제는 마지막 발악을 하고 있었다. 징병제, 학병제에 이어 총동원령을 선포하고 여자정신근로령을 만들어 꽃다운 한국 여성들을 일본군 위안부로 끌어갔다. 청장년들은 일본군의 총알받이가 되고 조선의 쇠붙이는 시골의 농기구까지 모조리 쓸어갔다.

앞에서 소개한 친일단체의 간부들이 신문과 라디오, 연설회를
열어 침략전쟁을 옹호하면서 청장년과 처녀들을 전장으로 내몰
았다. 이 시기(1945년 7월) 정무총감은 요시찰 인물 3,000여 명을
처형할 음모를 꾸몄다.

민족진영에서 신념을 지키던 인사들도 손가락으로 꼽을 정도
를 제외하고는 대부분이 친일파로 변절하였다. 수양동우회 소속
의 식자들도 거의 전향했다. 끝까지 버틴 인사들에게는 그만큼
탄압이 심해졌다.

이 무렵에 지은 「매화칠장梅花七章」에서 정인보의 선연한 지심
志心을 엿보게 한다.

1

내어대[7] 안젓는가 여긔아니 타곳인다
불현듯 매화생각 저꽃이야 옛 '내'[8]렸다.
방안에 그림자지니 '가지'발서 반겨라.

2

눈펄펄 나는새벽 분盆소식이 엇더한고
어제껏 겨우희끗 하로밤에 '불엇'는가
향기야 '어느새'저만 '마치'는 듯 하여라.

3

분홍도 열브실사 그런듯다 도로희다
다섯입 반버러지 속술잠간 보이단말

298

마초아 달도다오니 어이 '잘'가 하노라.

4

압호로 고흔자태 '등'보이라 도라선가
어대는 드믄드믄 다닥부터 헤 푸기도
'맨'우의 외오핀송이 더욱 '엄전'하여라.

5

엽헤선 괴괴터니 멀즉어니 알앗소라
잠깨여 두굿찬데 향내 '왈딱'[9]몟번인고
행여나 마트랴마소 맘업서야 오느니.

6

자겨오 넘는남기 '철'[10]을 먼저 당긔는다
'산고대'[11] 바로한참 '문풍지'야 떨고말고
봄소식 '눈'[12] 에 들으니 겨울몰라 하노라.

7

바바가 '붓'[13]이된날 '외오'[14] 어이 변치안어
옛향기 가득 '품고' 이산골을 차저'든'고
꽃 '귀엽'[15]바드러가니 '끼'[16] '넘진'[17]들 엇더라.[18]

정인보의 시조문학을 연구한 김인환(경상대) 교수는 장문의
「담원 시조론」에서 "담원 시조의 본격적인 해석학적 연구에 밑

거름이 될 수 있다는 배려가 목적이 된다"면서 1, 시어詩語의 특
색. 2, 극적상황. 3, 음조音調의 압운押韻. 4, 심상과 상징. 5, 요
약-순으로 분석하면서 다음과 같이 정리했다. (요약했다)

첫째, 담원 시조가 일견 평범한 듯 하면서도 전아한 흥취를
일으키는 것은 고어와 토속어에 의지하고 있음을 알 수 있다.
둘째, 시의 극적인 상황을 찬송과 기원으로 대별하여 고찰한
결과, 찬송이 15편, 기원이 10편이 되었다. 담원의 시조 전수全
首가 이렇게 찬송과 기원 가운데 포함된다는 사실은 그것이 시
의 본래적인 자리에 위치하고 있다는 것을 의미한다.
셋째, 음조와 압운押韻을 고찰하였다. 시는 언어의 소리와 뜻
을 다함께 중요한 것으로 활용하는 예술이기 때문이다. 그 결
과 담원 시조의 음조는 4절음을 음보音步의 표준 단위로 하여
일행一行이 4음보로 구성된 4보격四步格의 시인임을 드러났다.
넷째, 심상과 상징을 가식적인 것과 기능적인 것, 인습적인
것과 사적인 것으로 나누어 고찰해 보았다. (…) 이렇게 볼 때
심상은 고시가와 현대시에 공통된 시의 요소이지만 상징 특히
사적인 상징은 현대시에 특유한 것이라는 통념이 다시 확인되
는 것을 알 수 있다. 또 담원 시조는 비교적 심상을 능숙하게
다루고 있다는 사실도 알 수 있다.[19]

김인환 교수는 이 글에서 "담원이 일제하의 한국정신사를 기
술하는 데 중요한 한 구획을 담당하고 있다는 사실은 췌언을 요
하지 않는다. 지금까지의 담원연구는 주로 사학계의 일우에서 민

족주의사관의 일례로 『조서사 연구』가 거론되어 왔을 뿐이다.”
라면서 다음과 같이 과제를 제시한다.

앞으로의 담원 연구에는 한국철학계와 한국문학계가 참여해
야 할 것이다. 일제의 수탈에 대항하는데 담원의 양명학이 어
떠한 저항의 기준을 제시하고 있었던가 라는 것은 특히 문제의
초점이 되어야 한다.[20]

‘문호암 묘기’ 짓다

정인보는 오랜 벗 호암 문일평이 1939년 4월 3일 숨지자 「문
호암 묘기墓記」를 지어 슬픔을 나누었다.

호암 문일평은 의주 사람인데, 그 조상이 남평에서 옮겨왔다.
아버지의 위諱는 천두天斗, 어머니는 이씨다. 호암은 키가 크고
콧날이 서고, 수염은 적고 미간은 넓으며 약간 푸르스름한데 이
마는 빛났다. 젊어서 글을 좋아하여 열여덟에 일본 동경으로 건
너가니, 숙塾(강습소)에서 글은 이미 대충 통하게 되었다.
어려운 때를 만나, 조금씩 동도同道의 여러 선배 풍風을 듣게
되어, 지기志氣로써 스스로를 다잡아, 졸업하지 못하고 돌아와
(1908) 대성학교에서 교사 노릇을 하였다.
계축년(1913)에 보甫가 상해에 노닐 적에 호암이 있었다. 이때
호암은 겨우 스물 여섯이었고 보는 다섯 살 손아래여서 서로

좋아하고 사랑하였다. 그러나 얼마 안 있어 앞서거니 뒤서거니 돌아왔다. 6. 7년 동안 보는 집에 있었으나 호암은 험한 꼴을 갖추 겪었다. 집은 본래 넉넉했지만, 다만 남의 급한 것을 차마 못보는 데다가 수완이 서툴러서 이제 몹시 가난해졌다. 중동· 중앙·송도·배재 등 여러 학교에서 가르치면서 입에 풀칠을 하였다. 그러나 곧은 행실과 깨끗한 지조는 쇠함이 없었다.

예전에는 문예를 좋아했으나 차츰 이것을 그만두고 오로지 우리 옛 역사만 전공하였다. 중간에 중외일보에 취직했고 마지막에는 조선일보에서 고문으로 모셔갔었다. 저술은 모두 사료를 깊이 연구한 것인데, 정밀하고 심중하며 조심스럽고 엄격하였다. 은은하게 산천의 운물雲物이 에워 있어서 호암은 마음이 늘 서운하였다. 사람만 보면 묻지 않은게 없었다. 속이 얕은(모르는) 사람은 더러 명인名人인 줄을 몰랐다. 특히 친구들과 자기 심중을 털어놓은 것을 기뻐하였다. 의와 리, 시와 정을 만나게 되면 자주 손으로 무릎을 오므리며 좌우를 보고 분개하는데, 가히 범할 수가 없을 듯하였다.

일찍이 위궤양에 걸려 거의 위태롭더니, 지난해부터 조금 나아져서 하루걸러 문득 와서 보를 보곤했다. 올(기묘, 1939) 양력으로 4월 초사흘, 해가 두 시쯤 되었을 때, 누가 와서 "호암이 오늘 새벽에 돌아갔다"고 말했다.

보가 당장 일어나 그 집(내수동 정인보의 집 다음다음 골목)으로 가니 아들 동표와 동욱이 옷소매를 벗어 살을 들어내고 상제자리에 있었다. 보가 들어가 곡하자, 부인들이 안에서 소리를 내지 못하고 우는 소리가 들렸으니, 호암의 부인 김씨는 보가 본래 호암과 친함을 알고 있었고, 그 맏딸인 채와 소운·소영이도 다 보가 온 것을 듣고는 더욱 그 아버지 죽음을 통곡하였다.

슬프다. 양주 망우리에 묻으니 곁에 여러 무덤이 있어서 기록이 없을 수 없기에 대충 주워섬겨 동표에게 준다. 그의 평생 뜻한 일의 자세한 것은 보가 마땅히 그의 전기를 쓸 것이다. 호암이 굳겼을 때 나이는 쉰둘이고, 손자 병우는 아직 어리다.

벗 정인보가 적다.[21]

고하와 함께 문호암을 찾아가 서로 이끌고 나아가 강루에서 회포를 적다

정인보는 고하 송진우, 호암 문일평과 각별히 지냈다. 문일평은 언론인출신으로 민족정신의 회복과 민족사의 대중화 작업을 추구하면서 '조선심朝鮮心'을 주창했다. 1939년 51세의 짧은 나이로 별세했다. 송진우는 독립운동으로 투옥되었다가 언론계에 투신하여 『동아일보』 사장에 취임하였다. 해방 되던 해 암살당했다.

세 사람은 1930년대 젊은 시절 자주 어울리면서 가까운 사이가 되었다. 「고하와 함께 문호암을 찾아가 서로 이끌고 나아가 강루에서 회포를 적다」는 긴 제목의 시는 두 벗과 회포를 푼 내용이다.

1

술을 빌어 회포를 풀자니
회포는 더욱 끝이 없는데
강남이라 강북은
바라보면 의구해라.
고마움 야속함 슬픔 기쁨 뒤얽힌 손,
예서제서 불빛만 켜지고
고금이라 흥망 속에
동그머니 걸린 건 외로운 달 뿐.
이야기에 맛들이니 모조리 잊었노라
그대가 나 아님 조차도
가을은 깊고 마침 밤은 길어
바로 일 년인 듯
빈 물가에 엄청난
생각들이 굽히니
어떻게 하면 앞서거니 뒤서거니
기린 타고 함께 달려들 볼꼬!

2

경세가로 대가이며
역사식견 으뜸인데
힘든 때 동리(도쿄)에서
참고 견뎌 힘껏 공부
달빛아래 서로 만나

어찌 차마 헤어지랴?

가을 들어 함께

바람쏘인 적 거의 없었네.

줄로 선 나무는 뒤로만 달아나고

통통배는 쏜살같이

서西로 가는 큰 강을

쟁기질 하듯 저어 가네.

검은머리 희도록 나라 위해 바치자는

서로 기약 원대하니

도자기 잔에 아름다운 술을 부어다오.

찬합에 수북한 안주 권합네.[22]

17장

해방의 감격 속에서

한 점 흠결 없이 해방을 맞이하다

독립행진곡

어둡고 괴로워라 밤이 길더니

삼천리 이 강산에 먼동이 튼다

동포여 자리차고 일어나가라

아 해방의 종이 울린다

일제는 패망하고 조선은 독립이 되었다. 국치로부터 정확히 34년 11개월 보름만이다. 만 35년이 채 안 되는 기간이지만 한민족으로서는 300년이나 되는 듯한 길고 험난한 세월이었다.

'도둑같이' 온 해방은 처지에 따라 각각 이었다. 외세에 빌붙어 호화로웠던 친일파들에게는 하늘이 무너지는 청천병력이었을 것이고, 독립운동가들은 몽매에도 그리던 하늘의 메시지였다. 일반 국민들은 감격과 환희의 순간이었다. 궁벽한 초야에서 힘겹게 살아온 정인보는 해방의 날을 어떻게 맞았을까. 김병로의 회고에서 그 일단을 살필 수 있다.

그토록 갈망하던 해방이 이제야 되는구나라고 확실하게 느낀 것은 일본 천황의 중대 방송이 있다는 소식을 들은 순간이었다. 그는 큰 손자 원규를 시켜 동네 방직 공장에 가서 라디오를 듣고 오도록 했다. 잘 들리지 않는 천황의 목소리였지만 어떻든 방직 공장을 경영하던 일본사람 중역들의 표정이 심각한 것으로 보아 보통 사태가 아닌 듯 하다는 손자의 말이었다. 장손 원규는 경성고등공업(서울공대 전신) 1학년이었다. 그날 밤, 김병로는 한 동네에서 피신생활을 하던 정인보·홍명희 등 몇몇 친구들과 술상을 벌이고 밤을 세워 쓰라린 지난 날을 회고했다. 새벽이 되자, 그들은 회고에 그칠 수는 없었다. 앞으로 이 민족이 나아갈 설계에 눈을 돌렸다. 정인보는 민족주의자이며, 당대의 첫 손 꼽히는 국학자로서, 온유하면서도 대쪽 같은 지조를 지닌 사람이었다.[1]

김병로의 기억이 정확하다면 해방 당일 정인보는 전라북도 익산에서 양평에 올라와 있었던 것 같다. 그래서 김병로·홍명희와 일왕의 항복 소식을 전해 듣고 함께 축배의 술잔을 나누었을 것이다.

일왕 쇼와는 1945년 8월 14일 밤 11시 25분부터 궁내성 내정청사 2층에서 이른바 '옥음방송'을 녹음하였다. 4분 37초가 걸린 이 녹음은 "참기 어려움을 참고, 견디기 어려움을 견뎌, 이로써 만세萬歲를 위해 태평한 세상을 열고자 한다"로 시작되는, 항복

선언이지만 최고 전범자로서 사죄의 말은 한 마디도 없었다. 녹음된 방송은 이튿날인 8월 15일 정오에 발표되었다. 의도한 것인지 우연인지 이 '종전조서'는 8백 15자字로 되어 그 배경을 살피게 한다.

일제는 항복이라는 표현도, 사죄한다는 용어도 쓰지 않았으나 그들이 패배한 것은 틀림없는 사실이었고, 조선(한국)은 마침내 독립하게 되었다. 꿈에나 그리던 일이 현실로 나타났다.

그러나 정인보의 마음은 편치만은 않았다. 친일을 한 적이 없고, 국민으로써 조국을 배신하거나, 지식인으로서 일탈된 행동을 한 일이 없이 깨끗하게 처신을 해왔으나 젊었던 시절 상하이의 동제사 활동 이후 독립운동 전선에 서지는 못하였다. 해서 정신적으로 늘 부담이었고, 죄 지은 것 같은 마음이었다.

> 위당이 격렬한 행동을 취하지 않은 까닭으로는 한 가지 해석이 가능하다. 단재와 대비시키면 그는 체질에서 차이가 있다. 단재는 어느 편인가 하면 충동적인 성격이었던 것 같다. 그리하여 그는 일제에 대한 적개심을 실제 행동을 통해서도 표현하지 않을 수 없었다. 그러나 위당은 어느 의미에서 향내적向內的 성격의 소유자였고 선비의 풍모가 짙은 분이었다. 그리하여 그는 항일운동 역시 정신과 이념의 차원에서 시도했을 것으로 짐작된다.[2]

소싯적부터 양명학의 실천철학을 수용해온 그로서는 일제강점기에 항일전선에 몸을 던지는 대신에 국내에서 지절을 지키며 민족의 얼을 찾고 교육을 하면서 지식인의 순수성을 지켜왔다.

　　위당의 저항의식 속에서 우리는 두 가지 특징적 단면을 검출
할 수 있다. 그 하나는 그가 저항의 근거를 어디까지나 민족의
식에서 찾고자 한 점이다. 그는 먼저 묵시적인 '나' 또는 '우리'
라고 전제한다. 그리고 '나' 또는 '우리'에 대한 인식없이 민족
적 저항이 효과적으로 이루어질 수 없다고 본다. 그러면서 위
당은 여기서 문제되는 정신을 '얼'이라고 규정했다. 구체적으
로 그는 '얼'을 자기 자신을 아는 것 "기신己身으로서 타구他軀
를 감작하여 가지고 외영外映하는 것"에 반발할 수 있는 정신이
라고 보았다.[3]

　정인보는 국내에 남아서 민족의 얼을 지키고자 혼신의 노력을
다하였다. 교단과 언론을 통해 국학을 연구·교육하고 식민지 백
성들에게 희망을 전하고자 노력하였다. 박은식의 '국혼' 신채호
의 '낭가사상', 문일평의 '조선심'과 함께 정인보의 '얼'은 망국민
들에게 국권회복의 정신적·사상적 이데올로기였다.

　정인보는 '얼'의 개념을 문화사적으로 정리한 바는 없지만, 해
방 후 노산 이은상이 이 작업을 하였다. 이은상은 "우리가 쓰는
낱말 가운데 '얼'이란 말은 참으로 귀중하게 다뤄야 하는 말입
니다. 그것이 바로 개인으로나 민족으로나 생명의 근본 요소를
이르는 말이기 때문입니다. 더우기 이 '얼'이란 말은 '정신'이니
'혼'이니 하는 것을 일컫는 옛말이요, 또 누구나 널리 쓰고 있는
말임도 물론입니다"[4]라고 전제, 다음과 같이 의미를 부여하였다.

그야말로 '얼'이란 원기元氣입니다. 정기精氣입니다. 아무런 잡티도 섞이지 않은 순정한 기운입니다. 그러기 때문에 충성 가운데서도 가장 순수한 충성을 '정충精忠'이라고 하는 바로 그 것입니다. 장자는 그것을 일러 '혼'이라고도 설명했고 『서경書 經』에서는 '맑는 기운'이라고 일렀습니다. 또 『역경易經』에서는 하늘과 땅이 정기를 통하여 만물이 난다라 했습니다. '남녀'는 '건곤乾坤' 곧 '천지'를 이름입니다. 정액精液·정충精忠의 '정精' 이 생명의 원소인 것을 말한 것입니다.[5]

해방과 분단의 2중구조 속에서

해방정국은 깨끗하고 명망이 높은 정인보를 내버려두지 않았다. 생리적으로 정치에 참여하는 성격이 아니었으나, 김구가 27년 만에 환국했을 때는 경교장으로 찾아가 면담을 하였다. 함께 찍은 사진도 남아 있다.

임시정부 요인들이 환국할 때, 「봉영사逢迎辭」를 짓고, 남조선 민주의원의 의원으로 위촉되었다. 민주의원은 1946년 2월 14일 발족한 미군정사령관의 자문기관이다. 모스크바 3상회의에서 신탁통치안이 결정되자 김구 등 임시정부계는 즉시 반탁운동을 전개하여 2월 1일 비상국민회의를 열었다. 좌익 측이 민주주의 민족전선 결성을 추진하자 미군정은 비상국민회의의 최고정무위원을 민주의원으로 개편, 군정사령관의 자문기관으로 삼았다. 민주의원은 의장 이승만, 부의장 김구·김규식이 선출되었고, 좌익

계를 제외한 민족진영의 지도급 인사들이 망라되었다. 얼마 후 미·소공동위원회가 개최되고 이승만이 사퇴하자, 김규식이 대리 의장을 맡았다.

정인보는 1946년 9월 16일 대한독립촉성국민회(독촉국민회)가 3차로 개편되었을 때 부위원장으로 선출되었다. 위원장은 독립 운동가 조성환이었다. 독촉국민회는 1946년 2월 8일 이승만의 독립촉성중앙협의회와 김구 중심의 신탁통치반대 국민총동원 중앙위원회가 통합, 발족되었다. 초기의 간부진은 총재 이승만, 부총재 김구·김규식, 고문 권동진, 김창숙·함태영·조만식(재북)· 오화영, 회장 오세창이었다.

탁치문제와 좌우세력의 알력, 미군정의 비민주성 등 해방정국 은 정인보에게 실망만 안겨주었다. 하여 1946년 11월 3일 민주의 원을 탈퇴한 데 이어 독촉국민회 부의장과 전조선문필가협회 회 장의 직도 모두 사임하였다. 그리고 국학대학학장으로서의 소임 을 다하고자 노력하였다.

해방정국은 격동이었다. 압박과 설움에서 풀려난 국민들은 단 체를 만들고 정당을 조직하면서 희망에 부풀었다. 누가 뭐래도 8·15의 '정언명령'은 통일된 자주독립국가의 건설이었다. 하지 만 정국의 흐름은 엇나가고 있었다. 신탁통치 문제를 둘러싸고 찬반으로 갈라지고 미군과 소련군이 남북한에 진주하면서 좌우 로 갈렸다.

애국자와 반역자, 독립운동과 친일의 문제가 어느 새 친미와 친소, 찬탁과 반탁으로 갈렸다. 막강한 조직과 정보·자금·언론 매체를 갖고 있는 친일세력은 해방정국을 교묘하게 줄타기 하면서 미군정과 유착하였다. 그리고 친일파 문제는 이념문제로 환치되었다.

8·15는 민족이 주체적으로 쟁취한 성과물이 아니어서 곧 남북한에 미·소 양국군이 진주하고 군정이 실시되었다. 일제의 갑작스런 패망 소식을 들은 김구가 충칭에서 밝힌 대로였다.

> 아! 왜적의 항복! 이것은 내게는 기쁜 소식이라기보다는 하늘이 무너지는 듯한 일이었다. 천신만고로 수년간 애를 써서 참전을 준비한 것도 다 허사다. 서안과 부양에서 훈련을 받은 우리 청년들에게 각종 비밀 무기를 주어 산동에서 미국 잠수함을 태워 본국으로 들여보내어서 국내의 요소를 혹은 파괴하고 혹은 점령한 후 미국 비행기로 무기를 운반할 계획까지도 미국 육군성과 다 약속이 되었던 것을 한번도 해보지 못하고 왜적이 항복하였으니 진실로 전공이 가석하거니와 그보다도 걱정되는 것은 우리가 이번 전쟁에 한 일이 없기 때문에 장래에 국제간에 발언권이 박약하리라는 것이다.[6]

이 같은 연유로 8·15는 이중적 구조로 다가왔다. 민족해방과 분단이라는 전혀 예상치 못했던 현상이 벌어진 것이다. 해방이라는 감격과 분단이라는 아픔이 동시적으로 나타난 것이다.

> 8·15는 이중적 구조dual structure를 지내고 있다. 해방, 독립, 광복이라는 긍정적 의미와 분단, 분립, 분열이라는 부정적 의미를 함께 지니고 있다. 해방을 사회과학적으로 정의하면 하나

의 민족이 하나의 정치적 공동체로서 하나의 정치적 단위를 형성한 후 자신의 주체적 판단에 의거하여 능동적으로 활동할 수 있는 상태를 말한다. 간단히 말하면 민족이 완전히 독립이 되어 독자적 행동을 취할 수 있는 상태를 의미한다고 하겠다.[7]

그런데 한국의 해방은 일제의 항복으로부터 미군의 남한 진주와 소련군의 북한 진주로, 지배권력만 바뀌는 꼴이 되고 말았다.

프랑스의 경우는 달랐다. 1944년 6월 6일, 미국·영국·캐나다 연합군이 북프랑스의 노르망디에 상륙한 것을 계기로 프랑스 국내의 레지스탕스가 각지에서 봉기하였다. 레지스탕스들은 철도 및 전선을 절단하는 등(이로써 철도 600건 이상 탈선 사고) 독일군에 심대한 타격을 주고, 8월 10일 철도원 총파업으로 독일군의 기동력을 차단하였다. 8월 15일 남프랑스의 툴롱-칸느 사이에 연합군과 프랑스인 부대가 상륙하고, 8월 25일 드골이 이끄는 자유프랑스 부대가 파리에 입성하면서 프랑스는 해방을 쟁취하게 되었다. 그 사이 국내에서는 수만 명의 레지스탕스들이 줄기차게, 치열하게 독일군과 비시 정권에 타격을 주었다.

제2차 대전의 종결과 함께 민족분단이라는 비극을 안은 채 해방을 맞은 한민족은 '해방군'으로 진주한 미·소 두 나라에 감사하면서, 남북으로 갈라져 외국군의 통치를 받게 되었다. '개인자격'의 조건으로 임시정부 요인과 망명 지사들이 속속 귀국하고 국내의 각계 인사들이 자신들의 과거 행적과는 상관없이 정당을 만들거나 단체를 조직하면서 활동에 나섰다. 해방정국은 35년간 막혔던 둑이 터지는 것처럼 격류 속에서 백화제방을 이루었다.

전조선문필가협회 회장에 추대

서울로 올라온 정인보는 먼저 문화활동을 시작했다. 문학(화)인들이 일제에 협력하지 않고 꿋꿋하게 살아온 그의 명성을 높이 평가하여 조직의 책임자로 추대하였다. 당시 문화계는 성향에 따라 좌우로 분열되었다. 좌익 측이 선수를 쳤다. 1945년 8월 16일 좌익 계열의 문학인들이 조선문학건설본부를 구성한 데 이어 미술·음악·연극·영화 등 전 예술분야 인사들을 조직에 끌어들여 조선문화건설중앙협의회(1945. 8. 18)로 개편하고, 9월 17일에는 조선프롤레타리아예술연맹으로 확대한데 이어 12월 13일에는 조선문학가동맹으로 확대·개편하는 등 해방공간의 문화계를 주도해 나갔다.

이에 맞서 우익 진영의 문학인들은 1945년 9월 8일 조선문예협회에 이어 1946년 3월 13일 전조선문필가협회를 창설하기에 이르렀다. 참여 인사는 정인보를 비롯하여 김정설·이선근·박종화·양주동·김진섭·이병기·설의식·안재홍·장도빈·이병도·이관구·윤백남·이종영·김동인·정지용·함상훈·오상순·변영로·손진태·이희승·김준연·고재욱·오종식·조윤제·안호상·이금화·황신덕·장덕조·김광섭·이헌구·김동리·곽종원·조연현 등이었다.

왜정시절 총독부가 주관한 조선사편수회를 비롯한 친일어용기관과, 조선문인협의회, 조선배구작가협회, 조선시가연맹 등이 발전적 해산에 의해 창설된 조선문인보국회(1943. 4. 17)에서 이른바 '황도문학'을 수립한다면서 일제의 침략전쟁과 내선일체에 적극 참여했던 인사들도 다수 끼어 있었다. 그러나 정인보와 더불어 끝까지 지조를 지켰던 문인, 사회인사들도 없지 않았다. 정인보는 전조선문필가협회에서 회장으로 추대되었다.

전조선문필가협회
회장: 정인보
부회장: 박종화·채동선·설의식·이병도·함상훈
언론부장: 이선근
학술부장: 안호상
문화부장: 양주동
교육부장: 허영호
미술부장: 이종우
연예부장: 안석주
음악부장: 채동선
체육부장: 서상천
과학부장: 김봉집
사무국상무위원: 이헌구·오종식·김광섭[8]

정인보는 전력과는 상관없이 다재다사들이 모인 우익 진영의 문필가협회의 회장으로 추대될 만큼 존경과 신뢰를 한 몸에 받았다. 결성대회는 「4개항의 강령」을 채택하였다.

1. 진정한 민주국가 건설에 공헌하자.
2. 민족자결과 국제공약에 준거하여 즉시 자주독립을 촉성
   하자.

3. 세계문화와 인류평화 이념을 구명하여 이의 일환으로 조선문화를 발전시키자.

4. 인류의 복지와 국제평화를 빙자하여 세계제패를 꾀하는 모든 비인도적 경향을 격쇄하자.[9]

전조선문필가협회는 「결성 취지문」을 대회 날 김광섭이 낭독하였다. 정인보의 생각이 많이 담긴 것 같다. 오늘에 이르러도 생명력이 넘치는 글이다. 다음에 전문을 싣는다.

8월 15일 이전에 우리는 일본 군국주의 앞에서 해골의 춤을 추어 소위 '황도'의 폭풍 아래 밀려서, 조국의 역사를 버리고 살아왔다. 이 비애의 도탄 속에서 비록 준비없이 받아들인 해방이나마 3천만 민중에게 잊어버렸던 민족적 각성을 깨우쳐, 자주독립의 길을 열어주었음에 열광하지 않을 수 없다.

이로써 학정은 끝나고 민중은 열광하였으나 오랫동안 민중을 떠났던 지도자들은 조선이 나아갈 목표를 한 곳에 두지 않고 따라서 민중의 사상을 삼분오열케 하여 드디어 비약이 도리어 실추로 전화하려 하고 피의 의식으로써 갈망하던 독립은 지도자의 입에서 정권화되고 민중의 정열에서 떨어진 듯한 감도 없지 않으니 실로 8·15 이후의 조선정당사는 진리를 은폐한 기술이 아닐 수 없게 되었다.

물론 세계의 정세가 단순치 않고 사상의 계열이 복잡한 가운데서 억압되었던 36년의 모두가 숨김없이 폭발되는 해방 후의 사태가 모색을 거치지 않고 간단히 정돈되기 어려움은 이미 예상한 바이었으나, 국권을 게을리하여 빼앗겼던 죄의 36년을 잊어버리고, 독립의 전야가 공公히 밝지 못하고 사私에 어두워 환경에 대한 신속한 처리가 감행되지 못한 채 세계가 주시하는 백일의 태양 아래서 외적과 싸우지 못한 용기를 다하여 동족끼리 피비린 암투를 계속함을 일삼아 어느덧 우리는 일본의 독점을 떠나 연합국 사이에 끼인 듯하나, 이것이 과거의 역사적 과오를 건국 초기의 위대한 역사적현실에 반복됨이 아니라 하며, 만대에 누릴 통일국가 건설에 일대 한사恨事라 아니하랴!

이에 문필을 가진 우리들은 붓을 반드시 정당의 칼로 삼음이 아니나, 민중의 여론에 지표가 서지 못한 이 혼란된 사태에 처하여, 이미 각성되었고 또 각성되려는 문화인의 현대적 정치의 정세를 다시금 순화하여 태극기 깃발 아래에 삼천만의 정열을 집중시키고, 공의를 형성하여 한결같이 인권이 존중되고 자유가 옹호되고 계급이 타파되고 빈부가 없는 가장 진정하고 가장 민주적인 국가관, 세계관을 밝혀 세계와 인류에 공통된 민족국가 이념 위에, 역사가 중단되었던 조국을 재건하려 함이니 세계에 빛나는 한 민족, 한 국가로 자처할 이 국민문화의 형성은 소 파벌의 독재도 용납되지 않을 것이요, 계급적이기도 허용되지 않을 것이요, 전체에의 반동도 묵인되지 못할 뿐더러, 논리에 있어서 모순이 없고 성격에 있어서 준철하며, 감성에 있어서 발랄하여 스스로 자주 자율하는 고귀한 도덕성이 요청되어야 할 것이다.

이에 '전조선문필가협회'가 한번은 반드시 통일된 민족국가를 건설하려는 민족적 숙명 아래서 역사적 현실적 필연성을 띠고 탄생하는 바이니 우리는 어디까지든지 민주주의의 공식적 정당 강령화를 넘어서 생명에 부딪치고 다시 생활의 이념이 되어 정치로 향하여 가는 진정한 민주주의 문화를 건설하려 한다. 전도가 강호제현의 아낌없는 편달만이 우리를 정도에서 벗어나지 않게 하리라 믿는 바이다.[10]

정인보 등 문단의 지도급 인사들은 좌우로 갈라진 문인사회를 통합하고자 각고의 노력을 기울였다. 그 일환으로 기획된 것이 1945년 12월에 발간된 『해방기념시집』이었다. 여기에는 정인보·홍명희·안재홍·이극로·김기림·김광균·김광섭·김달진·양주동·여상현·이병기·이희승·이용악·이헌구·이흡·임화·오시영·오장완·윤곤강·이하윤·정지용·조벽암·조지훈 등 좌우, 중도 계열을 가리지 않고 해방 당시 대표급 문인들의 작품이 수록되었다.

해방정국은 거칠게 진행되었다. 큰 줄기의 정치현안으로는 찬탁과 반탁, 이념적으로는 우익과 좌익, 대외적으로는 친미와 친소로 갈렸다. 이 같은 소용돌이 속에서 독립국가로서의 가장 선결 과제인 반민족 친일파 척결 문제는 사라지게 되고, 오히려 친일파, 부일협력자들이 미군정의 핵심으로 활약하기에 이르렀다. 정인보는 가슴을 치면서 오열했지만 거대한 조류를 되돌리기에는 역부족이었다.

순국선열 추념문追念文

정인보는 1945년 8월 꿈에도 그리던 조국광복을 맞아 「순국선열 추념문」을 발표하여 순국지사와 생존지사들을 주념하였다. 전문이다.

순국선열 추념문을 낭독하는 정인보 (1945년 12월 23일)

우리 국조國祖, 형극을 개제開除하시고 정교政敎를 베푸신 뒤로 면연綿延함이 거의 5천 년에 미치는 그 동안 흥패의 고故가 어찌 한두 번이리요마는, 실상은 한 족류族類로서의 대승代承이요, 혹 외구의 침탈함이 있었다 할지라도 그 지역이 일구에 그쳐 환桓·해解·고윤古胤의 내려오는 통서統緖는 언제나 엄연하였었나니, 우리 몸소 당한 바 변란이야말로 사상에서 보지 못하

320

던 초유의 참慘이라.

광무·을사를 비롯하여 정미를 지나 융희·경술에 와서 드디어 언어 끊이니, 그 참담은 오히려 둘째라, 기치奇恥와 대욕大辱이 이에 극함을 무엇으로 견딘다 하리오. 이러한 가운데 일도찬란一道燦爛한 국광國光을 일으켜 민중으로 하여금 치욕의 일에 긍부矜負와 비참의 기期에 분발을 끊임없이 가지게 함이 과연 누구의 주심이뇨. 우리는 이에서 을사 이후 순국하신 선열제위를 오매간寤寐間 잊지 못하나이다.

그 동안 일구日寇가 이 땅에 육량陸梁함이 오래라. 감이라 독이라 하여, 패퇴하던 날까지 강산민인을 저들은 저의 점제하占制下에 두었던 듯이 알았을 줄 아나, 우리 선열의 피로써 적과 싸워온 거룩한 진세陣勢, 41년의 1월을 관철하여 몸은 쓰러져도 혼은 나라를 놓지 않고, 숨은 끊어져도 뜻은 겨레와 얽매이어, 그 장하고 매움을 말할진대 어느 분이 최후 천읍지애天泣地哀할 거적巨迹이 아니시리오.

인刃에 절絶하였거나, 약에 운殞하였거나 다같은 국가독립의 발발勃勃한 탱주樘柱요, 척수隻手의 거擧이나 일려一旅의 전戰이나, 모두가 광복 달성의 열렬한 매진이요, 역중域中에서 기구하다가 맹지猛志를 뇌옥牢獄에 묻거나 해외에 전표하면서 고심을 노봉虜鋒에 끝마치었거나, 다 항적필사抗敵必死의 강과剛果한 결정이니, 개인과 단체, 자살과 피해가, 불일不一한 대로 내어뿜는 민족적 망릉芒稜은 일찍 간헐間歇됨을 보지 못한즉, 이 피가 마르지 아니함에 적과 싸움이 쉬인 적 없고 이 싸움이 쉬지 아니함에 이 땅에 마침내 적의 전거全擧로 돌아갔다고 이르지 못할 것이라.

그러므로 우리 41년을 통하여 일구의 역役이라 할지언정 하루라도 피의 시대라 일컬을 수 없음은 오직 순국선열들의 끼치신 피향내가 이곳의 주기主氣되어 온 연고니, 이 여러분 선열이 아니었던들 우리가 무엇으로써 원구상圓球上에 서리오. 삼천리 토양 알알 그대로가 이 여러분 열혈의 응체凝體임을 생각하매 구한신감舊恨新感이 가슴에 막혀 어찌할 줄을 모르겠나이다.

교구狡寇, 대로전승對露戰勝의 여위餘威를 가지고 오조의 협약을 떠는 것이 어젠 듯하오이다.

국보國步는 기울고 대세는 가, 앞길의 암흑이 그즈음을 알 수 없는 그때, 저 주근뉴유周勤紐由의 구원久遠한 정기 몇몇 분의 선혈로조차 다시 솟아나 안으로 폐부의 중망重望과, 원로元老의 수의고고守義枯槁하던 구신舊臣과 격앙한 위사衛士와 강개한 미관微官과 임하유문林下儒門의 기덕耆德들의 순열이 서로 이었고, 밖으로 주차사신駐箚史臣의 사절死節이 국문國聞을 용동聳動하였으며, 각 지방으로 의기義旗 곳곳에 날려 과혁裹革의 시尸와 냉산泠山의 혼과 피집불굴被執不屈의 장사, 다 적담을 서늘하게 하였으며, 헤이그의 의성義聲이 내외를 흔들매 미쳐 국민마다 강혈이 끓는 중— 양위의 핍逼을 뒤이어 군대의 해산을 보게 되던 날 굉렬한 대장의 자포自砲가 조국 광복의 활훈活訓이 되매 죽어도 겨누라는 명명明命이 되어 마침내 시가일전의 혈성血腥이 영구한 민지民志의 보람으로 빛나매, 무릇 군장을 신상에 걸은 이거의 의려義旅로써 결합되지 아니함이 없고 학사명환學士名宦이 함께 고기鼓旗를 잡아 비록 형세 단약單弱하나마 자못 운흥雲

興함을 보았나니, 이에 창이 부러질수록 의義 더욱이 굳고 몸이 적게 잡힐수록 정신은 갑절이나 활발하였거니 옥중에 황야에 어느 뉘 어귀찬 전망戰亡이 아니오리까.

난적을 치려다 오중誤中하여 의구義舊만이 상喪함을 애달파함도 그 어름이어니와 하얼빈에서 구적의 원흉을 사살하던 장거壯擧는 지금껏 남은 늠연凜然이 있나이다. 국변國變 당시 조야를 통하여 열절烈節이 계기繼起한지라, 수토守土의 장리長吏를 비롯하여 구원에서 간정艱貞을 지키던 이, 국교國敎로 민지를 뭉치려던 이, 석학문호 고사 단인端人, 기근幾近으로 산반散般 중경重卿에 미쳐 선후하여 구명軀命을 버리어 사적의 열烈을 밝히셨나이다. 을사년부터 경술에 미쳐 국보 이미 기우는 것을, 대세 이미 가는 것을, 저렇듯이 주검으로 붙드시려 하였으니 기우는 것은 기울고 가는 것은 가, 최후에 이르게 된 일면一面 붙드신 그 힘은 그 속에서 강고하매 한 번 상난의 최후를 넘자 하경下傾하던 파도를 휘어돌려 다시 흉흉하기 시작하매 광복의 일로가 바로 전 민중의 분추奔趨하는 바 되었나이다.

이에 앞서부터 만주 남화南華 원遠으로 미美, 근近으로 노露에 지사의 종적이 분포하더니 다시 그 규모를 굉활히 하매, 혹 단결하여 군려를 배진倍振하고 혹 규합하여 당륜黨倫을 증장增長하고 혹 단신으로 고행孤行하여 좌원우응左援右應하는 그 행사 또한 백난을 충모衝冒한 바라, 내외호류內外互流하는 기다의 열현烈賢 속에 전 민중의 지의志意가 불타듯이 뜨거워가다가 기미 3월에 와서 충일의 표로가 독립만세로 터지자, 여기서들 대한 민국을 내세우고 임시정부를 만들어 오늘에 이름이 하나로부터 만억에 이르기 다 선열의 물려주신 바임은 천추하에도 유메濡袂의 누淚를 자아낼 줄 아나이다.

기미 이후는 우리의 운동이 가장 강하여지니만큼, 만세 소리에 응집하던 그때부터 농촌·시장·교회·부인·노년을 나눌 것 없이 앞에서 넘어진 채 뒤에서 밀고 나와 혈풍혈우血風血雨가 전토를 휩쌌었으니, 고선민古先民 임전무퇴의 계誡 이에 재흥함을 이를지라 피 헛되이 쌓이지 않고 하늘이 민충을 돌보아 금일 광복의 서색을 국토에서 맞이하게 되었나이다

언제나 순열의 선민은 유국有國의 정간楨幹이시라 그 가운데도 우리의 과거를 생각하건대, 선열은 곧 국명이시니 왕왕히 일인의 '피'로 인하여 민족의 조소함을 보게 됨이 어찌 도언徒言이리까. 저 강호江戶 추거推擧의 계속적 장도 고국의 사람 있음을 나타냄도 그러려니와 왕자往者 상해의 난해 왜구의 방자方滋하는 공세, 우방으로 하여금 지한至恨을 머금게 하던 때, 우리 의사의 일발이 군추群酋를 진섬殄殲하여 거국의 원사援師보다 오히려 지남이 있어 우리 독립의 대계 격랑같이 노사怒寫함을 얻게 되었나이다.

예로부터 지사는 일사一死를 가볍게 여기나니, 구태여 생을 사捨하고 의를 취하신 데 향하여 비애의 세정細情을 붙이고자 하니하며, 더욱이 모두 광복의 원공元功이신 바에 무슨 유한이 있으리까마는, 같은 선열이시면서도 혹 현저顯著하여 천양天壤에 혁혁하기도 하고, 혹 인멸하여 명자名字조차 물을 길이 없기도 하니, 전을 행이라 하면 후 어찌 불행이 아니리까, 하물며 무인궁도無人窮途에서 고훼枯卉 위에 촉루髑髏를 굴리어 귀화鬼

火 번득이고 오작烏鵲이 난비할 뿐으로 생전을 차치且置하고 사후까지 소조蕭條한 이가 많음을 어찌하리오. 설사 이렇게까지는 아니할지라도 군행여진軍行旅進하다가 함몰한 이들은 누구며, 유칩역구幽蟄歷久한 이들은 누구뇨. 다수를 인하여 특저特箸가 없는 거기에 일성日星과 병수竝垂할 열적烈蹟이 많으시려니 서자逝者, 아무리 호연타 한들 살아 있는 우리야 어찌 돌아보아 슬프지 아니하리오.

다시 생각하면 순국선열은 순국으로 일체시니 명자를 가리켜 인아人我를 나누려 함은 오히려 사견인 양하여 자위코자 하나, 또 설워하는 바 있으니, 을사 이후 선령이 보고자 하심이 광복이라. 차신의 전전하는 동안 동지로서 간고에 제휴하던 이 가운데도 이미 선열을 따라가신 이 많거늘, 이 날을 어찌 우리만이 보며, 더욱이 만드시던 이는 멀리 아득하고 그 적蹟을 습襲한 우리, 이 서광을 바라니, 이 느낌을 또 어이하리오. 우리 국외에서 성상星霜을 지낸 지 오래라. 그때는 생자를 또한 사로死路를 밟아 의기依寄하는 바 요직 선열의 혼백이매, 거의 인귀人鬼의 격隔을 잊었더니 이제 고토故土에 들어와 동포 민중의 품에 안기니 와락 차신의 존류存留함이 어찌 그리 곽연廓然함을 느끼나이다.

들어서면서 곧 미침微忱을 드리려 한 것이 오늘에야 겨우 추념하는 대회를 거행하게 되니, 늦으나 오히려 우리의 정을 기탁함직하되 우리 선열게 형향馨香이 광복의 완성, 즉 독립의 고공告功에 있을 뿐이어늘 이제 여기까지 달함에는 아직 거리 없지 아니할새, 영전에 향하는 육니衄怩 자못 무거우나 몇십 년

전 암흑뿐이요, 누망縷望이 없던 그때에도 선열은 꺾이지 아니하셨으니, 우리 이제 수성垂成의 업에 헌신함을 맹세할 것은 물론이요, 시時 금석이 있다 할지라도 민시民是는 선열의 유서遺緒로부터 내려와 의연할 바니 우선 현하를 들어 선열게 고하려 하며, 여러분 재천하신 영령은 우리를 위하여 경경耿耿하실지니, 그 백절불굴하신 의기, 지순지결하신 고조高操, 민아무간民我無間하신 성심, 웅탁맹특하신 용기는 전 민중으로 하여금 효칙效則하게 하사, 이로써 태운泰運을 맞이하여 위로 국조홍익의 성모聖謀를 중신重新하게 하시며, 아래로 3천만의 기망을 맞추어 이루게 하소서.[11]

임정요인 환영하는 '봉영사' 지어

정인보는 「순국선열추념문」에 이어 임시정부 요인들을 환영하는 「봉영사奉迎辭」를 지었다. 해방정국의 혼란 속에서 각계 각파가 이전구투를 벌이는 양상을 질책하면서, 임정요인들과 독립운동에 모든 것을 바친 애국자들을 기리는 내용이다.

우리 적의 기반羈絆 밑에서 우리 정부를 그리워함이 무릇 몇 해이뇨? 기미 3월 전민족의 뜻이 독립만세 소리로 터지어 대한민국 임시정부로 뭉친 지 27년 만에 오늘날 이 정부 주석 김구 선생 및 정부 제공을 이 땅에서 마중하게 되었다.

상해로 중경으로 그 가지로 겪은 바 고사古史에도 비례가 없건만 고심과 열혈 앞에 어려움을 모르시고 오늘에 이르셨다. 그동안 의지 없는 우리 민족이 바라고 향함이 이 정부 아니고 어디였으며, 고생으로 세월을 거듭하신 그분들의 꿈에도 잊지 못하심이 이 땅 이 민족이 아니고 누구였던가? 그러므로 비록 이역에서 사미栖眉하였을 망정 머문 곳마다 3천만의 정신은 항상 그리로 따랐었다. 적은 물러갔으나 우리 손으로 쳐쫓음이 아님은 한하신다는 말을 들었다. 그러나 그 분들의 갈고 갈으신 그 칼이 마침내 천상의 가수假手하심을 보게 된 것이니 거룩한 이 돌아오심이야말로 무엇으로써 우리의 감격을 형용하리오?

오호, 그렇듯 그립던 정부로서 이 땅을 들어서는 즉시 국토의 장엄이 오히려 기다림을 느끼단 말가? 과거 27년 동안 적의 중압이 갈수록 더하여 포운疱雲 파월巴月의 상망想望조차 아득하였건만 어느 때고 우리나라의 독립이라고만 하면 곧 대한민국 임시정부를 생각하였었다. 손이 묶이고 발이 채인 우리로서 헤어지지 아니한 원혼이 있어 해표海表로 날아다닌 그 날개 곧 이 정부가 아니었던가?

그 가운데 우방조차 무전無前한 성혈腥血로 덮으매 우리는 풍편에 귀를 기울여 초조를 하면서 연합제국의 모임만 있다면 이 정부의 참가를 궁금해하였다. 뜨거운 포효에 고마웠고 승인에 좋았고 내지 조우와 협보에 감사하여 왔다. 오늘 이 땅에서 이 마중을 하는 우리는 과거 아득했던 그 때 또 정신을 더 한층 솟구자. 그리하여 일체로 책임을 지자. 강산아, 나라는 다시 온다. 일월성진아, 우리 대한민국 임시정부의 앞길을 비추라.[12]

광복 선열의 영령 앞에- 3천만 다함께 머리 숙이자

정인보는 해방 이듬해 해방 후 처음 맞는 3·1혁명일을 맞아 「광복 선열의 영령 앞에」라는 글을 지었다. 남북 분단과 미군정 하에서 광복선열들의 정신이 사라져가고 새로운 사대주의자들 이 설치는 모습을 지켜보면서 쓴 글이어서 더욱 생동감이 넘쳤 다. 불행하게도 이날 행사는 좌우가 따로 기념식을 거행하였다.

우리 선열은 아시나니까? 일구日寇가 일소된 우리 국토에서 처음으로 국경일의 전례를 행하나이다. 황포탄 물소리에 맹렬 함을 섞으며 파자고국巴子古國의 산창 속에서 태극기 한 가득히 날리던 이 절일節日 마다 일도영광一道靈光이 언제나 그곳을 위 요圍繞하였으려니.

선열先烈의 쓰러지신 물 그대로가 낱낱이 우리 나라를 되일 으키는 어귀찬 장주瘴柱라 지금에 있어 더우기 그 성향을 듣는 듯하니 우리 어찌 스스로 자사념을 둔다 하오리까?

우리 선열은 아시나니까? 우리 국토는 적이 물러가자 뒤이어 남북이 동강난 지 달 수로 여덟 달이요, 이 정당 저 정당 분운 하던 북새가 저윽이 지났으나 아직도 오른쪽이니 왼편이니 합 니다. 종각의 인경소리 뎅뎅 하며 28년 전 이 날에 전국민의 독 립정신을 부르짖던 독립선언서를 다시 읽어 광파시킴을 비롯 하여 모임과 행렬 곳곳마다 성대함을 보는 우리는 촉처觸處에 감격되는 바 무엇으로 형용할 수 없나이다.

선열의 끼치신 피줄기가 우리 자체에 순환되지 아니한다면 말할 것도 없거니와 이 순환이 종식되지 아니할진대 우리 어찌 그 지사志事의 계승에 자력치 아니하리까?

생각하건대 기미독립운동은 을사 이래 쌓여 내려온 선열의 피의 격발됨이요 오늘날 이 성전은 기미 이래 쌓여 내려온 선열의 피로 장식 됨이니 우리 민족의 방래의 어느 무엇이 선열이 아닌 바 있으리까?

순국이라는 말을 지난 세월에 흔히 써 왔으나 순殉은 종사從死의 의리, 을사·경술 대변란과 생을 한 가지 아니하신 열적烈蹟으로부터 기미운동의 제선열 최근에 멈추기까지 '위국사신爲國拾身'하신 여러분의 일을 종합하건대 모두 광복일로 구류하는 적극적 대파이니 어찌 순으로써 일컬음에 그칠 바이리까?

하물며 오늘에 있어서리까? 그러나 우리 선열을 추념함에 있어 향을 피워 분욱을 상승케 하는 것으로 한다 하오리까, 노래를 불러 음향이 사철케 하는 것으로 한다 하오리까? 종종의 의식, 종종의 행사, 이만하면 이 날의 유감이 없다 하오리까?

이 나라 이 민족을 위하여는 일체를 버리는 이 일단진一段眞 정신이 각개의 뇌리에 과연 어떻게 되어 가지고 있는가를 각개 스스로 돌아보아 여기에 대하여 무됨이 없도록 여딤이 없도록, 거듭 나아가 이를 더 발전하도록 하는 노력이 곧 향이요 노래요 의식이요 행사인 줄 아나이다.

우리 아무리 연생하는 사념이 있다 한들 선열유혈先烈流血의 과거를 생각할 때 국가 민족 이외 어느 선열이 노화爐火 속 일모가 되지 아니하리까?

뜻 앞에 어려움이 없음을 선열은 자신으로 보이셨나이다. 의로 나아가는 길에 가로막을 무엇이 없음을 선열은 두렷하게 나타내셨나이다.

우리 선열의 과거를 추념함과 아울러 그 지사志事를 이어받아 나아갈 것을 다 함께 맹세하고자 하나이다.[13]

임정봉대 혁명위원회 부위원장

지금까지 덜 알려진 일로 1947년 3월 '임시정부봉대 혁명' 사건이 있었다. 이 '거사'는 결국 불발로 끝나고 말았지만, 이것이 성사되었으면 한국현대사는 물굽이가 바뀌었을 것이고, 정인보의 인생행로도 크게 달라졌을 것이다.

사건의 개요는 이렇다. 김구 중심의 한독당과 김성수·장덕수 등 한민당과의 통합운동이 은밀히 추진되었다. 미군정을 축출하고 임시정부를 세운다는 것이 목적이었다. 합당 회담이 1946년 2월 26일 열렸다. 한독당의 조완구·조경환 등과 한민당의 김성수·백남훈·장덕수 등이 참석한 회담에서 이해 3·1절까지 통합하자는 논의가 있었다.

거사를 위하여 '혁명위원회'가 구성되었다. 위원장 조성환, 부위원장 정인보, 위원에 유창준·이을규·이정규·안호영·황갑영·유정렬이었다. 혁명위원은 임정계열과 아나키스트계열로 짜였다. 거사 첫 단계는 다음과 같다.

1. 1947년 3월 1일 정오, 서울운동장에서 기미독립선언기념 대회 종료에 앞서, 긴급동의 형식으로 조성환위원장이 대한민국임시정부 봉대를 제안하는 일 대 연설을 한 다음 만장일치로 연호하여 채택하고, 곧 이를 내외에 선포하여 행동에 옮길 것을 결의한다.

2. 대회 참석자 전원이 임시정부 만세를 연호하여 을지로, 서울시청, 광화문, 파고다공원까지 시가행진하며 정부선포 사실을 일반 시민에게 알린다.

3. 서울방송국을 장악하고 전국 국민에게 임시정부의 주권 회수 사실과 그 의의를 긴급뉴스로 연속 보도한다.

4. 창덕궁을 임시정부의 임시청사로 사용한다.

5. 국무위원회, 주석, 부주석 및 각원 명단을 발표, 첫 국무회의를 당일 오후 5시 창덕궁 인정전에서 개최하고, 제1호 정령 및 5종의 메시지를 채택 발표한다.

제1호 정령   ① 검·경은 민생치안에 전력할 것.

② 현행법 준수.

③ 기왕의 군정관리는 새 정부의 명령이 있을 때까지 계속 현 위치에서 대기할 것.

④ 교통·체신·방송국은 혁명위원회의 직접 지시하에 움직일 것.

⑤ 민생에 지장을 주지 않도록 모든 경제활동의 정상화에 각별히 유의할 것.

메시지   ① 전세계 인민에게.

② 전 국민에게 드리는 글.

③ 군정청 관리에게.

④ 미군정 장관에게(남한).

⑤ 소군정 장관에게(북한).

후속조치

1. 입법의원, 군정청의 한인 직원, 기타 각급 공공 직장 단위
   로 임정봉대 결의대회를 갖도록 유도한다.

2. 전국 각 정당 사회단체 및 지방단체들이 자발적으로 임정
   봉대 결의대회와 환영행진을 거행하도록 유도한다.

3. 좌우·중간파를 포함한 양심적인 정치세력들에게 상시 문
   호를 개방하여 언제든지 혁명대열에 동참할 수 있도록 유
   도한다.

4. 극단적 친일파, 정상배, 부패분자들의 도량을 엄단하여 혁
   명대열 잠입을 경계한다.

5. 모든 행사에는 특히 반미·반소의 구호를 엄계하며, 비폭
   력을 원칙으로 하여 되도록 외부와의 마찰을 피하되, 만일
   의 경우에 대비하여 자주 자위의 태세를 갖춘다.[14]

넓게는 한반도, 좁게는 남한의 명운을 바꾸게 되었을지 모르는
'임정봉대 혁명위원회'는 그러나 좌절되고 말았다. 혁명위원들은
경교장으로 김구를 찾아가 내락을 받고, 당시 미국 방문 중인 이
승만에게 "마침내 12월 초 밀약했던 대로 임시정부의 주권을 선
포할 시기가 되었다."는 요지의 전보를 띄웠다. 그러나 이승만의
회신은 엉뚱했다.

내가 도착할 때까지 기다리시오. 우리가 처음 논의했던 계획에 따라 행동할 수 있도록 그동안 모든 힘을 통일 하시오. 이것은 나와 당신이 우리 사람 모두에게 보내는 지시요.[15]

이승만은 임정봉대의 혁명이 성공했을 경우 자칫하면 영수 자리가 김구에게 넘어갈 것을 우려하여 '거사'를 멈추도록 지시한 것으로 풀이된다. 이 사건은 미국 정보기관에 포착되면서 불발로 그치고 말았다. 더우기 무기 구입을 맡았던 독립운동가 김승학이 제주도 또는 대만에서 준비해오던 자위용 미제 권총 100점이 수송 도중 바닷물의 침수로 녹이 슬어 무용지물이 되면서 거사는 더 이상 진척될 수 없었다.

이 사건에 관계하였던 이문창 씨의 기록에 따르면 서울의 미군정 소속 경찰서장들이 협력하기로 밀약이 되었었다고 한다.

이렇듯 방대한 계획이 전국적인 규모에서 추진되고 있는데도 워낙 비밀을 엄수한 탓으로 외부에서는 별반 눈치 채는 사람이 없었던 듯하다. 하지만 이때 이미 서울 시내 8개 경찰서장들은 특별행동대 사령관(김석환)과 은밀히 내통, 충성 서약을 하고 대기중이었으며, 입법의원 내에서도 의원들 간에 거사 즉시 임정을 정식 정부로 추대할 것을 결의하기 위한 논의가 진행 중이었다고 한다.[16]

임정봉대 혁명위원회 구성 미수 사건을 다소 길게 설명한 것은, 정인보가 이 조직의 부위원장으로 추대되어 활동한 사실 때문이다. 거사의 좌절 뒤 모든 문건을 소각하여 증거를 남기지 않은 까닭에 자세한 내막은 알기 어렵지만, 정인보는 혁명위원회의 각종 선언문, 메시지 등을 작성하지 않았을까 싶다.

이후 정인보는 모든 정치활동을 접고 국학대학의 경영에만 심혈을 기울였다. 이와 더불어 독립운동 등 민족문제와 관련하여 각종 글을 썼다. 일왕 부자를 폭살하려다 미수에 그쳐 일본 법원에서 무기형을 선고받고 22년 2개월 만에 석방되어 해방 후 귀국한 박렬이 찾아왔다. 그래서 시를 지어 그의 장한 행적을 기렸다.

박렬 군은 의로운 소문이 세상에 요란한데…
동경서 그 당시 의義는
구름에 치달았고
천당이건 지옥이건
구별 없이 똑같았네
조국 산하가 거듭
돌아올 수 있었음에
하루 저녁 등불 아래 찾아주지
어이 그리 은근한가?
손잡고 보니 우선
늙지 않아 놀랍고
애쓴 보람 필경
떼 지은 인재를 보게 되리라
장학회를 세우는 중이라

아마도 바다 건너

머물 테지만

골짜기 가득한 계향桂香을

내게도 맡게 해 주시구려.[17]

18장

국학대학장,
초대 감찰위원장
지내

국학대학 설립되자 학장취임

해방 후 정인보의 소박한 소망은 국학대학을 만드는 일이었다. 망국의 한을 씻고 건전한 자주독립국가를 건설하기 위해서는 '얼'이 살아 있는, 정신적으로 건강한 청년들을 육성하는 것을 자신의 소임으로 알았다.

해방과 함께 귀국하거나 국내에서 지절을 지켰던 애국자 중에는 학교를 세우는 분들이 있었다. 김구는 건국실천양성소, 김창숙은 성균관대학, 이시영은 신흥대학, 신익희는 국민대학, 김상덕은 경신중고등학교를 각각 설립하였다. 해방 당시 국내 각급 학교의 설립자 중에는 친일행위자들이 많아서, 새로운 민족정신에 따른 교육기관이 절실했던 시대적 요청이었다.

정인보의 국학대학 설립 관계에 대해서는 자료를 찾기 쉽지 않았다. 1929년 서대문구 현저동에 있었던 보명의숙을 정봉현이 인수하여 1933년에 화산재단법인으로 인가받아 화산보통학교를 설립, 운영해 왔다. 해방과 더불어 민족정기를 앙양하고 국학의

이념을 선양하고자 정봉현의 자손들이 상속 재산을 기부하여 국학전문학교의 설립인가를 받게 되었다.[1]

이런 과정에서 국학전문 연구가인 정인보가 대학설립에 참여하게 되었다. 국학대학에 함께 들어간 아나키스트 독립운동가 이정규의 기록이다.

해방되던 해 10월에 임정요인들이 환국하자 나는 성재 이시영 댁에서 7,8년 만에 위당을 만나 껴안을 듯이 반가웠다. 그의 특징을 지닌 미소, 다정스러히 빛나는 그 눈, 그 의복차림과는 알맞지 않을 정도로 경쾌한 그 웃음, 그의 풍자섞인 유려한 담론에 나는 시간가는 줄도 모르고 성재 선생이 중국에서 선사받았다는 술을 자꾸 마시었다. 위당에게 취하고 술에 취하고 한 셈이 되었다.

그 후 나는 성재 선생을 만나러 성재 선생 댁을 간다기보다는 위당을 만나러 갔고 여기에서 조선교육회를 지키어 내려오던 백은 유진태 선생 자제 기산杞山 유창준과 또 한말 풍운에 궁중에서 외부 항일투사와 고종과의 사이에서 연락을 맡던 내시 안호영 옹과도 만났던 것이다.

위당은 학자이면서도 사교적인 일면을 가지고 있어서 많은 사람들이 그를 따랐으며 동시에 그는 여러 가지 일에 관여하게 되었던 것이다. 해방 후 국민회를 만들 때도 그가 막후역을 하여서 조성환 선생이 초대 회장이 되었던 것이니 이런 점으로 보아서 그는 다기다능한 인물이었다.

우리들은 비밀그룹과 같이 위당·기산, 나의 중형 해관 이을

규, 우당 선생의 차남 이규창 등이 격일 상종하였는데 그 한 장소가 안호영 노인이 경영하는 조일제약회사였다. 안 노인은 의례히 주연을 차렸으며 위당은 채식을 못하고 서양사람들처럼 육식만 한다고 조롱하면서 육식을 맞추어 내놓고 하였다.

사실로 위당은 채식을 안 한다기보다는 못한다는 것이다. 그래서 빈한한 살림살이에 어육을 상상할 수 없으니까 기름油을 많이 먹는 까닭에 참기름 외상값이 쌀 한 가마에 6,7원 할 때에 몇 백원이 되었다고 하는 소문이 떠돌만도 하였던 것이다. 이렇듯 안 노인 댁에서 가끔 만나던 어느 날 위당은 돌연 국학대학이야기를 꺼냈다. 당시 국학대학은 건국전문학교라고, 해방하던 이듬 해에 출발하였다가 국학대학이라고 개칭하여 가지고 정열모 씨가 학장이 되어서 일제하에서 박해를 받은 문인·언론인·학계인사들을 교수진으로 다수 망라하여서 장래가 양양해 보이는 때 개교한지 1년도 못되어서 정열모 학장이 퇴임하게 되니 국학의 비운이 그때부터 시작되었던 것이다.

그래서 국학대학으로서는 제2대의 학장은 좀 더 유명한 학계 인물을 모시고자 해서 위당에게 교섭이 왔던 모양이다.

그러니까 위당으로서는 자기가 평소 학자로서 꿈꾸던 것이 국학이었으니만큼 국학대학장의 교섭은 등한시할 문제가 아니라고 생각하였던 까닭이었다. 이에 대해서 좌중에서 내가 먼저 취임할 것을 강권하였다.

우리의 현실로 볼 때에 국토의 양단과 아울러 민족의 운명이 기구하다는 것을 뜻하는 것이니만큼 우리는 앞날을 해결하는 근본적인 해결방안을 교육에서 찾을 수밖에 없으니 빨리 우리

들이 동지적 결합으로 참다운 학교를 세우든지 잡아야 한다고
생각하는데 때마침 국학대학에서 자진하여 학장으로 모셔 간
다면 이보다 더 좋은 일이 없으니 다언할 필요 없이 취임을 승
낙하라고 역설하였다.[2]

불교용어에 줄탁동기啐啄同機란 말이 있다. 새가 알을 깔 때에
새끼가 알 쪽에서 쫓는 것은 줄啐, 어미새가 밖에서 쪼아주는 것
은 탁啄이 동시적으로 이루어진다고 한다. 어미는 스승에, 새끼
는 학인에 비유하여 기機가 서로 맞음을 말한다.

국학대학을 세우려는 구상을 해 온 정인보와 훌륭한 경영자를
찾는 국학대학 설립자 측의 경우가 이와 똑같았다. 이정규의 기
록을 더 들어보자.

만좌가 일치 권고하는 바람에 위당도 국학을 학문으로 하는
자기이니 취임 결심을 하였던 것이다. 이렇게 결심을 표명하면
서 나보고도 "그러면 나보고만 가라고 할 것이 아니라 우관[3]도
같이 가자"고 하여서 나도 같이 국학대학에 인연을 맺게 되었
던 것이다.

이런 인연으로 내가 처음으로 국내에 돌아와서 백묵을 다시
잡게 되었는데 위당과 심산 김창숙 옹과의 사이도 유달리 친한
사이인지라 심산 옹이 성균관대학을 창설하자마자 국대안國大
案 문제로서 각 대학이 불안에 싸이게 되니 심산 옹으로서는 학
교운영에 경험이 없는 분이라 위당에게 강요하다시피 하여서
나를 성균관 대학으로 데려가고 말았다.

그래서 나는 부득이 한 학기 반쯤 국학에 있었을 뿐이었지만 내가 학계에 투족하여서 남은 반생을 교육에 바치게 된 것은 위당때문이요 국학때문이었다.

위당은 국학 전문학교 장으로 취임한 후 대학으로 승격 인가를 얻는데 고심진력하였으며 일방으로 학교의 재정적 기반을 견고히 하기 위하여 장기 혹서를 무릅쓰고 전라, 경상 양도의 유림 부호들을 역방하는 등 부심진력하였다.[4]

이렇게 하여 1946년 11월 정인보는 국학전문학교에 초빙되고 경영과 강의에 열과 성을 다하였다. 그 성과로 1947년 1월에 국학대학으로 정식 인가를 받아 학장에 공식 취임하였다. 그의 오랜 꿈의 하나가 이루어 진 셈이다.

학장에 취임한 정인보는 「국학대학가」를 지어 학생들의 의기와 학교의 발전을 기원하였다.

물이건 맛을 보고 흙이건 맛자

잘바더 키워 '물릴' 오늘 우리다
5천년 3천리가 '함빡' 안기니
짐크고 길이 멀다 국학대학아

'해동청' 매서운눈 찌저지도록
세계를 살피랄제 '나버텀' 봐라

강서江西에 무친 그림 용龍 다시 살고
토함산 사길 나한羅漢 거러나온다

'호미'도 갈려니와 살손조니라
바다 밋 산호빗은 깁허야 곱다

우악재 저기노코 독립문예라
뜬 구름 나려서라 '얼'이 솟는다.[5]

'교육이념 개의' 지어

정인보의 교육이념을 살필 수 잇는 글 한 편이 있다. 「교육이념 개의概議」라는 글이다. 국학대학 시절에 쓴 것 같지만 정확한 날짜는 미확인이다.

(1) 수립에 앞서 제거부터

사邪를 뽑아야 정正을 삼는다. 우리의 교육이념을 세우는 것이 급한 동시에 과거 일본으로부터 물들은 오욕의 일체를 씻어 버리는 것이 더 급하다. 병합 이래 동안이 오랐고 그네의 수단이 공교하였더니만큼 오염의 정도가 따라서 심각하여 학술에 정신에 아니 미친 곳이 없어 기다의 식자까지도 부지중 그 피혹됨을 모르고 견인에 허덕이었다. 이는 오늘날 가장 경성할 바라. 대와 소, 유형과 무형을 물론하고 이를 발절하는 데 전력하여야 한다.

(2) 우리 당전當前의 교육이념

쌓였던 염오를 없애버리고 가장 순결한 터에 교육의 이념을 수립하되 이 이념은 "일근一根을 주로 하여 거기서 5간의 근根이 뻗어나가게" 함으로써 될지니 주로 할 일근은 '민족의식의 강화진작'이 시是요, 여기서 벋어나가게 할 오근五根은.

1, 의자依自 불의타적 자립정신을 일으킬 것.

2, 고유한 윤리를 수명修明하되 국선신후國先身後의 도덕으로써 일층 심우를 기할 것.

3, 일국 흥망의 책임을 각개가 탐착하여야 할 것을 통각케 하여 이로써 근엄한 민주주의의 기대基臺로 삼을 것.

4, 이 땅 이 때의 국명國命 민원을 여는 데에서 실행이 귀하고, 실행이 귀한 데에서 지식이 귀한 것을 오철케 할 것.

5, 세계의 문화를 잘 호흡하여 우리 문화와 조화한 뒤에 우리의 신문화로써 세계에 전파하기를 자기自期케 할 것.

이 시是서 이 기술한 이념이 얼마 뒤에 있을지도 모르나 현하는 이 위에 없다. 현하는 실實이니 실을 떠나서는 이념이 없다.[6]

정인보가 국학대학을 떠날 때, 그 '마지막 강의'의 모습을 제자 홍이섭은 다음과 같이 회고한다.

선생님이 국학학교를 대학으로 승격시키시고 이어 자리를 떠나시었지만 (그때 필자도 명색 교수의 자리에 있었음은 선생님 뜻에서이었다) 1947년 7월 여름방학이 시작될 무렵 조선고사에 관한 강의로는 마지막 강의를 하시었다. 7월 어느날 오후 퍽 무더웠다. 서창으로 따가운 석양이 들어쬘 때 종이 쪽지 하나를 가지시고 두 시간 이상의 얘기를 하신 일이 있었다. 소도蘇塗에 관한 논증이었다.

『조선사연구』에서 삼한제국의 위치를 확증하시던 것을 요약 얘기하신 것이었다. 얘기하시는 데 쓰신 종이쪽에는 글자라고는 불과 몇 자밖에 적지 않으시었고 두 시간 여의 강의에서는 줄곧 흑판에 논증하심을 밝혀 쓰시면서 줄기차게 설명하시었다.

나는 학교를 나선 지 10년 만에 다시 선생님의 강석講席에 참여하여 빨리 간 시간이 두 시간을 넘은 줄도 몰랐다. 선생님은 여러 번 『삼국유사』와 『삼국사기』 강독만을 한번 해보았으면 하시면서 당신 혼자보다 누구하고 같이 했으면 좋겠다고 하시었으며, 6·25동란 바로 전에는 『좌전左傳』을 공부해보고자 하셔서 5,6명의 동호同好를 구해보았으나 구하지 못하고, 미처 시작도 전에 전란으로 북천의 길을 밟으신 것은 한학을 통해 이해보다 한국사의 정신적인 이해면에서는 더없는 손실임은 다음 날에 보다 통절히 느끼는 이가 있을 것이다. 여하튼 『조선사연구』(상·하 2책)와 『담원국학산고』와 「조선고서해제」와 『양명학연론』은 함께 한국사의 정신적인 이해에 길이 귀貴히 다루어질 것이다.[7]

성재 이공 환국 벌써 한 돌이라…

성재 이시영이 환국한 지 1주년을 맞은 1946년 11월 정인보는 이를 축하하는 시를 지었다. 이시영의 집안과는 선대로부터 가까웠던 사이였다.

생각나오 지난 날
하늘이 무너지고 땅이 꺼질 때
권문세가 머리를 땅에 조아리고
온 백성은 슬퍼하는 데
옥이런가 눈이런가
한 떼의 선학
한 밤 맑게 울며
마자수(압록강)을 건넜느니.

먼동 틀 때 수교문서
갑작스런 변고 드러나자
일곱 집이 집을 떠나
빙상 속으로 들어갔네
형제골육 한 맘으로
새론 국면 열 자고
끔찍한 우애 한으로 이어졌고
원수갚을 마음만 커갔네. (…)

망국의 정승 쓰린 마음
귀신도 어여뻐 했으리니
합니하 땅에 큰 논을
풀려 하였다오
설흔하고 여섯해를
갖은고생 다했으니
천백 천도 더 되리라
몸소 겪은 얘깃거리. (…)

남의 땅에 임정수립
믿느니 일편단심
어렵사리 손잡았네
멀리 국내민의 마음과
(날뛰던 오랑캐들) 허덕허덕 달아남보자
하늘조차 취한 듯
임정요원 돌아와
옛 땅에 어리둥절. (…)

경술이라 원한 품고
서울을 떠날 적에
다진 마음 하늘도 느껴웠나
날씨마저 어두워
스러지지 않아
오늘 돌아온 수레

비춰주는가? (…)

옛 어른 다 돌아가고
서적조차 없어지니
이제와서 우리 법을 밝힐 분
주름진 성재 한 분뿐
보제(이상설) 우당(이회영)
천추의 자취
그 몇 번 벌렸던고
꼼꼼히 묻잡고자. (…)[8]

우당 이공의 난그림에 부쳐

같은 무렵 이시영의 친형인 우당 이회영이 망명지에서 그렸던 난 그림이 뒤늦게 발굴되면서 알려지자 소장자의 간청으로 「우당 이공의 난그림에 부쳐」를 지었다.

정위精衛(중국 신화의 새) 새는 날고 나나
바닷물은 깊어
애달픈 맘 치닿았네
잔뜩 흐린 하늘같네
상해시절 생각하면
눈물 아직 흐르는데

우당 이회영의 난그림에 부친 글

허연 머리 혈혈단신
적의 소굴로 가단말가.

후생 이 몸 오히려
공의 모습 뵈었는데
의협스런 풍도에 정승감이며
천하를 다스릴 재목이었네
요즘처럼 귀살적은 때일수록
정작 맡길 만한 분인데

빈 산 어느 곳에
청평검(고대 명검) 같은 분 묻혔는가.

어쩔 수 없을 때엔
의가 인을 겸하거니
백 번 꺾이고 천 번 갈려도
한 마음만은 절실했네
푸른 앞에 하이얀 꽃 뿌리내릴
땅도 이제 있건만
누굴 통해 그린 분께
이 마음 아뢰올꼬! (…)

그대가 사숙한 제자 아님은
내가 알거니
거문고 타던 님은 가고
아들과는 좋아했지
성재의 제자였다고
세 번이나 되풀이하나
아마도 마음으로 존중한 나머지
몸을 의지한 듯 싶어서겠지.

그 무렵 영재는 드물고
꾸려나갈 일은 많아
한 식군 양 여기시어

그 몇 번 이 손 어루만져 주셨던가?

이 그림이 성씨에 있건

이씨에게 있건 다름없거니와

모름지기 그 의기로

마주 우뚝해야 하느니

맵기론 사도린史道隣(명나라 충신)

호기로는 문천상(송나라 문장가)

전횡 (한나라 의사)의 무리인 양 기구한 고생 끝에

머리 온통 백발

예술이며 장학 계책

그 이치 다르잖으니

난초 꽃다울수록

바위 기운 한결 높아라.[9]

「백범 김구선생 만련」 지어

분단 정권수립을 거부하면서 통일정부 수립을 위해 평양을 다녀오는 등 노력하던 김구가 1949년 6월 26일 친일파, 분단세력, 이승만 추종세력에 의해 암살되었다. 미국 CIA 정보 요원이기도 한 현역 육군 소위 안두희는 암살 후 죗값은커녕 이승만 정권의 특혜를 받으면서 승승장구했다.

백범 김구와 함께 (1949년 5월 29일)

정인보는 김구의 독립운동과 통일정부수립론에 전적으로 공
감하였던 처지여서 그의 암살은 실로 충격이 아닐 수 없었다. 국
민장으로 치른 장례식장에 「백범 김선생 만련」을 지어 보내었다.
장례식 후 이 만련은 경교장의 백범 영전 아래 벽에 오랫 동안 걸
려 있었다.

　　예전에도 들은 적 없네
　　칠십평생 몸은 파리하고 마음 고달팠던 분
　　돌아간 뒤에도 오히려 눈에 어리리
　　삼천리 아름다운 이 산하가.[10]

해방 직후 연희전문에서 환국한 김구 등 임정 요인들을 영접하

는 행사가 열렸다. 이 자리에서 환영사를 한 정인보는 한나라의 장 건張騫이 황하의 흐름에 대하여 말한 이야기를 『사기』에서 인용하였다. 즉 "곤륜산에서 발원한 물이 사막 가운데 염택에서 자취를 감추어 몇 천리를 잠류하다가 청해淸海에 이르러 지표로 나와 장장 9,900리의 물길을 이룬다"[11]는 내용이다.

백범 김구의 생애와 애국혼을 굽이굽이 거쳐 도도히 흐르는 양자강에 비유한 것이다.

초대 감찰위원장 취임

정인보는 1948년 8월 대한민국 정부가 수립되면서 8월 28일 감찰위원장(현 감사원장)에 임명되었다. 이시영 부통령의 천거였던 것으로 알려진다.

> 위당이 국학을 퇴임한 지 1년이 못되어 우리의 독립정부가 수립되자 부통령인 성재 이시영 옹의 권유로써 초대 감찰위원회 위원장이 되었다.[12]

정인보는 감투나 권력 따위에 연연하지 않은 성격이었다. 그럼에도 정부 수립 과정에서 감찰위원장을 맡은 것은 주위의 권고와 신생 정부수립 초기에 관기를 바로 잡아야 한다는 사명감에서였을 것이다. 그런데 이정규의 기록에는 다소 착오가 있는 듯하다. 정인보는 감찰위원장 직을 천거받고 학교를 사임한 것이라 한다.

감찰위원장에 임명된 정인보는 「나는 이렇게 하고 싶다」라는 취임의 변을 통해 선공후사의 포부를 밝혔다.

지금들 입만 열면 관기의 숙정을 말한다. 그러나 탐오한 무리를 제거하여야 할 것은 물론이어니와 이보다 먼저 뛰어나는 공로가 있는 분들을 드러내어서 훌륭한 보람을 보이는 것이 또한 급무일 줄로 안다. 최근에 경남서 들으니 하동서장 김철룡 군 같은 분은 참으로 우리 선민先民에 부끄럽지 아니한 열성인이다. 저즘 광양 백운산 속에 근거를 두고 있는 반도가 하동을 범하고자 섬진강을 넘으려 하던 때 하동리에 있던 인원이 겨우 28인밖에 되지 못하고 무기 또한 서로 적대하기가 어려우므로 이 급보를 듣고는 모두 "아직 피퇴하였다가 도경찰의 지원을 기다려서 합세 응전하는 것이 가하다"고 하였다.

서장이 이 말을 듣고 "그렇다. 그대들이랑 피하라. 나는 이 땅을 지킬 책임이 있으니 혼자 나아가 죽겠다."-일동이 그 위기에 감동되어 "우리가 서장과 갈릴 수 없다 우리도 다같이 죽기로 하자"하고 서장이나 서원이나 일시에 한 덩이의 열혈이 되어 강안 길목으로 나아갔다. (…)

그리하여 들어오는 무리를 물리쳤다. 그 뒤 도경의 주력으로 지금까지 강안 일대를 교대적으로 지키어 치안이 흔들리지 아니하였으니 이익흥 청장 이하의 공적이 적지 아니하므로 내가 만나는 대로 여러 번 일컫은 바도 있었으나 그 당시 최철룡 1인이 아니었더면 반도가 곧 하동으로 들어왔을 것이요 하동이 이렇게 되었더면 경남 일도에 산험 곳곳마다 흉기 가진 무리의 출몰이 그치가 없었을 것이니 여기저기서 퍼지는 대로 수가 붓고 덤비는 대로 힘이 늘었던들 일방의 걱정이 어느 지경에 미쳤을지 알랴.

이충무공이 호남의 중지重地 임을 말하여 "호남은 국가의 보장이니 호남을 잃으면 국가가 없다."고 한 것과 같이 금번의 형세로 보아 하동을 지킨 것이 곧 경남 전도에 대한 공적이다.[13]

정인보는 감찰위원장에 취임한 후 『시정월보』(1949. 3. 10)에 「사령私令을 배제하고 공령公令 존행의 관기를 세우자」는 제목으로 다시 시정의 지침을 밝혔다. 다음에 주요 대목을 발췌한다.

내가 전에 들으니 지위 높은이가 지방장관이 되면 상사의 명령에 대해서 더 한층 경건하게 받들었다고 한다. 어느 때는 내직으로 있을 때 기어이 다투던 일도 외임으로 나아가서는 남보다 먼저 시행하면서 "이것은 관기다. 한 일의 당부가 관기에 비켜오면 오히려 크지 아니하다"고 하였다 한다.

우리 정부가 선 뒤에 내가 본 바로는 크게 걱정스러운 것이 관기이다. 초창의 초初라 물론 다 째이기는 어렵다 할 것이나 초창일수록 계통은 한층 더 삼엄하여야 할 것인데 아직껏 틀이 서지 못하여 중앙에서만 하더라도 한 창 안에서 웃두리로서 하는 지휘를 핍연하게 지나기도 하고, 심하면 "내가 이렇게 하면 나를 어찌할라구"하여 하루하루 지나는 것이 전례 같이 되는 것도 거의 사실이니 차차 정궤에 오를 것도 모르는 것이 아니라 관기가 어지러운 대로 하루를 지나면 민생이 하루의 고통을 더 받게 되는 것이다.

우선 중앙에 있는 고관들로부터 각기 자기로서 행할 상부의 지휘를 물이못나게 행해서 각처에 모범을 보여야 할 것이다.

관기는 오직 상령 하행만을 이르는 것도 아니다. 그 직의 분한을 따라서 자기의 맡은 바를 엄수하는 것이 기강이므로, 령을 령이라 함은 법에 의한 것을 이르는 바요 법외의 사령私令을 가르켜 한 말이 아니다. 그러므로 상령 하행만을 생각하여 법외로 속직의 분한을 좌우하고자 하면 이는 명령이 되지 못하여 따라서 침관浸官의 폐가 생기어 기강이 어지러워지는 것이므로 명령에 복종함과 아울러 직분의 고수가 또한 관기의 지대한 바니(…) 아래에 있는 관리로 하여금 필종必從의 기紀를 가지게 하려 할진대 우선 상사 각관으로부터 침관하는 간섭을 절대 하지 말아야 할 것이니(…).[14]

1948년 대한민국 정부수립 때 감찰위원장에 취임한 것은 우리 민족이 일제 식민지에서 벗어나 남한에서나마 독립된 나라를 세워 새출발을 하는 데 기강확립과 관기숙정이라는 중요한 책무를 자당自當하려고 한 때문이었을 것이다. 하지만 좌우의 대립을 겪은 끝에 끝내 남북이 분단된 상황에서 대한민국이 탄생되는 데 대해 그는 민족의 지성으로서 고뇌하면서 정부요직에 나갔을 것으로 여겨진다. 그 후 오래지 않아 상공부 독직사건을 감사하다가 권력조직과 맞부딪혔을 때 정인보는 곧바로 사임하고 학계로

돌아가고 말았다.[15]

감찰위원장 정인보는 정부수립 초기의 어수선한 관기를 바로 잡고 공직자들의 청렴을 위해 감독을 게을리 하지 않았다. 그리고 고위층이나 이승만 측근이라 해서 그냥 넘어가지 않았다. 1949년 2월 2일 임영신 상공부 장관의 비행을 국무회의에서 보고하였다. 임영신은 이승만의 총애를 받는 측근 중의 측근이었다.

이때부터 이승만 정부와는 길항拮抗 관계가 시작되었다. 사사건건 견제가 나타났다. 강직한 성격 그대로 경무대 (현청와대)에 머리를 숙이지 않았다. 그에게는 천성적으로 정치나 권력이 맞지 않았다. 또 감찰위원장으로서의 소임을 다하기 어려운 상황이 되었다.

정인보는 1949년 7월 23일 감찰위원장 직을 사임하였다. 만 1년에서 5일이 모자라는 재임이었다. 사임 이유 중에는 이승만 정권의 김구 암살도 심중의 이유가 되었을 것이었다. 독립운동가 중에서 누구보다 존경했던 백범이 이승만 정권에서 피살되는 터에 그 정권 밑에서 관직을 유지할 수 없다는 선비정신의 발현이기도 했을 것이다. 처음이자 마지막이 된 공직인 감찰위원장을 1년여 만에 사임하고 다시 초야로 돌아왔다.

초야의 생활은 더욱 분주한 나날이었다. 퇴임 후 『신천지』 11·12월호에 「충무공 사후 350년 기념특집 노량진충렬사비문·한산도 제승당연구」를 비롯하여 몇 편의 논문을 썼다.

「국립도서관에 쓰다」 지어

국립도서관의 요청으로 2월 초에는 「국립도서관에 쓰다」라는 글을 지었다. "역사서적 말할 때 부질없이 '왜인학설' 감상말아라"고 국립도서관의 역사적 소임을 강조하였다. 13수 중 12수는 다음과 같다.

간사하고 으스대기 사십 년에
수은을 땅에 쏟아붙느라 거듭거듭 뚫었구나
난초 달인 물로 온통 지난 흔적 씻어 내어야만 하니
역사서적 말할 때 부질없이 (왜인학설) 감상말아라.[16]

국난에 목숨 바친 의병장사 여러분의 묘비

정인보는 1949년 가을 「국난에 몸바친 의병장사 여러분의 묘비」문을 지었다. 광무 10년(1906) 왜군이 홍주를 침공할 때부터 시작된 의병투쟁의 역사를 상세히 기록하고, 역시 장문의 명銘을 지었다. 명의 전반부다.

나라 운수 중간에 기우뚱하자
간사한 왜구라 이 틈을 탔네
안으로 여러 간특한 자와 손잡으니
외세가 서로 줄 대었네

외교가 없으면

내치도 안 된다고 지껄이면서

왜놈이 득실대니

환웅 해모수도 슬퍼하였으니

아! 의란 먼데 있지 않으니

인심이 바로 이것

이 겨레라면 그 누가

짓이겨진들 두려워하랴?

주줄이 눈물 흘리며

임금의 전지 남몰래 받들고

매운 기운 바람처럼 휘몰아

하룻저녁에 다 모였다네

이에 무기를 주고

이에 깃발을 걸었다네

염포에서 이미 마제禡祭(전쟁 때 진치는 곳에서 지내는 제사) 지

냈고

홍주는 그 다음이었네

농군은 밭이랑을 버리고

공인은 연장을 손에서 놓았다네

말하길, "너 늦어선 안 된다.

나라를 버릴 수는 없느니라"

적의 기세는 끝없이 뻗혀

삼천리에 가득했네

성 하나를 막아 지킴은

충의로써 가득했기

적은 물밀듯이 오고

동문이 한창 위급하였다네

모두가 의의 부름을 받았기에

통솔자 잃고도 기율은 섰다네

우리의 과감하고 굳셈이 한데 뭉쳐

하나가 열을 당해냈었다네

쏘기를 어찌 평소에 익혔으리오만

괴수는 거꾸러져서도 오히려 두려웠다네

부모가 나를 낳아주시더니

쓰일 때는 바로 오늘밤이로구나

동두렷하다 저 밝은 달도

이를 비추느라 차마 넘어가지 못하는구나

군세야 강약있겠지만

의인 즉 오직 하나

연달아 엎어지는데도 맹렬하여

숨이 붙은 한은 창을 잡았네

떼죽음을 당하자 하늘도 넋 나갔나?

누런 안개 갑자기 자욱

의로운 송장도 사납고 어기차건만

성은 적의 차지가 되었네

나는 오직 항거할뿐

몸은 비록 쓰러져 없어져도

항거 정신만은 영원하리

매운 정기는

해가 되고 별이 되어

겨레의 마음을 도와

오래 되어도 변함 없으리

이로써 맞고 잇도록 이끌면

대명大命(하늘)이 종까지 주시리라

남의 종자는 마침내 달아나고

아름다운 열매 다시 익었네

옛 깃발 펄펄 날리니

여러 신들도 직무를 맡게 되리

옛날을 돌아보매

어찌 슬프지 않으리오?

월산月山(홍주의 진산)은 아스라이 높고

금마천金馬川은 맑게 흐르니

고을 사람 옛날 이야기 하며 (…)[17]

윤봉길 의사 어머니 환갑 생신에

정인보는 1949년 12월 윤봉길 의사 어머니 생신에 시를 지어
바쳤다.

그 몇 번 남녘 구름 보며

속 정성 향했던고

태어나신 환갑이
또한 이 무렵
산천초목도 응당
모두 축하하리니
상머리엔 수 없는
축수의 옥잔 넘치리.

나라위해 목숨바쳐
산하가 돌아오니
비석 제막식에
별도 달도 슬퍼했네
아들 낳아 몸으로
고금에 없는 의를 버티었으니
김부인의 수는
가장 가륵도 해라.

중경서 돌아온 수레
예산을 찾으니
상해서의 지난날 일들
눈에 선해라
일파[18]가 멀리 있으니
수연일레 고개 돌리며
사월 초츰 떠났네.

구성九城 쌓은 윤관의 성한 공력

집안내림 오래며(윤씨는 문숙공관의 후손이다-원주)

듣자니 어머니의 범절이

아들을 잘 가르쳤다고

어버이 그늘 아래

선열의 위位에 오른 지 이미 오래거늘

그 어머니 환갑이

이제란 말인가!

구름 가에 달 뜨자

초가도 빛나니

머잖아 이지러진 달

하마 만월로 돌아오리니

부디 내년엔

어르신네 앞에서 황하가 맑아져서

성왕이 나왔다고 아뢰게 되길.[19]

'윤봉길 렬사 기념비' 비명 짓다

정인보는 1949년 2월 9일 충남 관민이 윤봉길 의사 추모비를
세울 때 비명을 지었다. 다음에 원문 그대로 실었다.

왜적이 우리를 짓밟고 또 중국을 노리며 우리 독립선언한지
십삼 년 서력 천구백삼십일년 일월에 상해를 포격하야 중국 십

362

구로군의 장렬한 항전으로도 마침내 부지하지 못하니 소위 송호협정은 중국 4억만의 치욕이었다. 그해 4월 29일은 적의 경일이라 전승한 자랑과 아울러 상해가 축하 속에 싸이던 가운데 오정 거의 되자 대지가 뒤집히는 큰 폭음이 나며 홍구공원 경축대에 모아 있던 적의 육해군 수령 공사 총령사 모다 눈 빠지고 다리 부러지고 걱구러지고 쓰러지고 한 사람도 버서난 자가 업섰다. 적은 중국 사람을 의심하였으나 얼마 아니하여 대한열사 윤봉길 일음이 온 세계에 퍼지었다.

우리는 어대서던지 우리의 적을 죽이는 것이 의다. 중국을 위하여 원수를 갑하준 바 아니었마는 중국은 우리의 의를 더욱 고마워하야 바로 전 경성 평양에서 적의 이간에 넘어서 중국 상민들을 박해한 일로써 두 민족 사이가 자칫하면 험악할 번하게 되던 것까지 구름거치듯 하고 우리 독립에 큰 힘을 앗기지 아니하고 저들 하얏스니 장중정 총통이 우리 독립을 선창할세도 윤봉길 렬사의 저때에 던지던 폭탄소리가 새로웠줄 안다.

렬사가 스물 다섯에 이 일을 하고 이듬해 십이월 십구일 적의 땅 대판에서 적의 총에 의로운 일생을 마추엇다. 김백범 선생이 입국하면서 예산 상산다리 렬사의 집을 차저가서 제사지내고 그 뒤 대판으로부터 유골을 차저다가 국장의례로 리봉창·백정기 두 분과 라난히 효창원 구광 뒤에 봉장하엿다.

이제 충남 뜻 잇는 분들의 발기로 예산 교육회에서 중소학생의 정성을 모아 렬사의 고향에 비를 세우니 우리나라에 우리 정부가 선 이듬해다. 렬사가 살아계셨더면 겨우 마흔넷이다.

대한민국 삼십일년 이월 구일[20]

19장

4대 국경일 등 노랫말 짓다

3·1절 노랫말 지었으나

1919년 3·1혁명은 포악한 일제에 맞서 2천만 민족이 3천리 강토에서 총궐기한 날이다. 세계식민지 역사상 국민의 10% 이상이 자발적으로 적국에 비폭력으로 저항한 사례는 일찍이 없었다. 국내뿐만 아니라 한민족이 거주하는 세계도처에서 독립만세 시위가 일어났다.

3·1혁명은 비폭력 저항의 우리 국민에게 일제의 야수적인 탄압으로 사망 7,500명, 부상 16,000명, 피검 4,600명을 내면서 진행되었다. 이 또한 유례 드문 만행이었다.

3·1혁명 후 국내에서는 이날을 기리는 일체의 기념행사가 금지되었다. 그러나 해외 동포와 독립운동 단체들은 빠짐없이 이날을 기념하면서 자주독립의 의지를 키웠다.

3·1혁명 26주년이 지나서야 해방을 맞은 우리 국민은 3·1기념 행사를 거행할 수 있게 되었다. 하지만 해방 후 처음 맞은 1946년의 기념행사는 좌우 세력의 극렬한 대립으로 부끄러운 모습을

보여주었다.

우익 측은 서울운동장에서, 좌익 측은 서울 남산에서 각각 3·1 혁명기념행사를 열었다. 해방되고 첫 3·1기념행사를 좌우 세력이 따로 거행할 만큼 못난 후손들은 분열상을 보였다. 이어서 남북 분단으로 이어지고 민족분열로 갈라지게 되는 비극의 역사가 되었다.

외적 치하에서도 삼천리 방방곡곡에서 이념, 지역, 신분, 성별을 가리지 않고 치열하게 전개되었던 자주독립 운동이 막상 독립이 되고 나서 외국 군정을 겪게 되고, 좌우 두 패로 갈라져 각각 기념행사를 갖게 된 것이다.

대한민국 정부가 수립되고, 1949년 10월 '국경일에 관한 법률'이 제정되었다. 이와 더불어 3·1절, 제헌절, 광복절, 개천절을 4대 국경일로 지정한 정부는 정인보에게 4대 국경일의 노랫말을 의뢰했다.

일제강점기에 끝까지 훼절하지 않고 꿋꿋하게 지켜온 청절한 지조, 줄기차게 '조선의 얼'을 탐구해온 폭넓은 학식, 식민사관에 맞선 조선사연구, 민족의 정한을 고아한 문체로 표현한 시조문학, 청빈한 사생활과 지사적인 인품이 정부와 조야를 움직인 것이다.

'2·8독립선언서'를 작성한 이광수와 '기미독립선언서'를 기초한 최남선의 변절을 지켜보았던 해방 정국의 지도자들은 국경일의 노랫말을 누구에게 맡길까 노심초사했다. 그리고 뜻을 모아 정인보가 추천되었다. 이와 더불어 각급 학교와 단체들도 정인보에게 교가와 단가를 의뢰하였다. 확인된 것만도 15종에 이른다.

파격이었다.

정인보는 한 점 흠결이 없었고 학식이 풍부하고 문장이 유려했으며 지행합일의 양명학자로서 국경일 노랫말의 작사자로서 손색이 없었다. 어떤 이념이나 정파에도 치우치지 않은 당당하고 올곧은 처신도 고려되었을 것이다. 정인보에게는 영광임과 동시에 무거운 책무였다. 백만 년 두고두고 불릴 조국의 4대 국경일의 작사자라는 위치가 얼마나 영광스럽고 명예로우며 더불어 무거운 짐이었겠는가.

정인보는 1950년 3월 1일 신새벽 맑은 정신으로 〈3·1절 노래〉를 지었다. 당년 57세, 그러나 이해 6·25전쟁이 발발하고 그는 북한군에 피랍되어 북으로 끌려갔다. 〈3·1절 노래〉는 1951년 3·1절 행사 때부터 공식적으로 불리게 되어서, 정작 작사자는 행사장에서 이 노래를 한 번도 듣지 못하고 말았으니, 안타깝고 애달픈 일이었다.

> 기미년 3월 1일 정오
> 터지자 밀물 같은 대한독립만세
> 태극기 곳곳마다 삼천만이 하나로
> 이 날은 우리의 의義요 생명이요 교훈이다
> 한강 물 다시 흐르고 백두산 높았다
> 선열先烈하 이 나라를 보소서 동포야
> 이 날을 길이 빛내자.

1919년 3월 1일 오후 2시, 민족대표 33인 중 29인(길선주·김병조·유여대·정춘수 4인은 지방에 있었으므로 불참)은 서울 인사동 태화관에서 한용운의 주도로 간략한 독립선언식을 거행하고 일경에 끌려갔다. 원래는 탑골공원에서 오후 2시에 독립선언식을 거행할 계획이었으나 학생들의 희생을 우려하여 장소를 옮겼다.

탑골공원에 모인 4,000~5,000명의 학생·시민들은 예정시간이 지나도록 민족대표들이 나타나지 않자 한 청년이 단상으로 올라가 독립선언서를 낭독하였다. 독립선언서의 낭독이 끝남과 동시에 학생·시민들은 '대한독립만세'를 목이 터지도록 외치며 가두로 뛰쳐나왔다. 이로써 해일과도 같은 장엄한 3·1독립시위가 시작되었다.

전국 212개 시군에서 연인원 110만 명이 참가한 시위가 일어나고 한민족이 거주하는 해외 각지에서도 항일 만세 시위가 전개되었다. 민족대표들의 비폭력 선언에도 불구하고 일경의 무차별 총질과 매질로 수만 명이 살상되자 분개한 시민들에 의해 일본관헌 166명 사망, 경찰 헌병관서 159개소, 일반 관서 120개소가 피습되었다. 자업자득이었지만 한민족의 희생. 피해에 비하면 아무것도 아니었다.

3·1혁명 100주년을 앞두고 있다. 음수사원飮水思源, 물을 마실 때는 그 근원을 생각하라는 뜻이다. 3·1혁명 그날의 선열들과 3·1절 노랫말을 지은 정인보를 생각한다. 그리고 노랫말의 의미를 되새긴다.

"이날은 우리의 의義요 생명이요 교훈"이라 했던 정인보의 노랫말은, 오늘 우리에게 어떤 의미로 다가오는가. 해방 70주년이 지난 시점에서 친일파와 그 후손들은 대를 이어 영화를 누리고 독립운동가(와 후손)들은 영락을 면치 못하는 불의와 반역사의 사회가 되고 말았다. 친일파와 그 후손들은 선대를 기리는 각종 상, 장학회, 기념관을 만들고 동상을 세운다. 이들은 친일과 독재를 미화하는 국정교과서를 만들고, 식민지근대화론으로 역사를 왜곡한다. 이들은 정계, 언론계, 법조계, 대학, 재계의 실세그룹이 되어 역사를 비틀고, '종북'이라는 부적으로 민족 민주인사들을 겁박한다. 3·1정신이 실종된 지 오래고, '친일잡탕' 교과서가 배척당하자 '국정교과서' 카드를 들고 나올 만큼 뻔뻔해졌다.

3·1항쟁의 노래 "우리의 의요 생명이요 교훈"이라고 힘주어 의미를 부여했던 정인보 선생이 저 세상에서 이 같은 오늘의 현상을 지켜보면서 무슨 생각을 하실까. 4대 국경일 노래와 각급 학교, 단체의 교가와 단가를 소개한다.

광복절 노래

흙다시 만저보자 바닷물도 춤을춘다
기어히 보시려던 어른님벗님 어찌하리
이날이 사십년 뜨거운피 엉긴자최니
길이길이 지키세 길이길이 지키세.

꿈엔들 잊을건가 지난일을 잊을건가
다같이 복을심어 잘가꿔길러 하늘닿게
세계에 보람될 거룩한빛 예서나리니
힘써힘써 나가세 힘써힘써 나가세.

제헌절가

비 구름 바람 거느리시고 인간을 도우섯다는 우리옛적
삼백예순남은일이 하늘뜻 그대로엿다
삼천만 한결가치 지킬원약 이루니
옛길에 새거름으로 발마추리라
이날은 대한민국 억만년의 터라
대한민국 억만년의 터.

손 씻고 고히 받들어서 대계大界의 별들가치 '궤도'로만
사사업는 빗난구위 압날은 복뿐이로다
바닷물 놉다더니 이제부터 쉬거라
여기서 '저'소리나니 평화오리라
이날은 대한민국 억만년의 터다
대한민국 억만년의 터.

개천절가

우리가 물이라면 새암이 있고
우리가 나무라면 뿌리가 있다
이 나라 한아버님은 단군이시니
이 나라 한아버님은 단군이시니.

백두산 높은터에 부자요 부부
성인의 자취따라 하늘이 텄다
이날이 시월상달에 초사흘이니

이날이 시월상달에 초사흘이니.

오래다 멀다해도 줄기는하나
다시핀 단목잎에 삼천리곱다
잘받아 빛내오리다 맹서하노니
잘받아 빛내오리다 맹서하노니.

청년의 노래
온겨레 청성덩이 해돼오르니
올설날 이 아침이 더 찬란하다
뉘라서 겨울더러 추웁다더냐
오는봄만 마지러말고 내손으로 만들자.

깃발에 바람세니 하늘뜻이다
따르자 옳은길로 물어나볼에
뉘라서 세월더러 흐른다더냐
한이없는 우리할일 맘껏펼쳐보리라.

공무원의 노래
삼천만 하나로도 책임크거든
우린다 삼천만의 일을맡았다
오늘은 어제보담 강산푸르니
내일은 달빛마저 둥그리라.

선열들 허위허위 바다에 들에
살아서 고되다기 황송하구나
내몸이 내몸이냐 겨레있고서
이나라 안고업고 베고받치자.

반공에 뜬구름도 산골의물도
우리를 바라는줄 아나모르나
정성아 모이거라 어서바뿌다
북쿵쿵 울리면서 국태민안에.

연희대학교가

오거라 모이거라 이솔밭으로
푸르러 한빛이니 천지갓구나
'여호와' 지튼사랑 언제나 입고
된 '서리' 보라눈과 싸와 왔섰다.

연희궁 올라오는 태양을 봐라
'정'한 '금''도'는 '길'에 어김 잇더냐
지킬데 '엄'한 그걸 '활발'이란다
'선비'하 우리일도 저려하니와.

공부가 커갈수록 맘더욱 밧버
삼천리 오늘날에 젊운우리다
슬기를 풀무삼아 녹여라 동서東西

눈부신 새문화로 복을 퍼치자.

고려대학교가

'먼'동을 쳐서 틔는 일은 종소리
휘영청 넓은 마당 발서 '찿'꾸나
'산' '바다' '영'(광휘)이 도는 깃분 이 날에
마초아 불러보자 고려대학아.

선비들 뜻과 가튼 단단한 '이룩'(건축)
백두산 본을 바더 '눈雪'보다 희다
대지의 새론바람 두루 마시며
뜨거운 정성땡이 '해'(태양)돼 올라라.

다기운 그당시에 '폄째'(지주목)로 생겨
연해킨 세기둥이 오늘을 보니
압흐로 백천만년 길고긴기라
대고려 백천만년 오늘을 보니
대고려 만리 쎗을 여기서부터.

덕성여자중학 교가

이나라 위해나서 공부도 나라
오늘날 '대한' 딸들 책임무겁다
슬기는 수繡라더라 덕으로 바탕
꽃가치 펴나는때 어서 이뤄라.

길넘어 천문대는 '이순지李純之'자최
'박난계' 옥경소리 제서 들린다
'엔' 더욱 우리에게 자랑을 주니
홍선왕 한을 풀어 널리 배우자.

'미영베' 굵은힘소 압서자 우리
허영을 발로차고 강산 안어라
하로도 스물네번 내맘을 보아
언제나 나라위해 순전하거라.

성신여자중학 교가
등背위에 수정이요 발아래 구름
문들이 설제발서 바람이 눕다
정성되고 미덥즉한 조선의 딸아.

역사를 빗낼 책임 우리게 크니
'안'살림 '속'범절은 민족의 '터'다.

수틀에 메인 강산 밤새어 노코
오대양 물 '여'載다가 무궁화 키자.

동국대학 교가
아느냐 오늘날을 봐라 삼천리
젊은피 뛰는소리 하늘

동해물 백두산을 예서 빗내여
이나라 이겨레에 복터 되거라.

눈부신 샛별아래 대대 내린일
뉘게나 안기대고 내가 세웠다
열손톱 다달커든 살로 대들어
우주안 무천셈들 그예 파내자.

의관혁 향하는살 너나 잇스랴
가람야 즈문이건 달은 하나다
아느냐 오늘날을 봐라 삼천리
이억개 거룩한줄 서로 알거라.

운수학교가
느질라 어서뫼자 운수학교로
'동적이' 모래톱에 달이 지센다
삼천리 새혈관을 돌리는 바퀴
강산도 쉴새업시 우릴 따른다.

슬기야 열려니와 '얼'이 서거라
뭇헤나 공중에나 산에나 바다
편한건 겨레에게 '수구'맛거라.

뜨거운 젊은마음 화통을 달고

내닷는 한참기운 먼데업구나
들을제 '구름'이건 나가'해'거라
단군이 물리신땅 다시 빗내자.

대한부인회가
오늘날 우리일은 남녀가 업다
치마끈 졸라매고 다 나서거라
달가튼 이나라가 둥그러온다.

겨레는 정신이요 목숨은 나라
잇는힘 적다말고 다드려보자
옛날엔 삼천리도 더넘엇단다.

올커든 나갈것이 불에나 물에
뭉치어 하나되면 당할 이 뒤나
거룩한 우리집은 질수록 크다.

학도특별훈련소가
들어가 이 '구령'은 삼천리 소리
기운찬 대한학도 게서도 네다
대나린 겨레얼을 여기서 세워
'국선'의 숨은역사 다시 빗내라.

선렬의 피가살어 팥이요 다리

파칠곳 외길이니 다가치 가자
젊어서 먹은마음 평생이란다
충무공 번을바더 맹서하거라.

들은제 쇠거들랑 금강석 되고
나가서 불이거든 해가치 커라
이땅의 온 희망을 질머진 너의
백천만 한몸가치 보람되거라.[1]

20장

납북 도중에 사망, 평양재북인사 묘역에

초야에서 초연하게 살다가

감찰위원장직을 미련 없이 내던진 정인보는 초야에서 글을 쓰고 각종 비문 등을 지으면서 유유자적했다. 그에게는 관직보다는 초야의 학인學人이 본령이었다. 서울 남산동 2가 16-4번지의 셋집에 거주하면서 「윤봉길의사 기념비문」을 비롯하여 「의병장 기허당 대사 기적비」, 「순난의병장사 공묘비」 등을 지었다. 「장흥방에 세들어 살며…」도 이 무렵의 작품이다. 후임 감찰위원장에게 보내는 글도 썼다.

정인보는 1948년 봄 흑석동에서 옛날 살던 회현동으로 이사한 다음 「장흥방에 세들어 살며 느꺼움을 읊다」는 시를 지었다. 그의 나이 56세, 이때까지도 집 한 칸이 없어 전세 생활을 하게 된 소회를 담은 것이다. 하지만 비루한 대목이 전혀 없다.

> 열한 살(1903, 계묘)에 낯익은 거리 떠났고
> 열세 살 때(1905)가 을사년이었지.

열아홉(1911)엔 북으로 압록강을 건너서

조상의 옛 터전 이미 잃었네.

미친바람만 까마득히 불어제치니

외론 배는 뜰락 잠길락.

떠돌이 신세 마흔 해에

사방으로 남에게만 휘둘린 것

세월 덕에 사람도 무덤덤해져

지난 일 구름인 양 물인 양 흘러갔을 뿐

때로는 꿈속에서

아직 남산 옛터에 있기도 하네.

남산에 산은 보이지 않고

보이느니 오직 서로 기대선 소나무들 뿐

거리에서 외줄기 오솔길로 접어드니

문이며, 집들이 어슴푸레 비스듬하게 이어졌네.

교목이라고야 어찌 이를 것인가만

공로가 국사에 기록되어,

한 골목에 글 아는 이 끊이지 않고

조선왕조와 더불어 그 운명을 같이하였다네.

전에 갔을 때만 해도 아직 두어 체가 있더니만

다시 오니 주후의 터만 더듬게 될 뿐

이리저리 헤매며 홀로 한숨지을 뿐

뉘게 물으리오 나 살던 마을을!

올 봄 새 집에 세를 드니

거리라야 겨우 지척이라

장흥고長興庫 회현방 작은 구비마다

어릴적 노닐던 곳 어렴풋 예로구나.

아침에 일어나면 푸른 이내 지게에 들더니

나와 헤어진 지 몇 해나 되었느냐?

안개 낀 머릿굽이 같은 남산 조국과 함께 돌아오니

비린내 누린내 나던 때와는 다르고 말고

선인의 끼친 은덕 거듭 느꺼워라.

고향 숲이 이렇게도 가깝다니

고향 숲 가깝다 어이 말하리오?

이 백성은 아직도 떠돌고 있는데

가는 곳마다 높고 가파르기 일쑤.

서쪽으로 넘어가면 바로 창골이오

동으로 꿰뚫고 가면 예가 장흥방.

문익공文翼公 사시던 댁엔

나이도 헤일 수 없는 은행나무

지금 와선 모든 게 바뀌었다지만

장흥방 회현방이 끝나도록 푸르름 끝없서라.

성긴 창에 낯익은 그림자 다가와

마주보니 온갖 느꺼움 얽히고 섥히어라.

왜구 왔다 간 걸 두 차례나 보니

게다가 내 집 형편과 함께

담 밖은 파취헌把翠軒의 옛터요

근세로는 자하紫霞 사시던 곳.

남은 향기 마치 스밀 듯하여

옮겨와 의지하니 가슴조차 맑아지는 듯.

전하는 말로는 임당공林塘公이

어려서 박씨네 동산 벚을 땄다고

정말인지 아닌지는 우린 덮어두고라도

이웃하였던 것만은 분명하다

곁에 어수선하던 때를 생각하면

여기 오리라곤 생각도 못했던 일

요즘 들어 아침 저녁으로

눈 들면 바로 옛집의 뜰.

느꺼움이 어찌 옅다 뿐이리오.

선조의 덕 선하게 빛나고 영험스러워라.

조상의 충성 잊지 말고

자책은 매섭게, 남에겐 안살두거라

조상의 절개 잊지 말고

제 몸가짐 깨끗이 하여 하늘이 준 수壽를 누리라.

조상의 부지런을 잊지 말고

잠시라도 민생을 돕거라.

젊어서 망국의 한을 품었기에

섬 오랑캐 티끌은 멀리하리라 다짐하였더니만

늙게야 저들의 낡은 집에 세 드니

세월이야 다르다지만 역시 찡그려지네.

짜임세는 양식이 섞였는데

양식은 오히려 사람살기에 맞갓으나,.

오랑캐 풍속 비위에 맞지 않건만 어쩔 수 없어

새 둥지 같은 것을 어거지로 집이라하네.

성긴 문짝에 벽은 둘리지 않고

천정에 얇은 널판 덮고 바로 비늘 같은 기와

짚자리에 솔새자리를 입히고

갸름하고 모난 데 고루 선 둘러 실로 꿰맸네.[1] (이하 86행 생략)

후임에 '추워도 갓옷이 없다' 글 보내

정인보의 감찰위원장 후임으로 대법관 노진설이 임명되었다. 정인보에 못지않게 곧은 인물이었다. 그는 반민특위에서 악질 친일파에게 첫 사형을 선고하기도 하였다. 정인보는 「추워도 갓옷이 없다」는 시를 지어 노진설에게 주었다. 청렴을 당부하는 글이다. '자화상'이기도 했다.

시월은 춥지 않은 법인데

추위 갑자기 매서워

사람마다 털외투

골목에 넘쳤는데

감찰위원장 노인만은

어이 그리 주변 없나?

홑옷에 서슬까지 푸르니

도리어 으스스

듣자니 예전

변호사 시절 한 벌이

요즘 다 헤어졌건만

법조계를 도맡았고

법관은 우뚝하니

벼슬만 클 뿐

대여섯 안건 올라오면

점심은 거르기 일쑤

관리의 분수로 마른 오징어라도

요행히 사게 되어

씹고 나면 가을 산이

눈에 가득 깔끔하리

평소의 절개야

자리 옮긴다해서 변치 않으리니

저 양반! 따뜻함과 배부름은

그 절개 아닌 것을!

접시에 온갖

맛난 고기 나오면

길에 얼어 죽은 송장 있음

어이 알지!

요즘 와선 한 치 부레 풀론

황하 맑힐 수 없다지만

한 사람으로도 오히려

맑힘의 표본이 되고말고!

당신 몸에 걸친 털옷

선선히 벗어
가난한 떼우적 쓰고
눈서리에 죽은 이에게
흩어주었구려.[2]

'수주 시집' 첫 장에

정인보는 해방 후 오랜 벗 수주 변영로가 『수주시집』을 내면서
추천사를 부탁하여 「수주시집 첫장에」를 지었다.

만나지 안어야 망정이지 만나면 밤과 낮이 어뗘게 변하는 모
르고 두 사람의 쉬임업시 글자로도 쏘대는 것을 보고 내 어린
딸이 수주를 가르켜 아버지 글벗이라 하기에 수주는 나래 업시
밭서 구름 사이로 소사서 나붓기는 옷자락이 달 근처의 가벼운
바람을 그리게 된지 오래라. 내 그의 얼골도 자세히 보지 못하
거던, 엇지 그를 내 벗이라 하랴고 어린 딸이 무엇을 아는 것이
아니언만 나는 알 만한 사람하고 수작하드시 말하였다.

세상 사람이 나 것기야 하랴만은 내가 채 못보았는지 수주만
한 놉고 아름다운 재질을 여럿을 꼽기는 어렵다 하겠는데 그를
알고 그를 사랑하는 이가 과연 얼마나 될까.

그는 하늘이 재주를 준 사람이다. 그의 거름이 월궁에 들면
그의 나머지 빗이 우리에게 널리 영광이 된다 하여도 과언이
아니언만 시음이 그를 저희할 뿐만 아니라 사회까지 그에게 괄

연함이 심하야 갓가울 듯이 머른 형용할 수 없는 청절한 경치를 바라보면서 중간에서 방황하게 하는 이때야 말로 참 야속하다고 흔히 남더러 나약이 한 일이 잇섯다. 그러나 항상 동정을 바람이 아니오 어린 딸에게 글 초에 말함과 가치 속에 잇기 때문에 헤아리지 안코 발한 것이다.

이제 세로 박은 수주시집 첫 장에 쓸 서문을 지으랴고 붓을 잡으니까 또 이말이 압흘서니 나는 헤아리지도 안고 말함이나 혹 천하의 보배를 천하를 위해 앗기는 이가 잇슬진대 여기서 심절한 늣김이 잇슬줄 안다.

이 시집은 여러군대 계재되엇든 것을 모은 것인데 수주로는 그의 다간지경이 안이니 달근처의 가벼운 바람이 항아의 옷 향지와 엇지분간이 업스랴. 그러나 이 가벼운 바람이나마 뉘옷자락이 능히 여긔 날릴까 생각하면 자연 그의 방황하는 거름이 이미 허공을 밟음을 보면 월궁이 드러갈 자신이 잇슴을 밋을 수 잇다. 그는 여긔 근처도 시인이다. 또 이만 하여도 익는 이의 성령을 계발할 수 잇다. 오즉 우리를 위해서 그의 빗이 넓어지기를 바랄 뿐이다[3]

6·25전쟁 피랍과정

1950년 6·25전쟁이 발발했다. 이승만 대통령은 '수도사수'를 라디오 방송에 녹음해 놓고 6월 28일 밤중에 줄행랑을 쳤다. 대통령의 방송만 믿고 있던 서울 시민과 한강 이북지역의 국민들은 인민군의 수중에 넘어가고 말았다.

정인보는 7월 31일 박계양의 한양병원에 입원해 있다가 인민군에게 피랍되었다. 그리고 북쪽으로 끌려가던 중 사망한 것으로 전한다. 몇 가지 자료를 통해 피랍과 사망의 과정을 살펴본다. 자료마다 차이가 있어서 확인이 어려울 것 같다.

> 광복 후에는 감찰위원장(심계원장)과 국학대학장을 지냈는데 자택은 중구 남산동 1가 16의 4번지였다. 북한군이 서울을 점령한 후 그가 살고 있던 집이 '적산가옥'이라는 이유로 몰수당하자, 낙원동에 있는 한양병원(박계양의 집) 피신중이던 7월 31일 내무서원에게 납북당했다. 납북 후 1950년 11월 북한군이 도주할 때에 묘향산 근처에서 사망한 것으로 알려졌다.
>
> 정인보는 중태로 걸을 수가 없어 후퇴하던 인민군에 업혀 떠났는데, 도중에 살해되어 시체가 산속에 유기되었다는 설도 있다.[4] (『돌아오지 못한 언론인들- 6·25전쟁 언론수난사』, 34쪽, 대한언론인회, 2003)

> 일행[5]은 굶주림 속에 밤낮으로 깎아지른 절벽을 타고 가파른 고개를 넘는 등 강행군을 계속했다. 10월 하순 이 고산지대는 기온이 영하로 뚝 떨어졌다. 배를 곯은 데다 추위마저 엄습해 지칠대로 지친 그들은 하나둘 쓰러졌다.
>
> 그러나 인솔자와 내무서원들은 고꾸라진 환자들을 데리고 가려 하지 않았다. 그들은 무인지경의 험한 산골에 남겨 둔 채 "며칠 후에 데리러오겠다" 그냥 떠나버렸다. 떨어져 남은 환자

들은 며칠 동안 버티면서 산속을 헤매다가 죽어갔다.

이 행렬 속에 있던 저명한 국문학자 정인보도 몸을 더 이상 움직일 수 없어 낙오됐다. 그는 부르튼 발이 얼어 터져 심한 고통을 참으면서 비상식량으로 연명했다. 그러나 며칠 지나지 않아 식량이 떨어졌다. 그는 살을 에는 듯한 찬바람 속에 1주일 이상 굶주림 끝에 끝내 쓰러져 아사와 동사 직전에 이르렀다.

인솔자를 따라 천신만고 끝에 11월 중순경에 강계에 도착한 납북인사들은 그동안 일어났던 참상을 관계기관에 항의했다. 당국은 그때서야 부랴부랴 정인보 등을 찾기 위해 사람을 보냈다. 관계자들이 정인보를 버렸던 지점을 뒤졌으나 그는 보이지 않았다. 그들은 그가 인적이 미치지 않은 숲속에서 숨졌을 것으로 믿고 돌아가려 했다.

그 순간 나무 틈새에서 가느다란 신음소리가 났다. 죽어가던 정인보는 이들에게 극적으로 발견되었다. 그들은 그를 급히 초산 부근의 민가 병원에 입원시켰다. 그러나 이미 기력이 쇠진한 정인보는 11월 하순에 눈을 감았다. 노동당 중앙위원회는 대열의 인솔 책임자였던 내무성 정보국 간부 김성학과 정근호에게 모든 책임을 돌려 이들을 징역 15년에 처하는 것으로 문제를 마무리했다.[6]

한편 다른 납북인사 그룹은 이른바 반동으로 지목된 최린·정인보·백관수·명제세·김용무·백상규 등 저명인사들이었다. 서평양의 학교 건물에 수용되어 있던 사람들 가운데 정인보·이광수·최규동 등은 신병이 악화되어 거동마저 자유롭게 할 수 없을 정도로 심하게 앓고 있었다.

이들은 심한 정신적, 육체적 고통을 받은 데다가 먹는 것은 강냉이와 조밥에 시래깃국과 풋김치 정도이고, 나쁜 생활환경 속에서 심사다 교육이다 하면서 들볶는 바람에 가중되는 심리적 압박과 치료의 부실함이 겹쳐 건강이 극도로 악화될 수밖에 없었다.

반동으로 지목된 이 그룹은 10월 9일 밤, 미군 비행기의 폭격이 심하지 않은 후방의 안전지대로 이동한다는 당국의 조치에 따라 안주 방면으로 떠났다.

이때 병으로 앓아 누워있던 환자들은 거동이 불편해서 내무서원들의 부축을 받았는데 정인보 같은 이는 그들의 등에 업히다시피했다. (…)

이들 일행은 먹지도 못한 채 매일 밤낮없이 깎아지른 듯한 아슬아슬한 절벽과 가파른 고개를 몇 번이고 넘고 타야 했기 때문에 지칠대로 지치고 신병마저 악화되었으며, 더욱이 연로한 사람들은 자기 몸을 주체할 수조차 없게 되었다.

이렇게 되자 대열 안에서는 지치거나 병으로 쓰러져 운신조차 할 수 없게 된 사람들이 속출했으나, 행렬을 인솔하는 내무서원과 관계자들은 쓰러진 환자들을 데리고 가려 하지 않았다. 그들은 대신에 무인지경의 험한 산골에 낙오자들을 떼어놓고 얼마 동안 먹을 수 있는 식량과 겨우 밥이나 끓여먹을 수 있는 군용반합을 남겨두고는, 며칠 후에 다시 데리러 오겠으니 여기에 남아 있으라고 말하면서 그냥 떠나버렸다.

일행 속에 있던 정인보를 비롯한 저명인사들은 바로 이렇게

하여 적유령산맥의 어느 깊은 산골에서 쓰러져 죽었던 것이다.[7]

정인보가 피랍된 후 유족들은 충주시 가금면 장천리 1081-1 선산에 정인보가 생전에 입었던 두루마기를 부인 조씨 묘와 합장하는 방식으로 초혼묘를 조성했다.

초혼묘 상석에는 음각자로 〈담원 공 태황제 30년 규기 5월 6일생 경인 6·25 동란중 7월 20일 납북 호 위당 연희전문 교수 국학 대학장〉이라고 한자로 쓰여있다. '태황제 30년'은 고종 30년인 1893년을 뜻한다.

이 명문 옆 면에는 정인보의 첫째부인 성씨와 두 번째 부인 조씨의 생몰연대도 함께 음각돼 있다.

한국전쟁기에 월북하거나 납북되었다가 사망한 인사들의 묘역인 평양 부근 '재북인사묘역'에는 정인보의 묘비도 세워져있다. 묘비는 하얀 대리석에 사진과 함께 〈정인보선생 1893년 5월 6일생, 1950년 9월 7일 서거〉라고 쓰여 있다. 이에 따르면 9월 7일 운명한 것이 된다.

저서목록과 교우관계

정인보의 저서는 1946년 10월 서울신문사에서 「오천년간 조선의 얼」을 개제한 『조선사연구』 상·하가 간행되었다. 일제강점기에 신문에 연재하다가 중단된 상태의 내용 그대로였다. 해방정국의 바쁜 일정으로 후속으로 이어지지 못한 것은 안타까운 일이다.

1955년 8월에 문교사에서 발행된 『담원국학산고』는 일창 유치웅이 제호를 쓰고 정인보가 유치웅에게 보냈던 서한, 간단한 연보, 백낙준의 서문에 이어 본문으로 짜여 있다.

제1편: 조선고서해제
제2편: 국학인물론
제3편: 고사변정古史辨正
제4편: 양명학연론
제5편: 비문·추념문 외 산고散藁

『담원문록』 「약보」의 '저서난'에는 "『조선사연구』, 『담원문존』, 『월남 이상재선생전』, 『조선문학원류고』, 『담원시조집』, 기타 논문 다수"라고 쓰여 있다. 『월남이상재전』을 언제 쓰고 어느때에 간행되었는지, 자료를 접하기 어렵다.

정인보의 사망 후 몇 권의 저서가 발간되었다. 1967년 11월 『담원문록』 영인본이 연세대출판부에서, 1972년 7월 『양명학연론』(문고판)이 삼성문화재단에서, 1973년 10월 『담원시조』(문고판)이 을유문화사에서, 1983년 6월 『담원 정인보전집』 전6권이 연세대출판부에서, 『담원문록』 上·中·下 세 권이 2006년 4월 정양완 교수의 번역으로 태학사에서 각각 발간되었다.

정인보는 1948년 흑석동에서 남산 2가 16-4번지로 이사하였다. 새 거처는 동래 정씨가 오래 전부터 살아왔던 곳이었다. 민주의원 의원직을 비롯하여 독립촉성국민회의와 전조선문필가협회에서 손을 떼면서 자유인이 되었을 즈음이다.

이해 2월 일제강점기에 여기저기에 발표했던 시조를 『담원시조』로 묶어냈다. 을유문고 판은 140쪽의 시조집이지만, 신생 한국의 문단에는 큰 경사가 되었다. 백낙준과 양주동의 「서언」이 붙었을 뿐 정작 저자는 아무런 말도 섞지 않았다.

「연보를 통해 본 정인보와 백남운」을 쓴 조동걸 교수는 '정인보 생애의 특징'으로 일곱 가지를 들었다.

① 소년기의 비운을 극복하고 청년기부터 안정.

② 문필가이며 국학자.

③ 역사연구로는 고대사(단재 사학 계승한 유심론사학)와 조선 후기 실학을 연구(개척의 공로)-조선학 운동의 기초.

④ 소년기의 가학적家學的 희망(소론·양명학·실학)을 고수하고 대성했다. (민영규는 강화학을 계승발전시킨 것으로 평가)

⑤ 선비의 전형적 풍모와 고집스런 생활.

⑥ 8·15후의 정치단체 관여는 자신의 학문과는 무관한 외도와 같은 것.

⑦ 교우-홍명희·백남운·안재홍·송진우·문일평.[8]

변영로가 쓴 '담원국학산고' 서문

정인보가 남긴 글은 적지 않지만 그에 관해서 쓴 글은 찾기 쉽지 않다. 벗하였던 동지들 중에 훼절한 사람이 많았고, 해방 후에는 납북자로 알려지면서 그에 대해 말하기를 꺼리는 세태 때문일 것이다.

문인으로써 끝까지 지절을 지켰던 「논개」의 시인 변영로가 쓴 『담원국학산고散藁』의 서문은 이런 의미에서 소중한 기록이다.

담원이라면 나에게는 생소할지 모르는 사람같다. 경시景施 아니면 위당으로만 친숙하였더니만큼 나는 후자인 위당이란 호를 택하겠다. 위당과 나는 서로 안 지가 근 50년이다. 내가 11~13세 경이고 위당은 16~17세 때로 기억한다. 연령 풀이를 하면 위당은 돌아가신 나의 큰 형님보다도 4세 연하이고 나보다는 5세 연장자이다.

어려서 자랄 때에는 5년이란 끔찍한 차이이다. 그런데다가 위당은 유난히 숙성하였다. 관례를 하고 초립동이로 제법 간들거리며 맹현(현 가회동) 우리 집을 놀러오면 으레 나의 아명을 따라지게 불렀다. 나는 하는 수 없이 "정서방이오."하였다. 그제만 해도 관동지별冠童之別을 그렇게 차리던 때이었다. 3,4년 후 나도 인천으로 장가갔다 와서는 "외자해라" 듣기가 억울하여 처음에는 서먹서먹 하는 것을 죽기 기쓰고 벗을 트기 시작하였다.

재교·문교로 해서 교양스럽기 짝없던 위당은 좀처럼 응하지 않으려 들었으나 내 알 바 아님은 물론이었다. 여하간 세월이 지나며 우리 두 사람의 정의와 친분은 부지불식 중 짙어지고 깊어지었다. 나중에는 하루라도 만나지 않으면 서운할 정도이었다. 성장한 사람들로서 애들과도 같이 손에 손목을 잡고 거리에 쏘다니었던 것이다.

'정情'은 위당의 독점인양 정 표시에는 언제든지 수동이요 피동적이었다. 걸핏하면 그는 성이 나서 팩돌아서는 것이었다. 그리하여 때로는 인종적이 아니될 수 없는 나이었다. 만나면 골이 터지고 입에 침이 마르도록 해가 지고 밤이 으슥하여 지는 것도 모르며 문학 이야기를 하였다. 위당은 전공이 한학이니만큼 한학 지식 멸여한 나에게는 친구라기보다 스승이었다. 내가 한시 기 십 수라도 외이는 것은 순연히 위당의 소사所賜이다. 그가 낭송하면 우열과 교졸 판단은 나의 임무이었다. 더욱이 국한문으로 지은 것이면 그는 으레 그 원고를 휴래하여 나의 평을 구하는 것이었다. 나의 평은 때로는 가혹하였다. 더러는 허용하거나 묵인도 하였지만 때로는 격노도 하여 글로 해서 절교하기 전후 3차나 되었다.

상설은 피하나 제1차 절교는 『중외일보』에 소재된 「해산추량기海山追凉記」로 해서요, 2차 절교는 일성一星 李灌用 추도문으로서이며, 제3차요 최종 절교는 연희전문 강사 시대의 교재로 쓴 『문장강화』로서이었다고 기억한다.

상기대로 상세는 피하나 논란의 요점인 즉 '내용'에 있지 않고 '표현'에 있었던 것이다. 얼른 말하면 위당 문장의 결점이랄까 하자란가는 '수식'이 과다함이었다. 정한이 지나친데 표현 따라 도외로 곡지하매 자연히 다소 부자연한 인상을 주는 것이었다. 호례好例로는 「사모행백수思母行百首」이겠다.

회고담이 너무 길었다. 위당은 세소공지世所共知의 한학의 거장이다. 진정한 최最의 후계자가 있을가 말가이다. 이러 저러한 의미로 보아 최종의 '명인'인 것이다. 순 한문학도이다가 중년 서부터는 역사에도 염필染筆하고 시조 시작에도 적공을 한 것이다.

역사하면 고증이 해박하고 시조하면 그 표현이 직교하였다. 말하자면 무처부당의 관이 있었다. 석학이라 홍유鴻儒라기보다도 솔직히 '격세의 재사'라 할경인채로 나는 말하고 싶다.

총예하고 영롱玲瓏키는 붕배朋輩 중 누구보다도 뛰어나는 이 상한 글재인 것이다. 당세 무적이라 함이 결코 과찬아님은 나의 성격을 짐작하는 독자는 수긍할 것이다. 이러한, 이렇던 위당이 그 저주스러운 6·25 동란 통에 이북으로 끌리어 갔다.

생각할수록 통석한 일이다. 우리 붕배간의 손실이라기보다 우리 국가 우리 민족의 메울 길 없는 손실일 것이다! 기백 기천의 친지들이 이북에 납치되어 그네들을 회억하는 마음 낮밤의 별別이 없건만 유독히도 꿈에 나타나기는 두 친구뿐이므로 그 두 친구란 다름도 아닌 구자옥·정인보 양인인 것이다.

생시와 다름없이 손에 손을 잡고 참다웁게 갖은 이야기 다하다가 소스라쳐 깨이면 생시 아닌 꿈이었다! 그럴 때마다 나의 마음은 설렁하고 몸에는 땀까지 흠뻑 배이는 것이었다!

이번 위당의 지동의志同意 합한 문제門弟들이 통감한 바 있어 이리 저리 산일되어 있던 것을 고심 수록하여 『담원국학산고』란 제명으로 일책을 출간케됨에 이르러 나로서는 만감 교집함을 금할 수 없는 것이다. 국학의 정수를 뽑고 모은 부피는 엷은 채 위당의 심혈을 경주한 이 저서가 강호 제현의 재독 삼독을 강요하여 절필한다.

21장

전문가들의 촌평

언론·사학자 천관우의 정인보 사학에 관한 평가이다.

　　위당은 우리 고대사의 가장 중요한 문제를 낙랑과 임나의 문
제로 압축하였다. 이에 대한 위당의 고증과 해석이 그대로 통
용될 수 있는 것인지는 논자에 따라 의견이 다를 것이지만, 한
국 고대사의 핵심의 하나로 이것을 포촉한 것은, 위당의 '얼'의
소산인 동시에 그 형형한 사안史眼의 소산이라 할 것이다. 그리
고 위당이 던져놓은 이 큰 과제는 아직도 오늘의 연구자들의
무거운 짐으로 남아 있는 것이다.[1]

　정인보의 시조문학을 연구해 온 오동춘 씨는 "위당시조가 끼
친 공로"를 여섯 가지로 분석·정리하였다.

　　① 우리 전통적인 얼을 시조 주체로 확충해 창작 활동을
　　　한 것.
　　② 옛말을 시조에 살려 씀으로써 국어 발전 및 옛말을 현대

화운동에 이바지한 것.

③ 우리의 전통 가락을 잘 살린 것.

④ 프로문학 이후 싹튼 시조부흥기에 횃불 구실을 한 것.

⑤ 육당·춘원·무애 등과 함께 국민문학파로서 그의 시조가
노산·가람 시조의 현대화에 영향을 미친 것.

⑥ 순수시조 개척은 물론 생활시조, 교양시조로서 국민대중
에게 시조의식을 고취시킨 것.

이상의 결론을 통하여 위당시조가 지니는 문학성이 새롭게
평가될 것이며 시조시인으로서의 위당도 재인식 될 것으로 믿
는다.[2]

동국경학원 역경위원을 지낸 지우 윤석오의 평가이다.

고금을 물론하고 문인천재들이 경역자족輕易自足 하는 폐단
이 없지 않았지만 위당은 다른 사람이 다툴 수 없는 천분을 가
졌을 뿐 아니라 다른 사람이 따를 수 없는 돈실을 겸비했다.

항상 자기의 조예가 고인古人에 불급함을 겸연히 여겨 노년
에 이르러서도 추호의 자족하는 의태意態를 볼 수 없고 향곡주
유鄕曲侏儒의 문자라도 그 누졸을 고솔하기는 고사하고 오히려
향곡의 순박성을 마치 탁류에서 풍기는 냄새에 비하여 자기로
서 미치지 못하는 일면이 있다고까지 겸손하였다고 허기애인虛
己愛人하고 고고불휴皎皎不休하는 정사 마후의 공이 오늘의 위당
을 이룬 것이다.[3]

연희전문의 동료 교수였던 백낙준의 평가이다.

> 그의 옥고에는 국혼이 생동하고 문향이 아울러 깃들어 있다. 위당은 평소 김치를 입에 대지 않는 사람이었으나 그러나 누구보다도 한국 냄새를 많이 또 널리 풍기는 인물이었다. 그는 차림차림에서 항상 한복을 입었다.
>
> 그는 인생의 실천적 유심론자로서 독일의 피히테에 못지않았다. 그가 의리를 밝힘에 있어서는 경학자經學者요 통경치용通經治用에 있어서는 경세가였다. 또한 그는 국사연구에 있어서 무巫를 바로잡고 류謬를 고침에 있어서는 고증학자였다.
>
> 민족의 위기의식을 통절히 느끼면서 민족적 자아실현을 위하여 지성과 양식에 기초를 둔 학문의 발전을 선양하고 민족의 본심을 환기하기 위하여 위僞·허虛·사詐·사邪의 고질을 치유하고 진실과 성정에서 우러나오는 실심의 학 즉 실학의 본질을 규명하였다.[4]

정인보의 『조선사연구』를 편역한 박성수 교수의 평가이다.

> 위당은 철저한 민족주의자였지만 역사를 정치이념의 도구로 만들지 않았다. 어떤 정치적 이념으로 포장된 사이비 민족주의자도 배격했던 순수한 한국적 민족주의자였던 것이다. 그러기에 위당은 1930년대 일본인들의 일제 식민사학과 조선인들 스스로가 그들의 춤에 맞장구를 친 조선학을 싸잡아 비판했던 것이다. 특히 후자는 전자보다 훨씬 더 위험하고 유해한 사이비

국학으로 생각하였다.[5]

제자 홍이섭의 회고도 들어보자.

조선시대 유가들이 구기고 좁혀놓았던 「조선사」의 인식을
그대로 식민지시대 일본인 학구學究들이 조선총독부의 정책에
영합되어 그런 것을 합리화시키며 다시 구기고 좁혀 놓았던 것
을 단재 선생이 한편 구김살을 펴 보시려하고, 이어 선생님이
다시 펴 보시려던 것이었다.(…) 꺼지지 않는 마음의 등불을 「조
선의 얼」에 붙여 이어가려 하시었으나, 세태는 달라 중일전쟁
으로, 태평양전쟁으로 모든 것을 단념하시고 경원선 창동역 부
근으로 옮기시어 새 날을 기다리시게 되었으나, 그대로 교단과
집필에서 영영 떠나시게 되었음이 '얼'이 고대사에서만 멈추게
된 제1의 원인이었다. 그렇다고 해방과 더불어 선생님을 꼬집
어 이 길에만 계시게 할 그 아무 준비가 없었다.[6]

오랫동안 정인보를 학문적으로 연구해 온 민영규 교수의 평
가다.

선생이 남기고 가신 글월들을 대하면서 새삼 선생이 들려주
시던 말씀을 되새기어 감개를 금하지 못한다. 다산 정약용과
성호 이익에서 비롯되는 강화학파의 오랜 맥이 지하에 숨어 흐
르다가 선생의 평생의 작업을 통해 마침내 오늘날과 같은 시민
권을 획득하게 되었다고 필자는 믿고 있다.

검은 펠트 모자와 검은 천의 두툼한 신발, 도수가 짙은 검은 테 안경, 그리고 한 발 먼저 선생 앞을 가던 지팡이, 이들은 모두 변하지 않는 선생의 모습이었다. 볼품없이 꼬여진 옷고름은 늘 아무렇게나 고쳐 매시던 선생의 습관 때문이었다.[7]

정인보의 연구가 심경호 교수의 평가이다.

선생은 국문 문학을 중시하고 국한문을 실용화하는 데 크나큰 기여를 하는 한편, 한시문의 가치도 중시하였다. 선생에게서 한시·한문의 창작이 어떠한 의미를 지니는지에 대하여는 단언하기 어렵다. 그러나 민족사의 암흑기에 한시·한문이 여전히 민족정신을 담는 그릇으로 유효하였다는 사실은 분명하다. 근년의 국문학 연구는 1910년 이후의 한문학에 대하여 '시대에 뒤떨어진' 것으로 속단하는 경향이 있는데 이것은 한문학의 역사적 실상과는 부합하지 않는다.

선생은 국한문 혼용의 산문에서나 시조에서도, 그리고 한시문에서도 형식주의를 배격하고 정감과 사상의 참眞을 중시하였다. 이것은 선생이 양명학적 사유를 바탕으로 인간 삶에서 진실무위眞實無爲를 주창하였던 사실과 표리를 이룬다. 이간관이 곧 문학론의 기초를 이루었던 것이다.[8]

이훈종 교수(건국대·국문학)의 평가이다.

한마디로 정인보의 국문학연구 태도는 철두철미 민족정신을 기반으로 하여, 우리의 역사연구에 있어서 주체성을 확립하고 우리 역사의 본질을 그 속에서 파악하려 했던 점이다. 1930년 대라고 하는 당시의 시점에서 우리의 역사학이 지향해야 할 방향과, 우리의 사가들이 수행해야 할 역사의식이나 사명감을 진작시켜주는 것이었다. 이 점에서 그의 사론史論에는 철학이 있었고, 이 시기를 대표하는 훌륭한 역사이론이 될 수 있었다.[9]

저술가 이재광 씨의 납북과 기일 관련 기록이다.

환갑을 눈앞에 둔 사람이 기나긴 행군을 한다는 것 자체가 위험한 일이었다. 관계자들은 위당이 개성으로 가던 중 낙오했고 아사 직전 구출됐다고 증언하고 있다. 그리고 구출된 후 후유증을 이기지 못해 병사했다고 말한다. 당시 나이 58세. 하지만 정확한 날짜는 알 수가 없다. 후손들은 대략 10월 24일을 기일로 잡고 제를 올린다.

1973년 국제의원연맹IPU 총회에 참석했던 장기영 당시 한국일보 사장이 "위당이 납북된 그 해 10월 23일에서 25일 사이에 작고했다는 말을 듣고 와 전했기 때문이다. 기일忌日은 그 중간으로 잡은 것이다.[10]

정교수(정인보)는 조선한문학의 제1인자임은 자타가 공인하는 바로 연전에 잇서서는 연전삼보延專三寶에 하나드는 재인才人이다. 한참 당년에 중국 남방을 순방하는 중에 어든 습성인지는 몰으겟거니와 항상 추접은 것이 그의 일면상이다. 교수시간에 가래침을 탁 배타서 씹어 삼키는 버릇이나 주책업시 웃음을 터뜨려 노코 수습을 못하는 꼴은 학생들에게 볼쾌감정을 준다.

그러나 이러한 성벽이 잇는 한편에 학생들로 하여금 경탄을 느끼게 하는 쩍이 잇다. 그의 초인적 기억력이다. 어느 때는 책 업시 들어와서 교수하는 쩍이 잇스며 그의 응변을 가지고 도도 수 천언을 버려노흘 때에는 그의 두뇌의 명석함을 감복하지 않 을 수 업다. 그러나 그에게서 면할 수 업는 것은 재승덕才勝德이 라는 문구이다. 담임 과목은 한문학과 조선문학이다.[11]

글쓴이의 덧붙이는 말

위당 정인보 선생을 설명하는 표현은 많다. 한국의 마지막 강화학파, 최후의 양명학자, 민족의식이 투철했던 언론인, 신채호를 잇는 민족사학자, 전통적인 한문학자, 고아한 우리말로 조선의 정한을 담은 시조작가, 4대 국경일 노랫말 작사자, 동제사 발족에 참여한 독립운동가, 조선의 마지막 선비, 독야청청의 지조인….

선생은 국치 이래 한복을 고집하면서 '조선의 얼'을 연구하고 지켜온 고결한 지식인이었다. 그의 생애를 추적하면서 지식인의 전범典範을 살피게 된다. 그는 양명학자답게 지행이 일치한 삶을 살았고, 어느 한 올에도 삿됨이 보이지 않는다. 중국 의기의 사나이 문천상이 "공자는 인仁을 이룩할 것을 말하고, 맹자는 의義를 취할 것을 강조한지라, 의를 다하는 그것만이 곧 인에 이르는 길이다." 했듯이 그는 인을 통해 의를 다해 이룬 올곧게 산 지식인이었다.

57년의 결곡한 생애나 늠연한 선비의 길 그리고 열정을 다해 겨레의 혼을 지키고자 한 의기와 꿋꿋한 결기는 여느 독립운동가의 역할에 못지않았다. 굳이 흠결을 찾는다면 글이 어렵고 한문자와 고어, 벽자를 많이 써서 일반 대중이 쉽게 접근하기 어려웠다는 점일 것이다. 하지만 한문학이 전공이었다는 사실을 안다면 이해하는 데 인색할 이유는 없을 것이다.

또 마르크스주의 국문학자 김태준이 줄기차게 비판한 출신성분 즉 양반의 후예라는 대목도 그의 생애를 관통하는 서민적 생활과 풍모를 보아 온당하지 않음이 드러났다.

더러는 국내에서 직접 항일운동의 전선에 나서지 않았음을 두고 용기가 부족했음을 탓한다. 예컨대 1927년 2월 15일 한용운·홍명희·백관수·권동진·이상재·유억겸·허헌·안재홍·김준연·조만식·이갑성·이승훈·한기악·이종린·한위건 등 좌우진영의 지도급 인사들이 신간회를 조직할 때에도 그는 이름을 올리지 않았다.

신간회는 1, 우리는 정치경제적 각성을 촉구한다. 2, 우리는 단결을 공고히 한다. 3, 우리는 일체 개량주의운동을 배척한다는 강령을 내걸고 '민족단일당 조선협동전선'이라는 표어 아래 조선민족운동의 대표단체로 발족하였다. 그러나 신간회는 얼마 후부터 각 지회를 중심으로 지방의 사회주의자들이 중심적 위치를 차지하고, 중앙집행위원장에 허헌이 선임된 데 이어 1929년 코

민테른 제6차 대회에서 민족주의자와 단절 및 적색노동조합운동 노선으로 전환을 결의하고, 이른바 '12월 테제'를 발표하기에 이르렀다. 신집행부의 개량화와 '12월 테제'에 영향을 받은 사회주의계는 각 지회를 중심으로 신간회 해소운동을 전개하고, 그 결과 1931년 5월 전국대회에서 해소결의안이 가결됨으로써 신간회는 해체되었다.

신간회 참여 인사들은 결국 상처를 입고, 사회주의계열로부터 이용당하게 된 셈이 되고 말았다. 정인보가 이와 같은 결과 또는 속성을 내다보고 참여를 기피했는지는 알 수 없다. 하지만 보다 정확한 것은 그는 어떤 조직이나 정파에 속하거나 묶이는 것을 심정적으로 꺼려왔다는 사실이다.

이같은 사실은 일제 말기 총독부의 회유와 협박을 피해 시골로 은거하여 경제적으로 궁핍을 견디면서 절조를 지킨 데서 입증된다. 신간회 참여 인사들 중에 또 사회주의계열 인사들까지 총독부에 투항하거나 전향자가 적지 않았다. 한때의 투사였다가 쉽게 변절하는 사람들보다 정인보는 꿋꿋하게 민족진영의 빈자리를 지켰다.

그가 명예를 탐하고 궁핍을 견디기 어려워했다면 감찰위원장 시절 이승만과 적절하게 타협하면서 현직을 유지하고, 그의 능력이나 명성으로 보아 얼마든지 영달이 가능했을 것이다. 하지만 이승만의 총애를 한 몸에 받은 임영신의 비리를 파헤치고, 이것을 국무회의에서 보고하였다. 그리고 사표를 던지고 물러났다. 요즘 감사원이 정권에 맞춰 감사결과를 바꾸고, 검찰이 권력의 하수인으로 전락한 세태를 보면 감찰위원장 정인보의 행적은 결코 쉬운 처신이 아니었음을 알게 된다.

정인보는 투사나 지사이기보다 학자이고 언론인이고 선비였다. 한눈팔 겨를이 없었고 축재할 여유가 없었다. 해방 후 이승만 정권과 길항 관계가 유지되고, 6·25 전쟁 중에 납북되면서 그의 유족은 숨도 크게 쉬지 못할 처지가 되었다.

정부가 국가안보를 제대로 지키지 못하고 국가 원수가 저 혼자 살겠다고 국회에 통보는 물론 일반 국민에게는 '서울사수'를 되풀이 방송하면서 밤중에 줄행랑을 치고, 서울을 인민군에게 내주고 말았다.

그런 상황에서 이승만에게 탄압을 받았던 인사들이나, 북쪽에서 욕심을 내 온 인사들이 월북 또는 납북을 당하기에 이르렀다. 9·28 서울 회복 후 서울로 돌아온 이승만과 그의 정부는 적반하장격으로 잔류 서울 시민들을 부역자로 몰아 탄압하고, 특히 납북자 가족들까지 심하게 억압하였다. 마치 조선시대 선조가 의주로 피난 갔다가 한양으로 돌아와 청나라에 끌려갔다 돌아온 여성 '환향녀'들을 '화냥년'으로 몰았던 경우의 재판이었다.

6·25 전쟁 후 정인보의 가족은 어렵게 장만하여 살고 있던 집을 자유당의 실력자 임철호에게 빼앗기는 수난을 당했다. 이승만 정부의 농림부장관 임철호가 권력을 빙자하여 절취한 것이다. "1954년 11월 5일 『동아일보』 석간 2면에 '가족도 모르게 계약변경 정인보 씨 가옥문제 법원측 판결주목'라는 기사가 있고, 1954년 11월 19일 『동아일보』 석간 2면에는 '원고측이 패소 정인보 씨 가옥소송 법적 절차 미비로'라는 기사나 있다. 또한 『국민보』 1959년 10월 28일자에는 임철호 농림부 장관의 불신임 결의

사항이 있는데, 불신임 제안자인 민관식 의원은 임철호가 '정인보 선생의 주택을 자기의 권력으로 뺏어서 현재 살고 있다'는 사실을 고발하여 여야를 막론하고 전 의원들에게 호응을 얻었다고 한다."[1]

정인보의 생애와 업적에 굴곡이 심하고 포폄이 다양하여 압축이 쉽지 않지만, 한마디로 줄인다면 '얼사관'의 지사적 지식인이라 하지 않을까 싶다. 직접 그의 소견을 들어보자.

> 오로지 빈껍데기에 타인의 혼을 혼으로 알고 타인의 심(마음)을 심으로 하여 행동하는 것은 언제나 자주自主 함이 없는 인간의 소행이라 할 것이다.
>
> 모든 학술이 '얼'을 주제로 삼아야 비로소 참다운 학문일 수 있다. 어떤 체련도 얼이 종宗이 되어야만 비로소 용장勇將의 실을 거둘 수 있다. 우리나라 5천년간 '얼'의 나타남과 숨음, 그리고 '얼'의 신장과 위축을 연구하여 보면 곧 우리나라의 성쇠와 융락의 원인을 알 수 있을 것이다. 뿐만 아니라 한 가지 기술이나 한 가지 예술에 이르기까지도 이 '얼'이 정혼精魂이 되어야만 비로소 생명이 있는 것에서, 오호라! 쌓이고 쌓인 고질이 너무 오래 되어 우리는 다른 무엇으로도 고칠 수 없는 상태에 이르렀느니라.[2]

김대중 정부는 2000년 '7월의 문화인물'로 정인보를 선정하고, 문화관광부와 한국문화진흥원 등에서 기념행사를 가졌다. 해방 후 처음 있는 정부기관 주최의 기념행사였다. 정부는 그의 업적을 기려 뒤늦게나마 1990년 독립장을 추서하였다. 그러나 정인보가 남긴 독립운동과 민족문화에 대한 공훈에 비해서는 비교적 격이 낮다는 평도 있다.

덧붙여 읽고, 격려해주시고, 자료를 전해주신 분들께 감사드립니다.

주

1장 학문의 가문에서 태어나

1   이종훈, 「정인보」, 『역사인물』 9, 200쪽, 일신각, 1979.

2   정인보 지음, 정양완 번역, 「담원문록 발문」, 『담원문록』 下, 524쪽, 태학사, 2006.

3   위의 책, 530~531쪽.

4   「계명의숙 설립 취지서」, 『한국학보』 6, 294쪽, 1977.

5   정인보 지음, 정양완 번역, 앞의 책, 532쪽.

6   위의 책, 533쪽.

7   위의 책, 534쪽.

8   위의 책, 529쪽.

2장 양명학 전습과 동제사 창립 참여

1   이동영, 「정인보의 생애와 문학적 업적」, 『도남학보』 17집, 147~148쪽, 1998.

2   위의 책, 148쪽.

3   박성수 편역, 『정인보의 조선사연구』, 151~152쪽, 서원, 2000.

4   민영규, 「위당 정인보 선생의 행장에 나타난 몇가지 문제: 실학원시」, 『동방학지』 제
    13집, 1쪽, 1972.

5   음력.

6   정인보 지음, 성양완 번역, 『담원문록』 上, 130쪽, 태학사, 2006.

7   위의 책, 134쪽.

8   김교빈, 「실심으로 살아간 양명학자들-강화학파」, 『조선유학의 학파들』, 458~459쪽,
    예문서원, 1996.

9   민영규.

10 이동영, 앞의 책, 148~149쪽.

11 『하곡전집』 下, 여기서는 윤남한, 『하곡학의 기본방향과 단계성』, 김교빈 편저, 『하곡
    정제두』, 87쪽, 예문서원, 2005.

12 『전습록(傳習錄)』 권上, 여기서는 송하경, 「왕양명의 지행합일설」, 『왕양명 철학 연구』, 244쪽, 청계, 2001.

13 김교빈, 앞의 책, 474쪽.

14 금장태 외, 『조선유학의 학파들』, 416쪽, 예문서원, 1996.

15 이광수, 「상해 이일 저일」, 『삼천리』 1930년 10월호.

16 김영심, 「동제사」, 『한국독립운동사사전(2)』, 321쪽, 독립기념관, 2004.

17 서울.

18 이광수, 앞의 책.

19 박성수, 앞의 책, 155쪽.

3장 한말 지배층과 비판지식인의 맥락

1 홍성의, 『근대한국지식인의 대외인식』, 12~13쪽, 발췌, 성신여대출판부, 2000.

2 송건호, 『한국현대사』, 16쪽, 두레, 1986.

3 윤건차, 『근대한국의 사상흐름』, 9쪽, 당대, 2000.

4 박노자, 『나를 배반한 역사』, 250쪽, 인물과 사상사, 2003.

5 『주한일본공사관기록』, 1909년 9월의 헌병대장 기밀보고서.

6 전복희, 『사회진화론과 국가사상』, 189쪽, 한울아카데미, 1996.

7 박찬승, 『한국근대정치사상사연구』, 112~123쪽, 역사비평사, 1992.

4장 초야에서 연희전문대 교수로

1 『담원 정인보전집』 2, 380쪽, 연세대학교출판부, 1983. (원문은 한문, 이후 『전집』으로 표기)

2 민영규, 『전집』 2, 366쪽.

3 황원구, 「정인보」, 『진리와 자유의 기수들-연세의 초석 15인』, 72쪽, 연세대학교 출판부, 1982.

4 정인보 지음, 정양완 번역, 『담원문록』 下, 527~528쪽, 태학사, 2006.

5 위의 책, 528쪽.

6 『전집』 1, 3쪽, 연세대학교출판부, 1983.

7   위의 책, 5~14쪽.

8   민영규, 앞의 책, 494~495쪽.

9   황원구, 앞의 책, 74쪽.

10 박지원.

11 홍이섭, 「위당 정인보」, 『한국사의 방법』, 313~314쪽, 탐구당, 1978.

12 백낙준, 『나의 종강록』, 266쪽, 정음문화사, 1983.

13 황원구, 앞의 책, 74쪽.

14 앞의 책, 74~75쪽.

15 『동아일보』, 1924년 2월 13일치.

16 당송 8대가의 문장.

17 황원구, 앞의 책, 75쪽.

18 정인보 지음, 정양완 번역, 『담원문록』 上, 191~201쪽, 태학사, 2006.

19 황원구, 앞의 책, 75쪽.

20 정인보 지음, 정양완 번역, 앞의 책, 540쪽.

21 민영규, 앞의 책, 366쪽.

5장 민족언론인의 맥을 잇다

1   이해창, 『한국신문사 연구』, 79쪽, 성문각, 1971.

2   『매일신보』, 1925년 4월 5일치.

3   이해창, 앞의 책, 79쪽.

4   정진석, 「정인보의 언론을 통한 민족정신 고취」, 『어문연구』 28-3, 292쪽, 어문연구
    사, 2007.

5   정진석, 앞의 책, 286쪽.

6   『동아일보 사사』, 권 1, 동아일보사, 415쪽, 1975.

7   고종과 명성황후.

8   명성황후 시해사건.

9   을미사변.

10 고종 장례.

11 3·1운동.

12 『전집』 2, 290쪽, 연세대학교출판부, 1983.

13 자궁(梓宮)은 임금이나 왕비, 왕세자의 시체를 넣던 관을 말한다. 옛날 중국에서 가래나무의 제목으로 만들어 썼으므로 생긴 이름이다.

14 『전집』 2, 294쪽.

15 위와 같음.

16 『동아일보』, 1932년 9월 29일치.

17 『동아일보』, 1934년 9월 15일치.

18 천축국 출신으로 소수림 왕 때에 고구려에 불교를 전한 사람.

19 『동아일보』, 1934년 10월 29일치.

20 위의 신문, 1936년 5월 23일치.

21 위의 신문, 1933년 10월 17일치.

6장 충무공 이순신 장군 살리기운동

1 지껄임.

2 『동아일보』, 1931년 5월 14일치.

3 위의 신문, 1931년 5월 15일치.

4 위의 신문, 1931년 5월 21일치.

5 위와 같음.

6 위와 같음.

7 위와 같음.

8 「충무공유적 보존회창립」, 위의 신문, 1931년 5월 25일치.

9 위의 신문, 1931년 6월 15일치.

10 위의 신문, 1932년 6월 6일치.

11 위의 신문, 1932년 6월 7일치.

7장 국학 탐구에 열정을 쏟다

1 민영규, 「위당문존후서(爲堂文存後序)」, 『전집』 2.

2 이우성, 「국학 일백년의 회고와 전망」, 『광복50년 국학의 성과』, 3~4쪽, 정신문화연구원, 1996.

3 임형택, 『실사구시의 한국학』, 31쪽, 창작과 비평사, 2000.

4 『신조선』, 1934년 10월호, 40쪽.

5 위의 책, 1934년 12월호.

6 『독립신문』, 1896년 5월 30일치, 논설.   ·

7 이동영, 「정인보의 생애와 문학업적」, 『도남학보』 제17집, 144쪽, 도남학회, 1997.

8 『동아일보』, 1929년 12월 24~26일치.

9 백낙준, 「담원 정인보전집 서」, 『전집』 1, 연세대학교출판부, 1983.

10 『전집』 2, 63쪽, 연세대학교출판부, 1983.

11 위의 책, 68쪽.

12 위의 책, 89쪽.

13 위의 책, 91쪽.

14 정인보, 『여유당전서 총서』, (한문, 천관우 역)

15 고승제, 『다산을 찾아서』, 79쪽, 중앙일보사, 1995.

16 문일평 지음, 이한수 옮김, 『문일평 1934년, 식민지시대 한 지식인의 일기』, 살림,
    2008.

17 홍명희, 「술회」, 『삼천리』 1934년 5월호, 70쪽.

18 강영주, 『벽초 홍명희연구』, 355쪽, 창작과 비평사, 1999.

19 『전집』 2, 60~61쪽.

20 천관우, 「정인보」, 『진리와 자유의 기수들-연세의 초석 15인』, 84쪽, 연세대학교출판
    부, 1982.

21 『전집』 2, 55쪽.

22 위와 같음.

23 위의 책, 56쪽.

24 위의 책, 62쪽.

25 위의 책, 153쪽.

8장 양명학연론(陽明學演論) 집필

1 정인보, 「해제」, 『양명학연론』, 250~256쪽, 삼성문화문고, 1972.

2 위의 책, 10~14쪽. (발췌)

3 위의 책, 15~16쪽.

4 위의 책, 40~48쪽.

5 위의 책, 186~187쪽.

6 장준하, 『씨올의 소리』, 96~97쪽, 1973년 3월호.

7 정인보, 앞의 책, 250쪽.

9장 불후의 역저 '조선의 얼' 쓰다

1 경성일보.

2 매일신보.

3 「부언」, 『전집』 4, 271쪽, 연세대학교출판부, 1983.

4 위와 같음.

5 위의 책, 270쪽.

6 홍이섭, 『한국사의 방법』, 321~322쪽, 탐구당, 1978(5판).

7 『전집』 3, 3쪽, 연세대학교출판부, 1983.

8 위와 같음.

9 『전집』 2, 5~6쪽, 연세대학교출판부, 1983.

10 위의 책, 8쪽.

11 위의 책, 26쪽.

12 위의 책, 29쪽.

13 위의 책, 26쪽.

14 위의 책, 30쪽. (본문에서는 박성수의 『정인보의 조선사연구』를 인용했음을 밝힌다)

15 이완재, 「1930년대 민족주의 사학의 발전:위당과 호암을 중심으로」, 『동아시아 문학 연구』 21호, 166쪽, 한양대학교국학연구원, 1992.

16 천관우, 「정인보」, 『진리와 자유의 기수들-연세의 초석 15인』, 86쪽, 연세대학교출판 부, 1982.

17 정인보, 『여유당전서 총서』. (한문, 천관우 역)

10장 '조선사연구'에 심혈 기울여

1 천관우, 『한국근대사산책』, 279쪽, 정음문화사, 1986.

2 최지연, 「정인보의 고대사인식」(석사학위논문), 숙명여자대학교, 1988.

3 「목차」, 『전집』 3, 연세대학교출판부, 1983.

4 박성수 편역, 『정인보의 조선사연구』, 183쪽, 서원, 2000. (정인보의 원문은 어려워서 여기서는 박성수의 '해제'를 인용).

5 위와 같음.

6 위의 책, 183~184쪽.

7 위의 책, 184쪽.

8 이기백, 「국사학」, 『한국문화사대계』2, 173~174쪽. 재인용.

9 천관우, 『한국근대사산책』, 287쪽, 정음문화사, 1986.

10 강만길, 「일제시대의 반식민지학론」, 『한국사학사의 연구』, 237~238쪽, 을유문화사, 1992.

11 위의 책, 237~246쪽.

12 위의 책, 246쪽.

13 최지연, 앞의 논문, 39~40쪽.

14 박성수 편역, 앞의 책, 189쪽.

15 홍이섭, 『한국사의 방법』, 323쪽, 탐구당, 1978.

16 이만열, 『한국근대역사학의 이해』, 253쪽, 문학과지성사, 1981.

11장 시조문학의 우듬지가 되다

1 김병민, 『조선문학사』, 219쪽, 연변대학출판사, 1999.

2 위와 같음.

3 정인보, 「목차」, 『담원시조』, 신세계문고, 1955.

4 오동춘, 『위당시조연구』, 16쪽(주석 16), 한강문화사, 1991.

5 위의 책, 1~2쪽.

6 정인보, 「서」(양주동), 앞의 책, 3~5쪽.'

7 위의 책, 3~13쪽.

8 위의 책, 19쪽.

9 위의 책, 36~37쪽.

10 위의 책, 37~38쪽.

11 위의 책, 40~41쪽.

12 위의 책, 46~47쪽.

13 위의 책, 55~56쪽.

14 위의 책, 59~60쪽.

15 위의 책, 77~79쪽.

16 위의 책, 76~77쪽.

17 위의 책, 93~94쪽.

18 『전집』 1, 60~63쪽, 연세대학교출판부, 1983.

19 위의 책, 140쪽.

20 임문혁, 「고등학교국어교과서 시단원의 변천에 관한 연구」, 오동춘, 앞의 책, 94쪽(주 129) 재인용.

21 오동춘, 『위당시조연구』, 234쪽, 한강문화사, 1991.

22 『동아일보』, 1927년 3월 1~3일치.

23 이태극, 『시조의 사적 연구』, 169~170쪽, 선명문화사, 1974.

12장 신채호 회상과 그의 사학 평가

1 정진석, 앞의 책, 294쪽.

2 1913년.

3 신규식.

4 『전집』 2, 98쪽, 연세대학교출판부, 1983.

5 프랑스조계.

6 위의 4번 주석과 같음.

7 위와 같음.

8 위의 책, 98~99쪽.

9 위의 책, 100쪽.

10 박은식.

11 위의 책, 103~104쪽.

12 이가원, 「정인보」, 『진리와 자유의 기수들-연세의 초석 15인』, 78~79쪽, 연세대학교 출판부, 1982.

13장 김태준의 이데올로기성 비판

1   김태준, 「정인보론」, 『조선중앙일보』, 1936년 5월 16일치.

2   김태준, 「원조선인에 대한 고찰」, 『김태준 전집』 3, 208쪽, 김태준전집 편찬위원회, 2007.

3   백낙준, 「담원정인보전집 서」, 『전집』 3, 1~2쪽, 연세대학교출판부, 1983.

4   김태준, 앞의 신문과 같음.

5   박성수 편역, 『정인보의 조선사연구』, 167쪽, 서원, 2000. (재인용)

6   정인보.

7   김태준, 앞의 신문과 같음.

8   최재목, 「김태준의 '정인보론'을 통해 본 해방 전 위당 정인보에 대한 평가」, 『양명학』 제20호(2008. 7), 108쪽, 한국양명학회, 2008. (재인용)

9   위의 논문, 91쪽.

10 김태준, 앞의 책, 109쪽.

11 이황직, 여기서는 최재목, 앞의 책, 주 34를 재인용.

12 최영석, 「정인보의 양명학 선양과 열사관」, 『한국유학사상사V 근·현대 편』, 218~219 쪽 아시아문화사, 1997.

13 김영, 「겨레의 매운 향기, 위당 정인보」, 『인문과학연구』 17호, 41쪽, 2012.

14 백남운, 『한국독립운동사연구』 5집, 402쪽, 독립기념관, 1991.

14장 '얼'의 매운향기로 각종 저술

1   김영, 「겨레의 매운향기, 위당 정인보」, 『인문과학연구』 17집, 34~35쪽, 덕성여자대 학교 인문과학연구소, 2012.

2   이가원, 「위당 정인보의 인간과 학문」, 『한국명인 소전』, 131~132쪽, 일지사, 1975.

3   『전집』 1, 260~261쪽, 연세대학교출판부, 1983.

4   정인보 지음, 정양완 번역, 『담원문록』 上, 161~162쪽, 태학사, 2006. 민영달은 명성 황후 족형제의 아들이었으나 병조판서를 거부하는 등 올곧게 살았다.

5   위의 책, 235~237쪽. (발췌) 1932년 5월에 쓴 글이다.

6   위의 책, 259~261쪽, 1933년 겨울에 쓴 글이다.

7   위의 책, 387~ 392쪽, 집필 일자 미상.

8 위의 책, 407~408쪽, 집필 연대 미상.

9 위의 책, 420~429쪽. 보재 이상설의 위덕을 기리는 글이다. (민·조·홍·이·김은 모두 을사늑약 후 자결한 분들)

10 위의 책, 467~468쪽. 집필 연도 미상.

11 위의 책, 482~483쪽. 정인보의 벗 박찬규가 민충정공(민영환)의 무소뿔 허리띠를 구하였고, 위당이 노래를 지었다.

12 위의 책, 285~288쪽.

13 정인보 지음, 정양완 번역, 『담원문록』 中, 81~82쪽, 태학사, 2006. 민세는 안재홍, 고하는 송진우, 추강은 김용무(변호사)다.

14 위의 책, 119~121쪽. 제목은 「고하와 함께 문호암을 찾아가 서로 이끌고 나아가 강루에서 회포를 적다」.

15 위의 책, 122쪽.

16 위의 책, 137~138쪽.

17 위의 책, 167~168쪽.

15장 명승지 기행문의 전범 남겨

1 정인보, 「관동해산록」, 『가야할 산하』, 265~267쪽, 조선일보사, 1989.

2 을축년 대홍수.

3 위의 책, 267~269쪽.

4 위의 책, 271~272쪽.

5 위의 책, 278~280쪽.

6 위의 책, 283~284쪽.

7 위의 책, 291~292쪽.

8 위의 책, 292~293쪽.

9 『전집』 1, 261~262쪽, 연세대학교출판부, 1983.

10 위의 책, 162~163쪽.

11 위의 책, 163~164쪽.

12 위의 책, 164쪽.

13 위의 책, 161~175쪽. (발췌)

16장 훼절의 시대 시골 은거, 지조지켜

1   조동걸, 「연보를 통해 본 정인보와 백남운」, 『한국독립운동사연구』 제5집, 389쪽, 한
    국독립운동사연구소, 1991.
2   『사상휘보』 제14호, 1935년 9월, 165~166쪽.
3   산기단조(山崎丹照), 「개정치안유지법해설」, 『경찰연구』 제12권 7호, 109쪽, 1941.
4   김진배, 『가인 김병로』, 302쪽, 가인기념사업회, 1983.
5   황원구, 「정인보」, 『진리와 자유의 기수들-연세의 초석 15인』, 76~77쪽, 연세대학교
    출판부, 1982.
6   『전집』 1, 63~66쪽, 연세대학교출판부, 1983.
7   그때는 조선색이 거의 다 없어졌다. 그러므로 이 땅이 타국 같았다.
8   매화는 우리 나라 것이라야 향이 좋다. 일본매는 청향이 없다.
9   냄새가 코로 들어오는 것.
10 절서(節序).
11 눈오는데 산계곡으로부터 태풍이 불어 섞어지는 것.
12 눈(眼).
13 육지.
14 홀로.
15 사랑.
16 아침·점심·저녁.
17 굶는다는 말.
18 『전집』 1, 65~67쪽.
19 김인환, 「담원 시조론」, 『한국사상』 제11집, 237~238쪽, 한국사상연구회, 1974.
20 위의 책, 136쪽.
21 정인보 지음, 정양완 번역, 『담원문록』 中, 315~317쪽, 태학사, 2006.
22 위의 책, 119~121쪽.

17장 해방의 감격 속에서

1   김진배, 『가인 김병로』, 102~103쪽, 가인기념회, 1983.
2   김용직, 『한국근대시사』 下, 343쪽, 학연사, 1986.

3 위와 같음.

4 이은상, 「'얼'론」, 『민족문화논총(노산문학회 회지)』, 제1호, 노산문학회, 1978.

5 위의 책, 26쪽.

6 김구, 『백범일지』, 351쪽, 국사원, 1947.

7 김학준, 『한국민주주의의 통일 논리』, 95쪽, 집문당, 1983.

8 권영민, 『해방직후의 민족문학운동연구』, 24쪽, 서울대학교출판부, 1986.

9 한국문인협회 편, 『해방문학 20년』, 140쪽.

10 위의 책, 23쪽.

11 『전집』 2, 324~325쪽, 연세대학교출판부, 1983.

12 위와 같음.

13 『동아일보』, 1946년 3월 1일치.

14 이문창, 『해방공간의 아나키스트』, 276~277쪽, 이학사, 2008.

15 『G-2Weekly Summary』(24군단) no 78, 1947. 3. 13:도진순, 1997:150.

16 이문창, 앞의 책, 278쪽.

17 정인보 지음, 정양완 번역, 『담원문록』 下, 168~169쪽, 태학사, 2006.

18장 국학대학장, 초대 감찰위원장 지내

1 『한국민족문화대백과사전』 3, 781쪽, 한국정신문화연구원, 1991.

2 이정규, 『우관문존(又觀文存)』, 288~289쪽, 국민문화연구소 고전간행회, 1984.

3 이정규.

4 위의 책, 290쪽.

5 『전집』 1, 83~84쪽, 연세대학교출판부, 1983.

6 『전집』 2, 378~379쪽, 연세대학교출판부, 1983.

7 『사상계』, 1962년 12월호, 115쪽.

8 위의 책, 287~295쪽. 1946년 10월에 쓴 글, 성재는 초대 부통령을 지낸 이시영이다.

9 위의 책, 311~315쪽. 1949년에 쓴 글, 우당은 이회영의 아호.

10 위의 책, 136쪽.

11 심경호, 「정인보」, 『평론』 제2호, 488쪽.

12 이정규, 앞의 책, 290쪽.

13 『전집』 2, 327~328쪽.

14 위의 책, 330~332쪽, (발췌).

15 심경호, 「정인보, 고뇌속에 행동한 민족주의 지성」, 『한국사시민강좌』 43호, 269~270쪽, 일조각, 2008.

16 위의 책, 268쪽. (재인용)

17 위의 책, 253~256쪽.

18 엄항섭의 호.

19 위의 책, 221~223쪽.

20 『전집』 2, 256쪽.

19장 4대 국경일 등 노랫말 짓다

1 『전집』 1, 80~88쪽, 연세대학교출판부, 1983.

20장 납북 도중에 사망, 평양재북인사 묘역에

1 정인보 지음, 정양완 번역, 『담원문록』 下, 259~263쪽, 태학사, 2006.

2 정인보 지음, 정양완 번역, 『담원문록』 下, 211~214쪽, 태학사, 2006.

3 정인보, 「수주시집 첫장에」, 『수주 변영로전집』 1권, 14~16쪽, 수주변영로기념사업회 편, 1989.

4 『이산가족백서』, 187쪽.

5 납북인사들.

6 이태호, 『압록강변의 겨울』, 37~38쪽, 다섯수레, 1991.

7 신정수, 「납북인사 행적기 ①-통일의 제단위에 바쳐진 사람들」, 『민족지평』, 284~286쪽, 1990.

8 조동걸, 「연보를 통해 본 정인보와 백남운」, 『한국독립운동사연구』 제5집, 396쪽, 한국독립운동사연구소, 1991.

21장 전문가들의 촌평

1 천관우, 『한국근대사산책』, 287쪽, 정음문화사, 1986.

2 오동춘, 『위당시조연구』, 234~235쪽, 한강문화사, 1991.

3 윤석오, 「정인보」, 『한국근대인물 백인선』, 280쪽, 동아일보사, 1979.

4 박성수 편역, 『정인보의 조선사연구』, 160쪽, 서원, 2000. (재인용)

5 위의 책, 189쪽.

6 홍이섭, 「위당정인보」, 『한국사의 방법』, 322쪽, 탐구당, 1978.

7 민영규, 「서문」, 『전집』 2, 연세대학교출판부, 1983.

8 심경호, 「정인보」, 『평론』 제2호, 485~486쪽, 생각의 나무, 2007.

9 이종훈, 「정인보」, 『역사의 인물』 9, 206쪽, 일신각, 1979.

10 이재광, 『이 땅에 문화를 일군 사람들』, 345쪽, 세상의 창, 2001.

11 한양학인(漢陽學人), 「연희전문학교 교수층」, 『삼천리』 제10호, 1930년.

닫는 말

1 심경호, 「정인보, 고뇌 속에 행동한 민족주의지성」, 『한국사시민강좌』 43호, 271쪽 재
   인용, 2008.

2 박성수 편역, 『정인보의 조선사연구』, 19쪽, 서원, 2000. 재인용.

지은이 김삼웅

독립운동사 및 친일반민족사 연구가로, 현재 신흥무관학교 기념사업회 공동대표를 맡고 있다.
『대한매일신보』(현 『서울신문』) 주필을 거쳐 성균관대학교에서 정치문화론을 가르쳤으며, 4
년여 동안 독립기념관장을 지냈다. 민주화운동관련자 명예회복 및 보상심의위원회 위원, 제주
4·3사건 희생자 진상규명 및 명예회복위원회 위원, 백범학술원 운영위원 등을 역임하고 친일반
민족행위진상규명위원회 위원, 친일파재산환수위원회 자문위원 등을 맡아 바른 역사 찾기에 부
단히 노력하고 있다.
역사·언론 바로잡기와 민주화·통일운동에 큰 관심을 두고, 독립운동가와 민주화운동에 헌신한
인물의 평전 등 이 분야의 많은 저서를 집필했다.

조선의 얼

위당 정인보 평전

1판 1쇄 펴낸날 2016년 9월 10일

지은이 김삼웅

펴낸이 서채윤 펴낸곳 채륜
책만듦이 김미정 책꾸밈이 이현진

등록 2007년 6월 25일(제2009-11호)
주소 서울시 광진구 자양로 214, 2층(구의동)
대표전화 02-465-4650 팩스 02-6080-0707
E-mail book@chaeryun.com Homepage www.chaeryun.com

© 김삼웅, 2016
© 채륜, 2016, published in Korea

책값은 뒤표지에 있습니다.
ISBN 979-11-86096-38-3 03910

잘못된 책은 바꾸어 드립니다.
저작권자와 출판사의 허락 없이 책의 전부 또는 일부 내용을 사용할 수 없습니다.
저작권자와 합의하여 인지를 붙이지 않습니다.

이 도서의 국립중앙도서관 출판예정도서목록(CIP)은 서지정보유통지원시스템 홈페이지(http://seoji.nl.go.
kr)와 국가자료공동목록시스템(http://www.nl.go.kr/kolisnet)에서 이용하실 수 있습니다. (CIP제어번호 :
CIP2016019978)

채륜서(인문), 앤길(사회), 띠움(예술)은 채륜(학술)에 뿌리를 두고 자란 가지입니다.
물과 햇빛이 되어주시면 편하게 쉴 수 있는 그늘을 만들어 드리겠습니다.